Landolf Scherzer
Immer geradeaus

aufbau taschenbuch

LANDOLF SCHERZER, geb. 1941 in Dresden, freier Schriftsteller in Thüringen, wurde vor allem durch Langzeitreportagen wie *Der Erste* und *Der Zweite* bekannt.

Außerdem sind lieferbar *Fänger und Gefangene. 2386 Stunden vor Labrador und anderswo*; *Der Letzte*; *Die Fremden. Unerwünschte Begegnungen und verbotene Protokolle* und *Der Grenz-Gänger* (2005). Nach der Reportage *Immer geradeaus* und *Letzte Helden* (beide 2010) erschien *Urlaub für rote Engel* (2011). In Vorbereitung: *Madame Zhou und der Fahrradfriseur. Auf den Spuren des chinesischen Wunders* (Frühjahr 2012).

Geplant war eine Fahrt per Traktor und Wohnwagen durch sieben osteuropäische Länder, aber bereits vor Ungarn gab der Trecker auf. So musste Landolf Scherzer mit seiner alten Kraxe loslaufen, immer geradeaus, von Grenze zu Grenze.

Was enttäuschend begann, erwies sich als Glücksfall, denn wie hätte er sonst so viele Begegnungen am Wegrand haben können: ungarische Flurwächter, kroatische Friedhofspfleger, rumänische Fußballtrainer, gastfreundliche Roma und all die Grenzgänger aus dem Heer derer, die der Arbeit hinterherziehen. Ihn erwarteten merkwürdige Beispiele der Globalisierung, osteuropäisches Improvisationstalent, absurde EU-Projekte, neueste Technik neben primitivsten Bedingungen. Hass auf den Nachbarn lernte er kennen, Geschäftstüchtigkeit wie Großherzigkeit – und nicht zuletzt seine eigenen Grenzen.

»Scherzer beschreibt ungeschminkt, was er gesehen, geschmeckt, gehört hat. Er ist neugierig auf das wirkliche Leben. Von diesem unvoreingenommenen Blick, geschult an Scherzers Vorbild Kisch, leben seine Bücher.«

*Rainer Kasselt, Sächsische Zeitung*

# Landolf Scherzer

# Immer geradeaus

## Zu Fuß durch Europas Osten

atb aufbau taschenbuch

Mit 50 Fotos des Autors
und einer Karte von Rainer Fischer

**FSC**
Mixed Sources
Product group from well-managed
forests and other controlled sources
Cert no. SA-COC-001819
www.fsc.org
© 1996 Forest Stewardship Council

ISBN 978-3-7466-7096-6

Aufbau Taschenbuch ist eine Marke
der Aufbau Verlag GmbH & Co. KG

1. Auflage 2011
© Aufbau Verlag GmbH & Co. KG, Berlin 2011
Die Originalausgabe erschien 2010 bei Aufbau,
einer Marke der Aufbau Verlag GmbH & Co. KG
Umschlaggestaltung
Originalcover hißmann, heilmann, Hamburg
grafische Adaption morgen, Kai Dieterich
unter Verwendung eines Fotos,
das Landolf Scherzer in Rumänien zeigt
Druck und Binden CPI – Moravia Books, Pohořelice
Printed Czech Republic

www.aufbau-verlag.de

# Inhalt

Ein Dank und eine notwendige Vorbemerkung ...... 8

Von einer 5000 Kilometer langen Traktorfahrt, die en-
dete, bevor sie begonnen hatte, einem transportablen
Antizecken-WC und einer Béla-Bartók-Wette um zehn
Flaschen »Egri Bikavér« ........................ 9

Von ungarischen Frauen, die »Peter-seine« heißen, Ha-
kenkreuzen an einem verlassenen Stellwerk und einer
Nacht auf dem Fußboden der katholischen Kirche in
Beremend ....................................... 25

Vom Sheriff Nr. 0037, der an der kroatischen Grenze
Maisdiebe verfolgt, der Spur der toten Hunde und einem
Vulkanisierer, der hofft, dass die EU in Kroatien keine
besseren Straßen bauen lässt ...................... 44

Von meiner Flucht vor den Ratten im Weinkeller, einem
arbeitslosen Kroaten, der in seiner Wohnstube auf Ferrari
Rennen in São Paulo fährt, und einer alten Serbin, die mich
vor einer »betrügerischen, schlechten Frau« bewahrt ... 67

Von einem Zimmer mit Blick auf freischaffende Prostituierte, von Serben, die Kroaten vor Serben beschützen,
und genetisch veränderten Sonnenblumen, deren Köpfe
zu groß geraten sind ........................... 82

Von einem deutschen »O Tannenbaum ...«-Gesang im
serbischen Sommer, einem Überfall vor dem Friedhof in
Oreškovica und einem Glückskauf in einer kleinen Apotheke von Bačka Topola ........................ 101

Von einem Tag, als keine Regentropfen, sondern Bomben vom Himmel fielen, meiner Fahrt mit einem schwarzen Schwein durch Tornjoš und einem serbischen Schachgroßmeister, der für Bayern spielt ................. 120

Von serbischen Eltern, die zwei ungarische Kinder vor dem Waisenhaus bewahrten, einer großflächigen Vojvodina-Wahlwerbung im Maisfeld und einem Donauschwaben, der Reifen verbrennt und das Eis vom Himmel schießt ................................. 139

Von einer Dame, die ich besser mit Handkuss begrüßt hätte, einer Schauspielerin, die Liebeslieder sang, als die NATO-Bomben in Kikinda detonierten, und einem Protokoll über die Leiden von Unschuldigen ........... 160

Hildas Aufzeichnungen ......................... 178

Von meinem Versuch, illegal über die serbisch-rumänische Grenze zu laufen, einem Zigeuner in Srpska Crnja, der sich über Pornografie in Deutschland empört, und einer schweißnassen roten Abschiedsfahne ......... 185

Von einem Kleintransporter aus Gera, der ohne Kennzeichen in Jimbolia verrostet, einem rumänischen König, der wegen seiner Mätresse ins Exil ging, und dem Großvater von »Lady Di«, der Adventist ist ............. 200

Von der Versuchung, in einem alten Renault bis nach Timişoara zu fahren, einer Frau, die in achtundzwanzig Jahren dreizehn Kinder geboren hat, und meiner »Aufnahme« in das Kloster der Salvatorianer ........... 225

Von einem General, der erst die Erschießung der Demonstranten in Timişoara und danach die des Ehepaares

Ceaușescu vorbereitet hat, einem künftigen Patre, der meint, dass der liebe Gott die schönen Mädchen für alle geschaffen hat, und einem rumänischen Geheimdienstler, der nur für Geld erzählt  . . . . . . . . . . . . . . . . . . . . . . . . .  243

Von der Museumsleiterin in Lenaus Geburtshaus, die Nikolaus Lenau nicht mag, einem banatschwäbischen Rumänen, der seinem Bruder Speck und Tomaten nach Deutschland bringt, und einem neuen Bürgermeister in Grabaț, der auch mit Hilfe eines Fußballtrainers die »Alt-kommunisten« besiegt hat  . . . . . . . . . . . . . . . . . . . . . . .  260

Von einem Gedenkstein für die 52 HELDEN auf dem Friedhof von Gottlob, dem Apfelpflücker Pavel Konstan-tin Kolling, der nicht begreifen will, dass kleine Äpfel in der EU keine Äpfel mehr sind, und meiner ersten Fahrt mit einer Draisine  . . . . . . . . . . . . . . . . . . . . . . . . . . . . .  275

Von einem Monteur aus Sânnicolau Mare, der 1991 die »Erfurter Brauerei abgebaut und nach Timişoara gebracht hat«, meinem verzweifelten Versuch, die Béla-Bartók-Wein-Wette zu gewinnen, und »Herzi«, der 1982 als Hun-dezüchter nach Deutschland floh und heute wieder in Rumänien leben will  . . . . . . . . . . . . . . . . . . . . . . . . . . .  287

# Ein Dank
## und eine notwendige
## Vorbemerkung

Bei der Robert Bosch Stiftung in Stuttgart bedanke ich mich für die Förderung meiner Osteuropatour.

Bei den Gesprächspartnern, die ich in Ungarn, Kroatien, Serbien und Rumänien traf – unter anderem die Mitarbeiterinnen und Mitarbeiter des Deutschen humanitären Vereins »St. Gerhard« in Sombor, des Deutschen Vereins in Kikinda und des Deutschen Kulturzentrums in Timişoara (Temeswar) –, bedanke ich mich für die Informationen.

Bei Hilda Banski bedanke ich mich für die Erlaubnis, ihre Erinnerungen aufnehmen zu dürfen.

Bei den Bauern, Patres, Winzern und Roma bedanke ich mich für die Nachtlager in Getreidekammern, Kirchen, Weinkellern, alten stabilen Banater Gehöften oder fast schon eingefallenen Hütten.

Bei Anton Enderle aus Regensburg bedanke ich mich für die Hilfe beim Übertragen der donauschwäbischen Mundart.

Eine notwendige Vorbemerkung: In den Ländern, durch die ich gelaufen bin, ist es im alltäglichen Sprachgebrauch nicht üblich, von Minderheiten der Roma und Sinti zu sprechen. Die Angehörigen dieser Bevölkerungsgruppen bezeichnen sich dort selbst, und zwar mit Stolz, als cigányok, Ciganini oder ţigani.

Um einen ständigen Wechsel zwischen der Autorensprache und der Landessprache zu vermeiden, habe ich im Buch immer die Bezeichnung »Zigeuner« verwendet, auch wenn dies selbstverständlich keine adäquate Übersetzung ist.

Von einer 5000 Kilometer langen Traktorfahrt,
die endete, bevor sie begonnen hatte,
einem transportablen Antizecken-WC
und einer Béla-Bartók-Wette
um zehn Flaschen »Egri Bikavér«

Das Abenteuer Traktorreise sollte in dem 1100 Kilometer von
Thüringen entfernten südungarischen Kurort Harkány beginnen. Als ich dort nach einer zweitägigen Fahrt mit Badetouris-
ten aus dem klimatisierten Touristenbus steige, ducke ich mich
unter der Hitze. Vierzig Grad im Schatten. Die neuen Kurgäste
rollen ihre Koffer zu den Pensionen und werden von den Wirts-
leuten mit kühlem Sekt begrüßt.

Ich hucke meine zwanzig Kilo schwere Kraxe auf. Aber ich
weiß nicht, wozu. Ich sage zu meinem Sitznachbarn: »Tschüss!
Ich lauf dann mal los.« Und ich weiß nicht, wohin, denn meine
Landkarten, Wörterbücher, Wäsche und Schuhe liegen in Willis Wohnwagen.

Willi war vor zwei Wochen mit seinem fünfzig Jahre alten
Deutz-Traktor und einem Bastei-Wohnwagen allein vorausgefahren. Heute wollten wir uns hier in Südungarn treffen und
gemeinsam zu einer Tour durch sieben osteuropäische Länder
aufbrechen. Kurz vor meiner Abfahrt hatte ich eine SMS bekommen: »Ich fahre wieder nach Hause. Die Tour mit dem
Traktor ist zu gefährlich.«

Bis zu meiner Ankunft in Harkány habe ich gehofft, dass
Willi mich nur an der Nase herumführen wollte und schon in
Ungarn auf mich warten würde …

Wir hatten 1975 in einer Solidaritätsbrigade am Sambesi gemeinsam Häuser für moçambiquanische Bergleute gebaut. Als
wir uns im vergangenen Jahr wiedersahen, erzählte Willi von
seiner Liebe zu alten Traktoren und sagte, dass er sich im Sommer einen großen Traum erfüllen würde: mit Traktor und Wohn-

wagen durch Nordafrika zu fahren. Und er fragte, ob ich mit-
kommen wolle. Ich könnte doch über die Reise schreiben.

»Nein«, sagte ich, »nach Afrika nicht, aber wenn du stattdessen durch Osteuropa fährst, bin ich dabei.«

Noch am selben Tag legten wir die Route fest: von Thüringen durch Österreich, Ungarn, Kroatien, Serbien, Rumänien,
Moldawien, die Ukraine, Polen und zurück nach Thüringen –
5000 Kilometer in vier bis fünf Monaten.

Schon bei unserem nächsten Treffen hatte Willi eine lange
Liste, was wir organisieren und mitnehmen müssten: einen
gebrauchten zweiten Traktorsitz, den er anschweißen lassen
wollte, Ohropax gegen Schnarch- und Traktorlärm, Pfefferspray
gegen Überfälle, Fahnen aller Länder, durch die wir fahren würden, einen Benzinkocher, viele Fünfeuroscheine, falls man große Scheine nicht wechseln konnte, eine aufklebbare Picasso-Friedenstaube, einen handbetriebenen Dynamo zum Aufladen des
Handys, Warnwesten, Zollgenehmigungen für den Transport
des Traktors über die Grenzen der nicht zur EU gehörenden
Länder, Luftballons, Stifte und Kugelschreiber für die Kinder
in den Dörfern, Magnesium-Tabletten zur besseren Durchblu-
tung, eine Waschschüssel, ein Behelfsklo, auf das wir uns, um
uns keine Zecken einzufangen, in der freien Natur setzen könnten …

Willi dachte an jede Kleinigkeit.

Bis zu seiner Abfahrt hatten wir alles organisiert und zusam-
mengetragen. Sogar das Antizeckenklo: ein Plastehocker, aus
dessen Sitzfläche Willi ein Loch herausgesägt hatte.

Zur Abschiedsparty war der alte Deutz frisch lackiert, die
Picasso-Friedenstaube auf die Motorhaube geklebt, und Willi
erläuterte den Freunden die seiner Meinung nach wichtigsten
Sicherheitsregeln für unsere Fahrt:

»Die Bären in Rumänien reagieren nicht auf Pfefferspray,
also Vorsicht in Wäldern! Damit der Traktor und der Wohnwagen nicht von Zigeunern oder Kriminellen geklaut werden
können, müssen sie nachts immer in einem Gehöft stehen! Luke

Vor der Tour mit dem Traktor: Alles ist vorbereitet

und Fenster des Wohnwagens bleiben selbst bei größter Hitze geschlossen, denn es gab Fälle, in denen mit einem Schlauch Betäubungsgas eingefüllt wurde und die bewusstlosen Leute ausgeraubt worden sind! Vielleicht können wir Serbien auch umfahren, der Krieg dort soll zwar beendet sein, aber …«

Ich lächelte damals noch über Willis Ängstlichkeit.

Am übernächsten Morgen war er planmäßig allein gestartet. Kurz vor Ungarn fuhr er in ein Schlagloch, und ein Achsschenkel des Traktors brach. Der Achsschenkel wurde erneuert. Doch danach tuckerte Traktor-Willi nicht weiter Richtung Ungarn. Nachdem er die SMS geschickt hatte, sagte er mir nur kurz und knapp am Telefon, dass auf den Straßen mehr Autos fahren würden, als er gedacht hatte, und der Traktor viele Staus verursachte. Außerdem würde der westdeutsche Deutz-Traktor den ostdeutschen Bastei-Anhänger bergauf nur mühsam hinterherziehen. Und bergabwärts könnte der Traktor den schiebenden Anhänger nicht in der Spur halten. Deshalb werde er umkehren.

Wie gesagt, ich glaubte nicht, was er erklärte, packte die nötigsten Dinge in meine Kraxe, fuhr wie vereinbart nach Harkány und hoffte, dass er dort sein würde.

Aber ich habe, wie ich jetzt weiß, vergebens gehofft.

Der rüstige Rentner, der im Bus neben mir gesessen hat, versucht mich zu trösten. Ich soll mich im Thermalbad von Harkány erholen und in zwei Wochen mit ihnen wieder nach Hause fahren.

Doch ich schüttele trotzig den Kopf. »Wenn ich schon nicht durch sieben Länder fahren kann, dann will ich wenigstens durch drei Länder bis nach Rumänien laufen!«

»Zu Fuß? Bei vierzig Grad im Schatten?«

Ich nicke.

Im Restaurant frage ich den weißhaarigen Kellner, der mir den Pálinka – einen doppelt gebrannten feinen Obstschnaps – lächelnd mit »Bittscheen, der Herr« auf einem goldenen Tablett serviert, nach einer Landkarte.

»Ich suche den günstigsten, von Autos wenig befahrenen Weg nach Rumänien.«

Der Kellner, er trägt zum rostbraunen Hemd eine an beiden Enden abgegriffene blaue Fliege, schaut erst auf meine leichten Sandalen, dann auf meine unbequeme schwere Kraxe und sagt nun fürsorglich lächelnd: »Mein Herr, das sind durch Kroatien und Serbien mehr als vierhundert Kilometer. Pardon, der Herr, mit dieser Ausrüstung. Und, Verzeihung, der Herr, in Ihrem Alter.«

Als ich widerspreche, bietet er eine Wette an. Sein Einsatz: zehn Flaschen alter ungarischer »Egri Bikavér«-Rotwein. Wenn ich in fünf Wochen bis nach Rumänien gelaufen bin, zahlt er. Wenn nicht, zahle ich. Als Beweis, dass ich es geschafft habe, soll ich ihm, weil er ein Béla-Bartók-Verehrer ist, aus Sânnicolau Mare, der früher ungarischen und heute rumänischen Geburtsstadt des Komponisten, eine CD mitbringen. Sie wird, sagt der weißhaarige Kellner, dort im Museum verkauft, und auf ihr spielt das Schülerorchester von Bukarest Bartóks »Tanzsuite«.

Ich schlage ein. Dann laufe ich, die Kraxe auf dem Rücken, sehr gerade und lächelnd aus dem Gastraum. Vor dem Eingang zum Thermalbad stehen schon einige der Reisegäste aus dem Bus. Sie schwitzen und stöhnen und freuen sich auf die Abkühlung im Bad. Das schwefelhaltige Heilwasser ist nur sechsunddreißig Grad warm.

Sobald ich allein bin, setze ich die Kraxe ab. Ich war sehr glücklich, als ich sie vor vierzig Jahren in Bulgarien erstanden hatte. Aber heute drückt ihr Aluminiumgestell auf Schultern und Steiß, denn die Halteriemchen sind mit der Zeit porös geworden und einige sofort unter der ungewohnten Last gerissen. Ich wollte den Rucksack während der Traktorfahrt nur für kurze Ausflüge nutzen. Nun wird er mein Begleiter auf 400 Kilometern. Um sein Gewicht zu reduzieren, packe ich die Wasserflasche und meine Notizbücher in die Umhängetasche und esse fünf Äpfel. Dann schlage ich mich neben der Hauptstraße von Harkány in die dichten Büsche und mache etwas, wofür ich mich im Nachhinein noch schäme. Die Frau unseres Reiseunternehmers war 1972 mit anderen Ungarinnen 18-jährig als Auszubildende und Arbeitskraft in die DDR gekommen. Sie heiratete und blieb. Seit zwölf Jahren fährt sie im Sommer als Busbegleiterin in die ungarische Heimat. Als ich ihr erzählte, dass ich nun allein durch Kroatien und Serbien laufen werde, hatte sie die Hände über dem Kopf zusammengeschlagen, »Jesses Maria« gerufen und mich gewarnt: »Alleinwanderer werden in Kroatien und Serbien ausgeraubt, die Männer beenden jeden Streit mit dem Messer, und die Zigeuner stehlen, was nicht niet- und nagelfest ist. Auch Ihr umgehängter Brustbeutel ist kein sicheres Geldversteck. Ein Schnitt und ...«

Im Brustbeutel stecken 1000 Euro, die EC-Karte und der Pass. Ich ziehe also hinter den Büschen die Hose herunter, knüpfe die Schnur des Brustbeutels auf, verlängere sie auf meinen Bauchumfang und binde den Lederbeutel wie einen Lendenschurz vor mein bestes Stück, das nun mindestens 1000 Euro wert ist.

Am Ortsausgang laufe ich über eine kleine Brücke. Neben der Hauptstraße beginnt ein Radweg. Die Sonne brennt mir auf den mützenlosen Kopf, dass er schmerzt. Als erste Marscherleichterung setze ich meine Brille ab. Ein kleines Lieferauto steht mitten auf dem Radweg. Zwei Zigeuner laden abgehackte Weiden- und Erlenstangen auf. Im Auto sitzt ein dicker Ungar und raucht. Ich probiere, wie die Verständigung klappt, grüße ihn in der Landessprache und frage mit Zeichensprache, was er mit den Ästen macht. Er formt mit den Fingern eine Viehkoppel.

Ich frage: »Mäh?«

Und er sagt: »Igen. Mäh.« Dann zeigt er lachend auf meinen Rucksack und sagt: »Iaah?«

Und ich antworte: »Igen. Iaah.« Die Verständigung klappt.

Auf einer Tafel am Straßenrand wirbt der Besitzer eines kleinen Hotels sogar auf Deutsch: »Billig! Billig! Hier können Sie nicht nur übernachten, sondern erhalten auch eine preiswerte Zahnbehandlung, Implantate und neue Kronen von einem geprüften Dentisten. Billig! Billig!« Ähnliche Reklameschilder habe ich in Harkány an vielen Straßenkreuzungen gesehen. Doch ich will jetzt nicht an Zähne denken, denn mein vor der Reise aufgebohrter Zahn pocht inzwischen im Schritttakt der hin und her schaukelnden Kraxe.

Ein Jogger rennt, nur mit Mütze, Badehose und Turnschuhen bekleidet, an mir vorbei. Ich ziehe weder mein Hemd noch meine Hose aus. Vor vielen Jahren hatten mir usbekische Baumwollpflückerinnen, die bei brütender Hitze in Leinen gemummelt waren, gesagt: »Was gegen die Kälte gut ist, schützt auch gegen die Sonne.«

Zwar habe ich von dem weißhaarigen Kellner eine alte Landkarte mitbekommen, aber ich möchte mich nicht schon jetzt verlaufen und frage einen alten Mann, ob der nächste Ort, wie auf der Karte steht, Siklós ist. Er nickt und will zuerst auf Ungarisch, dann auf Rumänisch und schließlich auf Russisch wissen, woher ich komme.

»Nicht aus Russland, sondern aus Deutschland, das ist gut«, sagt er. Aber weshalb ich laufen würde. »Als Rentner kann man in Ungarn kostenlos mit allen Bussen fahren. Sogar bis Budapest.«

Ich sage, dass ich nicht nach Budapest will. »Ich möchte heute über Siklós nach Máriagyűd.« Dort hatte Willi die erste und einzige Übernachtung unserer 5 000-Kilometer-Tour bestellt.

»Máriagyűd?«, fragt der Mann. Ich nicke, und er bekreuzigt sich.

Die Kirche des Ortes sei eine der berühmtesten Wallfahrtskirchen in Südungarn. Hunderttausende Gläubige würden, um ein Wunder oder die Vergebung ihrer Sünden zu erbitten, jedes Jahr nach Máriagyűd pilgern.

Kurz vor Siklós steht links neben der Straße zwischen großen Erlen und kleinen wilden Pflaumenbäumen ein mächtiger unvollendeter Holzbau. Auf groben Felssteinen sind dicke Rundstämme zu einem zeltförmigen Dach an- und übereinandergefügt. Zwei kleine, wahrscheinlich als WC gedachte, aber auch noch nicht fertige Häuschen stehen wie Zwerge rechts und links neben dem riesigen Bauwerk, die Wasserleitungen ohne Wasser und Waschbecken, die Stromleitungen ohne Strom und Steckdosen. Auf einer Tafel lese ich, dass es eine etwa 200 Quadratmeter große und fünf Meter hohe touristische Schutzhütte für Wanderer wird. Die Europäische Union fördert den Bau mit 162 443 713 Forint (rund 800 000 Euro).

Auf der gegenüberliegenden Straßenseite montieren Bauarbeiter die genau wie in Deutschland aussehenden flachen Hallen für einen Aldi-Supermarkt. Nur die Parkfläche wird in Ungarn sehr viel größer. Ein Bauarbeiter wässert den frisch gegossenen, in der Hitze sonst reißenden Beton. Zum Pinkeln kommt er über die Straße und stellt sich unter das gewaltige Holzdach. Als er mich sieht, pflückt er verlegen ein paar wilde gelbe Pflaumen. Er hat, sagt er, ein halbes Jahr in Frankfurt gearbeitet. Ich zeige achselzuckend auf den von der EU geförderten »touristischen Schutzpalast«, und er macht mir verständlich, dass er leider nur drei, vier deutsche Worte sprechen kann. Aber dann sagt er, mit dem Fuß gegen einen der Rundbalken stoßend, sehr deutlich und sehr deutsch: »Eine große Scheiße ist.«

Zwar erblicke ich weit entfernt am Berghang die zwei Türme der Kirche von Máriagyűd, doch ich finde die aus Siklós hinaus- und nach Máriagyűd hineinführende Hauptstraße nicht. Also laufe ich auf gut Glück in Richtung der Türme durch die kleine Stadt. In einer Gartenanlage sehe ich die Kirche nicht mehr und verliere zwischen hässlichen Hochhäusern endgültig die Richtung.

Erst in einer engen staubigen Gasse, in der es stark nach vergorenen Pflaumen riecht, die zertreten unter den Bäumen liegen, sehe ich die Kirche wieder. Doch ich bin ihr keinen Meter näher gekommen. Also versuche ich das, was ich während meiner Tour noch oft machen werde: Ich gehe in ein Haus, zeige meine inzwischen leere Trinkflasche und bitte um Wasser. Die Frau holt mir Mineralwasser aus dem Kühlschrank, bringt mich auf die Straße und weist mir, wohl in dem Glauben, ich wäre ein Pilger, den Weg nach Máriagyűd.

Ich laufe durch Weinfelder. Die Trauben sind noch sauer.

Das Dorf Máriagyűd liegt der am Hang gebauten Kirche zu Füßen. Statt zuerst nach dem Haus zu suchen, in dem ich heute vielleicht übernachten kann, gehe ich unbewusst den Weg hinauf. Langsam und schwitzend schaffe ich die letzten Meter. Vor der Kirche spenden alte Kastanienbäume Schatten. Ein Eisengitter umzäunt die Marienfigur. Auf dem Fundament und den stachligen Spitzen des handgeschmiedeten, einer Dornenkrone ähnelnden Gitters haben schon viele Pilger rote und weiße Kerzen angezündet. Aber wahrscheinlich wurden die Flammen schnell wieder vom Wind gelöscht. Das erstarrte, bunt verlaufene Wachs ist mit Streichhölzern, Blättern, Kronkorken, Papierschnipseln, Kastanienblüten und Zigarettenkippen verunreinigt. Auf den Dornen hängen angesengte Maria-Hilf-Wunschzettel.

Im Innenraum der Kirche laufe ich nicht in die Seitenschiffe und zum Altar, um Figuren und Wandbilder, sakrale Kunst und vergoldeten Kitsch zu bestaunen. Ich setze meine Kraxe ab, hocke mich schweißnass und mit schmerzenden Schultern auf eine der niedrigen Bänke und denke, dass ich, wenn wir mit dem Traktor gefahren wären, diese Wallfahrtskirche nur aus der Entfernung gesehen hätte.

Doch weshalb bin ich zuerst in die Kirche gegangen?

Ich glaube nicht an Wunder.

Ich zünde vor der Marienfigur keine Kerze an.

Ich lege am Altar keine frischen Blumen zu den verwelkten.

Ich bete auch nicht.

Und für heute Nacht habe ich schon die Adresse des Hauses, in dem ich schlafen kann.

Aber morgen? Wo werde ich morgen schlafen?

Und die übrigen vier oder fünf Wochen?

Der weißhaarige Kellner hatte mir gesagt, dass ich in den kroatischen, serbischen und rumänischen Dörfern keine touristischen Unterkünfte finden würde.

»Vielleicht bieten Ihnen gastfreundliche Bauern oder Priester, Bettler oder Winzer ein Nachtlager an. Aber nehmen Sie sich vor den Zigeunern in Acht! Schlafen sie lieber in einem Maisfeld als in einer Zigeunerhütte!«

Ich bin mutterseelenallein in der Kirche. Als ich die Kraxe aufgehuckt habe und hinausgehe, laufe ich nicht wie sonst am »Klingelbeutel« vorbei. Ich werfe langsam meine restlichen Eineuromünzen hinein. Achtmal klingelt es im blechernen Kasten. Ein Mönch kommt aus einer Seitentür. Mit seinen weißen Haaren und seinem jovialen Lächeln ähnelt er dem »Wettkellner« in Harkány. Er segnet mich.

Am Ausgang liegt ein in ungarischer, englischer und deutscher Sprache verfasstes Faltblatt: »Die Zigeuner im Schoß der katholischen Kirche. Erfolgreiche Arbeit mit Zigeunerkindern in Siklós und Umgebung.«

Der Zusammenbruch des Ostblocks hat, so lese ich, das Leben der Zigeuner völlig verändert. »In Osteuropa und Ungarn – dort leben nach Schätzungen rund 800 000 Zigeuner (also 8 % der Bevölkerung) – wurden nach 1989 die meisten Zigeuner an den Rand der Gesellschaft getrieben. Sie leben heute ausgegrenzt in verfallenen Hütten, verachtet, in unmenschlichem Elend, oft in ghettoähnlichen Situationen. Ihre traditionellen Berufe und ihre unausgebildete Arbeitskraft werden von der Gesellschaft nicht mehr gebraucht. Viele Zigeuner flüchten vor dieser Aussichtslosigkeit in den Alkoholismus. Einige versuchen, ihren Lebensunterhalt durch Geschäfte, die sich an der Grenze der Legalität bewegen, zu sichern (Devisentransaktionen, Alkohol- und Zigarettenhandel). Andere werden kriminell. Das dient dann einigen politischen Gruppierungen als Vorwand, von aktuellen Problemen der Gesellschaft abzulenken und die Zigeuner als Sündenbock zu benutzen. So fallen sie oft dem neuerwachten Rassismus und Nationalismus zum Opfer... Die katholische Kirche versucht die Zigeuner zu integrieren. Beispielsweise finanziert sie die Fahrt, das Essen und die Unterbringung von Zigeunerkindern aus der Umgebung, welche die Grundschule in Siklós besuchen ...«

In Máriagyűd wohnen wahrscheinlich keine Zigeuner, denn auch am Ortsein- und -ausgang stehen nirgendwo zerfallene Häuser. Ich laufe vom Berg hinunter in das Dorf und sehe weder Bauerngehöfte noch Handwerkerbuden, sondern nur villenähnliche, bunt gestrichene, von hohen Zäunen umgrenzte Häuschen. In den Gärten blühen Rosen auf unkrautlosen Rabatten, und auf dem sorgfältig gemähten Rasen sind Stellflächen für die Autos betoniert. Kleine Mädchen in schicken Kleidern und Teenies in Jeans und bauchfreien Shirts führen kläffende Pinscher oder große Rassehunde Gassi. Auf den Briefkästen an den geschlossenen Toren lese ich oft deutsche Familiennamen.

Das Haus, in dem ich hoffentlich heute Nacht schlafen werde, hat zwar eine Nummer, aber kein Namensschild. Es gehört einem Deutschen aus Willis Dorf und wird von einer ungarischen Haushälterin verwaltet. Ich klingele sehr lange, doch niemand öffnet.

Ich habe keine Lust, schon am ersten Tag von Tür zu Tür zu laufen und um ein Nachtlager zu bitten, und weil ich seit Mittag nur Äpfel und Pflaumen gegessen habe, werde ich mir zuerst im Dorfladen Brot und Käse kaufen und mich danach vor das Haus setzen und auf die Verwalterin warten. Doch der kleine ABC-Laden ist verriegelt und verrammelt, die staubigen Fenster sind vergittert, und die Öffnungszeiten auf dem vergilbten Papier sind unleserlich.

In der Nähe des Ladens steht auf der linken Straßenseite ein weißes Haus mit der Hausnummer 1.

Das erste Haus links!

Während meiner Grenzgänger-Wandcrung an der ehemaligen innerdeutschen Grenze hatte ich in den bayerischen, hessischen und thüringischen Dörfern immer am ersten Haus links geklingelt und die Bewohner gefragt, wie es ihnen fünfzehn Jahre nach der deutschen Einheit geht.

Ich weiß nicht, weshalb ich wie unter einer Eingebung plötzlich auch hier am ersten Haus links stehenbleibe und läute. Ich weiß nicht einmal, was ich fragen will.

»Urban«. Das kann ein deutscher, aber auch ein ungarischer Name sein. Im Hof bellt ein Hund. Ich sehe ihn durch den Spalt des Tores. Er ist schwarz-braun-weiß gefleckt und so groß und so dick, dass er sich nur mühsam auf den Beinen hält. Ein alter Mann mit nacktem, sehr massigem Oberkörper beugt sich im ersten Stock aus dem Fenster. Ich grüße ungarisch, und er erklärt mir auf Deutsch, dass Maria, die Verwalterin des Nachbarhauses, spät zurückkommt. Sie arbeitet in einem Hotel in Harkány. Aber ich müsste nicht an der Straße auf sie warten. Er zieht sich ein Hemd an und kommt mit dem Hund zum Hoftor. Sie gehen beide sehr langsam.

Herr Urban, kurzgeschorene weiße Haare, ein rundes Gesicht mit Brille, trägt eine Bermudahose, in die er das Hemd wegen des schon im letzten Loch festgemachten Gürtels mühevoll hineingesteckt hat. Wir setzen uns in einen großen, kalten Raum, dessen Wände wie in einem Schlachthaus oder einer Klinik weiß gefliest sind. Ein kleiner Plastetisch, die Plastestühle, Kisten und Gerätschaften stehen verloren herum.

»Das war früher der ABC-Laden von Máriagyűd«, sagt Peter Urban. Als er das Haus vor zwölf Jahren gekauft hat, wurde der neue Laden nebenan eröffnet. »Doch der ist pleite gegangen und hat seit zwei Jahren geschlossen. Das Haus wird niemand mehr kaufen, denn die Zeit, als man nach der Wende in Máriagyűd Häuser sehr billig erwerben konnte, war schnell vorbei. Damals haben die Deutschen hier viele Villen gekauft oder gebaut. Das sieht man jetzt noch, alle sind ordentlich gepflegt.«

Ich schenke ihm eine dicke deutsche Salami, das heißt keine gewöhnliche deutsche, sondern eine Thüringer. Bevor ich morgen weiterlaufe, möchte ich so viel Ballast als möglich loswerden.

Er holt eine Flasche Pflaumenschnaps aus der Küche. Nach dem ersten Glas frage ich, weshalb er sich ein Haus in Ungarn gekauft hat.

»Wo hätte ich in Europa solch ein schönes Haus für billig Geld bekommen? Ich arbeitete damals als Unterwasserschleifer bei der Firma Elektro-Fein in Stuttgart und war sechzig. Es wurde Zeit, sich langsam zur Ruhe zu setzen. Und hier leben Verwandte von mir.«

Er sei zwar deutscher Abstammung, aber in dieser Gegend wäre alles bunt durcheinandergemischt.

»Reinrassig ist selten!«

Sein Hund Alfi, er ruft ihn auf Ungarisch Alfikar, ist eine Mischung aus Dobermann und Deutschem Schäferhund.

Peter Urbans Großeltern waren Donauschwaben. Sie wohnten in Neusatz an der Donau, wie Novi Sad hieß, als es noch nicht zu Jugoslawien, sondern zu Österreich-Ungarn gehörte.

»Ich bin 1939 in Novi Sad geboren. Mein Vater hatte als Deutscher eine Ungarin geheiratet. Reinrassig war, wie gesagt, selten. Man sprach oft drei Sprachen, denn die deutschen, ungarischen, serbischen, kroatischen und rumänischen Kinder gingen gemeinsam in eine Schule. Bis zum Krieg, als die deutschen Soldaten Jugoslawien besetzten und Tito mit seinen Partisanen gegen sie kämpfte, lebte man ziemlich friedlich zusammen. Doch als die Tito-Kommunisten mit Hilfe der Russen den Hitler besiegt hatten, rächten die sich an allen Deutschen. Sie wurden, gleich ob sie gegen die Partisanen gekämpft hatten oder nicht, zeitweise enteignet, manche getötet und viele, wie mein Vater, in Lager gesteckt. Der Vater kam bald wieder nach Hause. 1960 – wir waren ja deutscher Abstammung – sind wir als Spätaussiedler nach Deutschland gezogen. Ich habe dort gelernt, gearbeitet und eine Familie gegründet. Wir lebten gut. Trotzdem sind der Vater und die Mutter nach der Wende freiwillig wieder nach Novi Sad – was dann Serbien war! – zurückgegangen und bis zum Tod dort geblieben. Sie wollten auf dem alten katholischen Friedhof, auf dem ihre Eltern lagen, begraben werden.«

Er dagegen hätte sich nie zurückgesehnt.

»Arm und schmutzig. Eben Serbien. Einmal im Jahr fahre ich nach Novi Sad und lege Blumen auf das Grab der Eltern. Das reicht.« Allerdings sei das Leben in Serbien jetzt billiger als in Ungarn. »In den zwölf Jahren, in denen ich in Máriagyűd wohne, sind die Steuern um einhundert Prozent gestiegen. Der Eintritt in das Bad von Harkány kostet zehn Euro. An meinem Wohnsitz im Schwarzwald bezahle ich dafür zwei Euro weniger. Der ungarische Staat will immer mehr. Es ist schon wieder wie seinerzeit bei den Kommunisten.«

Er fragt, ob ich morgen mit ihm bis zur kroatischen Grenze fahren möchte, und erzählt, dass in der Grenzregion viele Kroaten, Serben und Rumänen leben, die in Ungarn arbeiten.

»Reinrassig ist hier nichts.« Seinem deutschen Hund, der ständig versucht, mir die Hände zu lecken, befiehlt er auf Ungarisch: »Hely, hogy a béke végre! – Platz, und gib endlich Ruhe!«

Dann hört er, dass Maria auf ihrem Moped von der Arbeit kommt.

»Die Maria hat auch ein bisschen was Deutsches abbekommen.«

Als ich mich verabschiede, fragt er noch einmal, ob ich morgen mitfahren möchte.

»Nein«, sage ich, »ich schaff das schon.«

Maria spricht sehr schnell und sehr laut deutsch. Ihre Worte rennen um die Wette. Sie müssen sich verbinden, wo sie gar nicht verbunden werden wollen, und die zu langsam sind, verschluckt sie einfach.

So wie Maria spricht, bewegt sie sich auch. Sie wieselt von einem Zimmer in das andere. Ihre langen Arme kommen nicht nach, sie baumeln schlaksig an ihrem sehr mageren Körper. Und ihre Haare sind windschlüpfig kurz. Keine heilige Maria, eher ein Kasper, der, »Kinder, seid ihr alle da?« rufend, schnell auf der Bühne hin und her rennt.

Nach der Begrüßung erklärt sie, dass sie mir zuerst »das Wichtigste von Máriagyűd, das nirgendwo sonst zu sehen ist«, zeigen wird. Und sie öffnet mir die Tür nach draußen.

Ich will sie aufhalten, ziehe sie am Arm zurück und sage, dass ich die Wallfahrtskirche schon besucht habe. Doch sie schüttelt den Kopf. »Nicht die Kirche! Ich gehe selten in die Kirche, unser Prediger predigt schlecht.« Nein, sie will mir die größte Sehenswürdigkeit von Máriagyűd zeigen: zwei Tiger im Garten eines schönen Hauses.

»In einem Zoologischen Garten?«

»Nein, Privattiger.«

Maria schließt das Haus sorgfältig ab, läuft im Eilmarschtempo bis zum letzten Haus, einer Villa mit gepflegtem Garten, und führt mich zwischen den Weinfeldern und einem Maschendrahtzaun hinter das Haus. Zwischen den Obstbäumen liegen nicht zwei, sondern nur eine Raubkatze. Und die ist kein Tiger, sondern ein Löwe.

»Der andere schläft«, sagt sie. »Beide sind zahm, weil der Hausherr sie als Babys von irgendwoher mitgebracht hat.«

Der Mann, erzählt sie, besitzt nicht nur diese Villa und den Garten mit den zwei »Tigern«, sondern auch ein vornehmes Restaurant in Harkány. »Er ist ein reicher Mann.«

Ich sage lachend: »Du bist auch reich, Maria. Du wohnst allein in einem großen Haus.«

»Ja, als Hausmeisterin«, sagt sie. »Doch es ist gut so. Ich spare die Miete, und der deutsche Besitzer weiß, dass Maria alles reinlich und ordentlich hält.«

Maria arbeitete früher als Zugschaffnerin und danach als Köchin in einem Hotel. Dort hat sie immer gut zu essen bekommen. Inzwischen rackert sie wochentags wie feiertags als Zimmermädchen für rund vierhundert Euro. Das reicht, rechnet sie mir vor, um dreißigmal in der Gaststätte ihres Hotels essen zu gehen und ein Glas Wein zu trinken.

»Aber wer will schon jeden Tag im Restaurant essen und trinken?« Sie lacht wie der Kasper, wenn er mit seiner Klatsche den Teufel totgeschlagen hat.

Ich frage, ob es stimmt, dass die Preise und Steuern in Ungarn dramatisch gestiegen sind. Sie nickt.

Aber dafür könnte man nicht die Kommunisten verantwortlich machen. »Wir haben jetzt Kapitalismus. Und das müsste er wissen, der Herr Urban. Er kommt doch aus Kapitalismus-Deutschland!«

Wieder im Haus angekommen, setzen wir uns in die Küche. Als sie, Erstaunen spielend, in den fast leeren Kühlschrank schaut, sagt Maria lachend, sie hätte nicht gewusst, dass heute noch ein Gast kommt. Im Kühlschrank findet sie nur eine Büchse mit Bratenfett aus dem Supermarkt und drei spitze weiße Paprika. Aber Toastbrot – »das ist billiger als frisches« – hat sie noch reichlich. Ich lege meinen Reiseproviant dazu.

Während wir essen, fragt Maria, weshalb ich nicht mit Willi und dessen Traktor gekommen bin.

Das sei eine zu lange und schwerverständliche Geschichte, sage ich, versuche es trotzdem zu erklären und ende mit dem Stoßseufzer: »Ich hatte noch auf ein Wunder in Máriagyűd gehofft.«

»In Máriagyűd geschehen keine Wunder mehr«, erklärt sie und fragt: »Wollen wir Wein trinken?«

Sie holt eine angebrochene Flasche weißen Hauswein. Er ist süß, aber heute ist es mir egal, womit ich anstoße.

Nach dem Wein geht Maria in ihr kleines Zimmer, in dem sie schlafen und fernsehen kann. Ich soll mich in das ansonsten unbenutzte große Wohnzimmer legen.

Bevor ich die Doppelbettcouch aufklappe, packe ich meine Kraxe und meine Umhängetasche aus. Und packe sie wieder ein. Und wieder aus … Um nicht zu schwer tragen zu müssen, werde ich mich in den nächsten Wochen einschränken. Anstelle von drei Handtüchern nur eins. Anstelle von sieben Shirts nur drei. Die schwere Windjacke bleibt hier. Keine Sonnencreme, kein Buch, keine Pfeife und keinen Tabak. Anstelle von sechs Paar Strümpfen nur drei Paar. Kein Rasierzeug, kein Shampoo, keinen Flachmann mit Rostocker Kümmel, keinen Teller und kein Besteck. Die Geschenke zähle ich ab. Sieben Kugelschreiber, sieben Päckchen Buntstifte und zweihundert Luftballons. Am nächsten Morgen stelle ich den Beutel mit den ausgesonderten Sachen in die Schrankwand. In fünf oder sechs Wochen will ich alles wieder abholen. Ich hucke die Kraxe auf und bilde mir ein, dass sie nun sehr leicht ist.

Maria rennt in den Garten, liest heruntergefallene Pflaumen auf, stopft sie mir in die Umhängetasche, zeigt lachend auf das Haus und die Obstbäume und fragt: »Wissen Sie, dass ich sehr, sehr glücklich bin?« Ohne meine Antwort abzuwarten, verkündet sie im gleichen Atemzug: »Ja, ich bin's!« und sagt zum Abschied: »Reichtum und Besitz machen nicht glücklich.«

Ich weiß nicht, ob sie mich damit trösten möchte, weil ich nun zu Fuß gehen muss.

Ich laufe schnell aus Máriagyűd hinaus, ohne mich noch einmal zur Wallfahrtskirche umzudrehen.

Von ungarischen Frauen, die »Peter-seine« heißen,
Hakenkreuzen an einem verlassenen Stellwerk
und einer Nacht auf dem Fußboden der
katholischen Kirche in Beremend

Die »Tiger« liegen am Morgen nicht im Garten, denn über
Nacht ist es in Máriagyűd kalt geworden. Gestern waren es vierzig Grad und Sonnenschein, heute sind es zwanzig Grad und
Wolkenhimmel.

Ich friere.

Bevor ich losgelaufen war, hatte ich noch einmal den Beutel
mit den zurückgelassenen Sachen ausgepackt und zuerst den
Flachmann und schließlich auch das Rasierzeug in den Rucksack gesteckt. Ich weiß nicht, wie ich, ohne mich zu rasieren, in
fünf oder sechs Wochen aussehen würde. Und ich bin auch nicht
neugierig darauf.

Es wäre sinnvoller gewesen, denke ich, statt des Flachmanns
die wärmende Windjacke mitzunehmen. Doch ich will nicht
umkehren. Jetzt noch nicht! Bestimmt wird es morgen wieder
heiß, und wenn nicht, werde ich mir in Kroatien eine sehr leichte
und sehr dünne Windjacke kaufen.

Am Ortsausgang blättert die Farbe vom Kreuz, an das Jesus
genagelt ist. Zwischen den Stiefmütterchen, die als kreisförmige
Rabatte um den Gekreuzigten gepflanzt worden sind, wuchert
Vogelmiere.

Links von der Hauptstraße wächst an der Südseite einer langgezogenen Hügelkette Wein, so weit ich schauen kann. Rechts
biegt die Nebenstraße nach Siklós ab. Von Siklós, das hatte ich
gestern gelesen, sind es zwanzig Kilometer bis nach Beremend,
dem letzten ungarischen Ort vor dem Grenzübergang nach
Kroatien.

Doch Maria hatte mir geraten, nicht durch Siklós zu gehen,
sondern die Umgehungsstraße unterhalb der Weinberge zu nut-

zen. Ich sehe auf der Umgehungsstraße aber keine Wegweiser nach Beremend, sondern nur Schilder an den Lichtmasten. Nach achthundert Metern müsse man rechts abbiegen, hundert Meter zurückfahren und sei bei Lidl. Zu Spar sind es 1200 Meter vorwärts, abbiegen und dreihundert Meter zurück. Ich bin nicht nach Osteuropa gefahren, um Lidl oder Spar zu finden.

Weil ich nicht schon zu Beginn einen Umweg laufen will, schaue ich auf die Karte, die mir der Wettkellner in Harkány geschenkt hat. Trotz Brille entdecke ich die Umgehungsstraße nicht. Und die Straße zur Grenze nach Kroatien endet in Beremend, das auf dieser Karte sehr weit von der Grenze entfernt ist. Es ist auch keine Straße nach Kroatien eingezeichnet. Schließlich sehe ich, dass es auf dieser Karte weder Serbien noch Kroatien, sondern nur »Jugoslawien« gibt.

Eine Karte aus Zeiten des Sozialismus!

Ein alter Mann, der mit Spaten, Harke und Schubkarre in die Weinberge fährt, fragt mich: »Wohin?«

Ich sage: »Kroatien.«

Er nickt und zeigt auf der Umgehungsstraße geradeaus, dreht sich dann um und sagt eindringlich, so als ob ich zurückgehen müsste: »Máriagyűd.« Der Berg, an dem die Wallfahrtskirche steht, sei der Tenkesberg.

Ich erinnere mich an eine DDR-Fernsehserie über einen ungarischen Robin Hood, der heldenhaft gegen die Österreicher kämpfte, die Ungarn besetzt hatten.

»Der Kapitän vom Tenkesberg?«

»Igen. Kapitän Tenkes. Máté Eke.«

Dann zeigt der Mann auf ein aus der Entfernung einer Burg oder Festung ähnelndes Gebäude, das auf einem Hügel über Siklós thront. »Schabranzen! Schabranzen!« Und ballt die Faust.

Ich verstehe ihn nicht.

Er hält einen Trabant an. Der Fahrer hat in der Grundschule Deutsch gelernt.

Schabranzen, das sind die Österreicher, die habsburgischen Unterdrücker, gewesen. Von 1703 bis 1711 haben die Ungarn unter Franz II. Rákóczi um ihre Freiheit gekämpft. Im Schloss von Siklós saßen die Schabranzen: Baron Eckbert von Eberstein mit seinen Soldaten. Aber Máté Eke, der Kapitän vom Tenkesberg, hat sie vertrieben …

Ich habe diese Fernsehserie gesehen. Der Kapitän vom Tenkesberg ritt auf einem braunen Puszta-Hengst und trug einen feschen Schnauzbart, genau wie ich mir damals einen feurigen Ungarn vorgestellt habe.

Zwar besiegten die Österreicher nach acht Jahren die um ihre Freiheit kämpfenden Ungarn, aber sie mussten den Magyaren in der Habsburger Monarchie die Autonomie gewähren.

Ich breche den Geschichtsunterricht ab und sage, dass ich heute noch bis in das zwanzig Kilometer entfernte Beremend laufen muss.

Der Trabi-Fahrer öffnet mit einer einladenden Handbewegung die Beifahrertür.

Ich schüttele den Kopf und warte, bis er den Trabant angelassen, den ersten Gang eingelegt hat und knatternd gestartet ist. Vertraute Geräusche!

Ich erinnere mich nicht, dass ich schon durch ähnliche Landschaften marschiert bin. Die Weinstöcke haben sich an die Berghänge zurückgezogen, und neben der Hauptstraße wachsen auf hundert Meter breiten Feldern Mais, Sojabohnen, Weizen und Sonnenblumen. Das letzte Unwetter hat den Weizen zu Kreisen und Schneisen niedergedrückt. Der Mais steht noch. Aber die schweren gelbbraunen Blütenköpfe der Sonnenblumen liegen verschmutzt auf dem Acker. Nirgendwo habe ich zuvor solch ein trauriges Blumenbild gesehen: meterhohe Sonnenblumen, die sich nicht mehr aufrichten können. Die Mäuse müssen nicht klettern.

Der Wind ist kalt. Ich gehe sehr schnell. Trotzdem komme ich nur langsam voran, denn wenn mir einer der vielen Trucks entgegendonnert, trete ich ängstlich zur Seite. Die Fahrer sind wahrscheinlich schon lange unterwegs und zu müde, um für einen einsamen Fußgänger Extrakurven zu fahren.

Nach einer halben Stunde sehe ich auf der Umgehungsstraße an einer rechts abbiegenden Straße den ersten Wegweiser: »Siklós 2 km«. Missmutig denke ich, dass ich Marias Rat besser nicht gefolgt wäre und statt der Umgehungsstraße den Weg durch Siklós genommen hätte. Vielleicht habe ich in Siklós aufschreibenswerte Begebenheiten verpasst, denn in den ersten Stunden einer Reise saugt man in der Fremde alle Einzelheiten noch ungefiltert und neugierig auf. Da wird jeder alte Stein zu einem Stück Geschichte und jeder Kneipenbesuch ein gesellschaftliches Abenteuer. Jeder Bettler ist eine soziale Studie und jedes Gespräch eine kleine Lebensgeschichte. Alles erscheint noch bedeutend und einmalig. Ein sowjetischer Autor hat mir einmal gesagt: Fährst du eine Woche durch Sibirien, kannst du einen Roman über Sibirien schreiben. Wohnst du ein Jahr in Sibirien, verfasst du eine Kurzgeschichte. Und lebst du ein Leben lang in Sibirien, wirst du vielleicht noch einen Vers über Sibirien dichten.

Viele Getreidefelder sind schon abgeerntet. Nicht einmal mehr in Ungarn sehe ich die aus der Kindheit vertrauten Kornpuppen. Stattdessen stehen zu Würfeln gepresste Strohballen ordentlich in Reih und Glied auf den Feldern.

Der Wind hat die Wolken zur Seite geschoben und sich dann zur Ruhe gelegt. Es wird sehr schnell heiß, und ich trinke meine Wasserflasche aus. Proviant habe ich keinen mitgenommen, denn nach meiner Karte sind es nur noch sechs Kilometer bis Nagyharsány.

An der Abzweigung nach Kisharsány stehen zwei Polizeiautos. In einem läuft der Motor. Ein Uniformierter sitzt dort am Lenkrad und döst. Die übrigen fünf Polizisten halten die Trucks an, winken sie zur Seite und kontrollieren Fahrzeugpapiere und Fahrtenschreiber. Manche Laster, ich merke später, dass es die ungarischen sind, winken sie durch. Die Fahrer, die angehalten werden, kurbeln nicht nur die Fenster herunter, sondern steigen freundlich lächelnd aus. Manche begrüßen die Polizisten sogar mit Handschlag. Solch höfliche LKW-Fahrer habe ich noch nicht gesehen, und einen Augenblick träume ich, dass sie rücksichtsvoll zur Seite fahren werden, wenn ich ihnen unterwegs begegne. Doch das bleibt ein Traum, und ich bin froh, als ich gegen Mittag in der Ferne das Ortseingangsschild von Nagyharsány sehe. Auf dem Friedhof setze ich meine Kraxe zwischen den Grabsteinen ab.

Weder dicke Mauern noch Eisengitter schützen den Friedhof vor ungebetenen Gästen. Ein Auto fährt über die angrenzende Wiese bis zum Gräberfeld. Nur auf wenigen Gräbern wachsen Blumen oder rankt Efeu. Schwere Steinplatten verschließen die aus Beton gegossenen dicken Grabumrandungen, die nur von Kränen angehoben werden können.

Aus dem Auto steigt eine Frau. Der Mann bleibt sitzen und raucht. Sie holt einen Karton mit künstlichen Rosen, Lilien, Efeuzweigen und Nelken aus dem Kofferraum, legt sie auf das Grab und versucht das Unkraut, das um das Betongrab wuchert, herauszuziehen. Doch weil es zu fest verwurzelt ist, gibt sie es auf. Noch bevor der Mann seine Zigarette zu Ende geraucht hat, sitzt die Frau wieder im Auto. Sie fahren zwischen den Gräbern über die Wiese zurück auf die Straße.

Ein vielleicht vierzehn Jahre alter Junge mit sehr kurz geschorenen Haaren, der ein rotes »I am happy«-Shirt und grüne Turnhosen trägt, fährt mit dem Rad bis zur Wiese, legt es in das Gras und läuft zu einem Grab, hinter dem ein verwittertes schmales Holzkreuz steht. Ein Porzellan-Medaillon in der Mitte zeigt das Porträt einer jungen rotwangigen Frau. Als er merkt, dass ich kein Ungar bin, sagt der Junge auf Englisch: »The mother of my daddy.« Ich versuche, Geburtsjahr, Todesdatum und Namen auf dem Kreuz zu lesen, doch die Schrift ist kaum noch zu entziffern. Als ich endlich Janoszné und den männlichen ungarischen Vornamen Janosz lese, glaube ich an einen Irrtum. Doch auch die in Stein gemeißelten Vornamen der anderen Frauen klingen männlich. Der Mann heißt Lajos, die dazugehörige Frau Lajosné. Mihaly und Mihályné. Karol und Karolné. Ich finde keine Anna, keine Maria, keine Elisabeth. Aber Peter und Peterné.

Der Junge gießt einen Topf mit Studentenblumen. Küsst das Bild. Kniet nieder. Bekreuzigt sich. Und geht zum nächsten Grab. Küsst das Porträt eines jungen Mannes. Bekreuzigt sich. »The daddy of my mother.«

Daneben steht der Grabstein des nur 41 Jahre alt gewordenen Mihaly Müller. Gestorben 1946.

Der Junge sagt: »It is a German.« Und hält sich dann den Zeigefinger an die Schläfe. »Many Germans kaputt!«

Meine Frage, weshalb die Frauen den Vornamen der Männer erhalten haben, versteht er nicht. Ich denke, dass mit dem Namenswechsel nach der Hochzeit die Eigentumsverhältnisse klargestellt werden: Peter-né bedeutet »Peter seine«.

Ein Mann wartet, so ist es auf dem Grabstein zu lesen, schon seit dem letzten Jahrhundert vergeblich auf seine Frau. »Csima József, 1915–1978.« Darunter steht: »Csima Józsefné, 1918–19…«

Sie hat das ihr zugedachte Jahrhundert überlebt.

Der Junge füllt meine Wasserflasche. Als ich frage, ob man das Wasser vom Friedhof trinken kann, antwortet er in Zeichensprache: Was den Toten nützt, ist auch gut für die Lebenden.

Er bekreuzigt sich noch einmal, holt sein Fahrrad und ruft: »I wish a good way.«

Der gute Weg führt mich zuerst an Warnkreuzen vorbei, die nicht mehr warnen müssen, und dann unter rot-weiß gestrichenen Eisenbahnschranken hindurch, die sich nicht mehr öffnen und schließen. Die Schienen sind, nachdem sie den Asphalt der Hauptstraße zerschnitten haben, zwischen Gras und Unkraut nicht mehr zu finden.

Dem Stellwerk neben den Schienen fehlen Fenster und Türen. Die elektrischen Verteilerkästen sind zerschlagen, der kleine Raum, in dem der Bahnwärter früher mit den rotgestrichenen Hebeln und Rädern die Weichen verstellt hat, ist vollgeschissen. An die Außenwände des Häuschens sind Hakenkreuze geschmiert.

Auf der langen geraden Straße in den Ort hinein suche ich vergeblich nach einem kleinen Laden. Erst als kurz vor der Orts-

Im Stellwerk

mitte der Weg zur Grenze rechts abbiegt, finde ich neben der Bushaltestelle ein Geschäft. Aber das ist geschlossen. Der Sturm hat Pappkartons und Zeitungspapier an die angrenzenden Zäune geweht, und an den Sträuchern und Zaunlatten hängen zerrissene Plastetüten.

Ich stolpere über eine der Eisenstangen, die beim Bau der Straße mit einbetoniert worden sind und nun zentimeterlang herausragen. Die Schnüre meiner Kraxe reißen. Ich will sie aufknoten, aber ich hatte mir gestern, weil ich auch keine Nagelschere mitnehmen wollte, vorsorglich die Fingernägel sehr kurz geschnitten und bekomme die Knoten nicht auf.

Ich bin froh, als ich Nagyharsány hinter mir habe.

Anstelle der Wallfahrtskirche, die inzwischen aus meinem Blickfeld entschwunden ist, sehe ich seit zwei Stunden die Silhouette einer großen Fabrikanlage vor mir. Ihre dicken, hohen Türme

Groß und klein

und mehrstöckigen offenen Gebäude sind durch schiefe Ebe-
nen, von Geländern gerahmte Transportbänder und dickbäu-
chige Rohrsysteme miteinander verbunden: ein riesiger Oktopus
mit Tentakeln und Saugnäpfen. Als ich etwa die Mitte der sich
auf vielen Quadratkilometern ausbreitenden Betonfabrik erreicht habe, bemerke ich vor einem der mächtigen Zementsilos
ein blaues Dixi-Klo für die Arbeiter.

Eine blaue Laus am Bein eines Riesen.

Ein Ausstellungsfoto, denke ich belustigt und fotografiere
Siloturm und Klo. Ein Mann in dunkelblauer Arbeitsmontur
kommt sehr schnell aus dem Werk und will mir sehr laut und
energisch etwas erklären. Mein Schulterzucken ärgert ihn. Er
beginnt zu schreien. Ich versuche es mit einigen ungarischen
Worten. Da zeigt er auf ein Schild, das über dem Werktor hängt:
ein Fotoapparat, dick mit roter Farbe durchgestrichen. Ich will
ihm durch eine unmissverständliche Geste klarmachen, dass

Versuchsfelder so weit das Auge reicht

mich nicht das Duna-Betonwerk, sondern die kleine Toilette davor interessiert. Er versteht mich falsch und schüttelt den Kopf. Nein, ich könne das Dixi-Klo im Werk nicht benutzen. Ich solle auf die Straße pinkeln. Er droht noch einmal mit dem Finger, zeigt auf das Verbotsschild und geht.

Weil mir die Füße vom ungewohnten Marsch schon schmerzen, laufe ich nicht mehr auf der Betonstraße, sondern am abgemähten Straßenrand. Die Nüsse der am Straßenrand wild wachsenden Walnussbäume hängen so tief, dass ich oft mit dem Kopf daran stoße. Weil ich Hunger habe, schäle ich eine Nuss aus ihrer grünen Hülle. Der gekräuselte Kern ist noch weiß und weich und von einer feinen Haut geschützt. Er sieht aus wie Gehirn und schmeckt süß. Satt kann man davon nicht werden. Ich versuche es mit Sonnenblumen und puhle die Körner aus ihren Blütenkissen. Doch die sind noch nicht schwarz und lassen sich weder mit den Zähnen noch mit den Fingern aufbrechen. Vielleicht junge Maiskolben? Am Rande des Maisfeldes stehen im Zwei-Meter-Abstand dreißig oder vierzig sechseckige rot-weiße Schilder auf giftgrünen Pfählen. »Pioneer N43« und »Pioneer 1823«. Vermutlich genveränderten Versuchsmais werde ich nicht essen. Aber als auch das nächste Feld mit »Pioneer«-Schildern bestückt ist und am Wegrand schon abgenagte Kolben liegen, breche ich mir drei ab. Ich häute die Kolben, indem ich sie fast andächtig Blatt für Blatt aus ihrer grünen Hülle schäle.

Ich scheiß auf die Gene, ich habe Hunger! Die Maiskörner schmecken süß und sind sehr zart.

Vielleicht fünf Kilometer vor Beremend mähen sieben Männer das Gras am Straßenrand. Sechs arbeiten mit Motorsensen, einer mäht noch auf die alte Art. Der hölzerne Stiel seiner Sense ist glatt und abgegriffen, das Sensenblatt schon schmal gewetzt. »Arkadi«, stellt er sich auf Russisch vor und zeigt mir, wie man mäht. Er stellt ein Bein vor das andere, greift den Sensenwurf am Ende und den Handgriff in der Mitte. Dann schwingt er das Sensenblatt in einem Halbkreis.

»Chleb – Brot. So als ob du ein Brot schneidest.«

Ich kann mähen. Ich mache zu Hause Heu für die Schafe. Und als ich die Sense auf die Erde stelle und das Blatt mit dem Wetzstein schärfe, nicken die Männer anerkennend und setzen sich auf die Erde. Sie sagen, dass selten Fußgänger vorbeilaufen. Und kaum welche mit Rucksack. Und gar keine, die mit der Sense mähen können.

Arkadi breitet eine Zeitung aus, reißt ein Loch in die Mitte. Eine niedrige Margerite, die den Motorsensen entgangen ist, kann als Tischschmuck hindurchschauen. Die übrigen legen Brot und Wurst und Tomaten dazu. Einer holt einen Kanister. Er gießt acht Blechbecher randvoll.

»Moldawischer Wein aus der Heimat«, sagt er. Nur zweimal im Jahr fahren sie nach Hause, erklärt Arkadi. Er ist kein Moldawier, sondern ein Russe.

»Doch wenn man aus der Heimat wegmuss, macht es keinen Unterschied, ob man in der Fremde ein armer Russe oder ein armer Moldawier ist. Wer arm ist, muss überall nach Arbeit und Brot suchen – nicht nur die Afrikaner, die nach Europa kommen.«

Arkadi ist als Russe aus Moldawien geflohen, denn er lebte in Transnistrien, dem abtrünnigen, von Russen bewohnten Teil Moldawiens. »Und weil mein Bruder als Offizier in der moldawischen Armee gegen die abtrünnigen Russen in Transnistrien kämpfte, hätten wir aufeinander schießen müssen.«

Einer der Männer fragt, bevor er mir zum zweiten Mal den Becher füllt: »Weshalb läufst du so ganz ohne Not in der Fremde umher?«

Um die Welt zu sehen, sage ich.

Dazu müsste man nicht mehr laufen, berichtigt Arkadi. Er verschwindet im Wohnwagen und kommt mit einem Laptop zurück.

»Du kannst Beremend schon von hier aus sehen.«

Wir finden sogar die Straße zwischen Beremend und Nagyharsány.

»Hier steht unser Wohnwagen«, sagt Arkadi. Sie haben drei Monate gespart, um den an ein Handy anschließbaren Laptop kaufen zu können, einen Laptop für alle sieben.

»Nun können wir unseren Frauen, Kindern und Eltern in der Heimat immer schreiben, wie es uns geht.«

Als ich weitergehe, kenne ich die Straße nach Beremend schon und weiß, dass ich unterwegs nur durch Felder laufen werde. Zwei alte Flursteine rechts und links der Straße habe ich auf dem Bildschirm nicht gesehen. Auf Verbotsschildern, die danebenstehen, sind ein Bagger und ein Spaten mit roter Farbe durchkreuzt: Im Umkreis von drei Metern ist es verboten, zu baggern oder zu graben!

So schützen die Ungarn ihre Geschichte.


Am späten Nachmittag erreiche ich Beremend. Am ersten Haus rechts sitzt ein Mann auf der Bank. Sein Hund liegt neben ihm. Ich frage, ob ich mich ausruhen darf.

Johann Leiszon

Er schubst den Hund von der Bank und sagt im schwäbischen Dialekt: »Nehm' Se Ploatz.«

Der Mann ist klein und schmächtig. Seine weite, lange grüne Hose hat er, damit sie nicht herunterrutscht, so eng gegürtet, dass sie wie ein Kleid Falten schlägt. Er trägt ein kurzärmeliges Hemd. Die nackten Füße stecken in Ledersandalen. Am rechten Fuß hat er den großen Zeh mit einer sauberen Mullbinde umwickelt. Ich will ihn, um ein Gespräch zu beginnen, nach der Verletzung fragen, doch er kommt mir zuvor, lacht mich an und sagt: «Schaut mich an und schätzt, wie alt ich sin.«

Sein Kopf ist im Verhältnis zum Körper sehr groß geraten, die Nase eine prächtige Knolle und der Mund fast so breit wie die Augen auseinanderstehen. Doch er hat keine Falten, und die Augen leuchten.

Ich sage: »Knapp über siebzig.«

Er, stolz: »Ich sin achtunachtzig Joor alt, achtunachtzig, mei Buu.«

Ich schüttele ungläubig den Kopf.

Er erhebt sich und steht sehr gerade. »Johann Leiszon. Am 3. Mai 1920 in dem Haus uf die Welt kom. Des Haus ist 1872 gebaut woor. Jetzt ist es in der Hauptstrooß 201. Es woor immer es letzt oder es erscht Haus von Beremend, je nachdem, ob mer rinkommt oder rausgeht.«

Gebaut hat es sein schwabendeutscher Großvater. Der war Maurer wie der Vater und viele andere Männer in Beremend.

»Ich hoan oa Maurer solle were, ower weil es 1934 zu viele Maurer wore, ower zu wenich Arwet, han ich mein Vater net gfolcht und sind auf die Ackerbauschool uf Siklós gan. A Bauer hat im Gegensatz zum Maurer immer Brot und Milich und Fleisch ufm Tisch.«

Ob er weiß, wann und weshalb seine Vorfahren aus Schwaben nach Ungarn eingewandert sind.

Er weiß es nicht. Wenn es den Menschen zu Hause schlechtgeht, wollen sie ihr Glück in der Fremde machen. Das sei früher so gewesen und heute auch wieder.

»Mir worn vier Geschwister. Meim Vaters erschtes Weib is frie gschtorb. Ich sin von sein zwette Weib. Mei eignes Weib is oa sehr frie gschtorb. Mit ihr wors gut.«

Ohne sie wäre er nur ein gelernter Bauer, aber ein Bauer ohne Land geworden, also ein Knecht. Sie hat vierunddreißig Hektar Feld in die Ehe eingebracht. Vor sechsundzwanzig Jahren starb sie. Seine zweite Frau besaß kein Feld. Aber ihm reicht, was er hat. Er baut auf fünfundvierzig Hektar Mais und Getreide an. Elf Hektar hat er dazugepachtet.

Zwei Töchter und zwei Enkel und ein Urenkel gehören zu seiner Familie.

»Awer des Lewe in Beremend is heit anersch, die Kinder ...«

Er wickelt den Verband, der inzwischen verrutscht ist, neu. Sein großer Zeh eitert unter dem Nagel.

»Ich sin 1926 in die erscht Klass unserer katholischen und

gleichzeitig auch orthodoxen School. Gered ham mer Ungarisch, Deitsch und Kroatisch. Ich kann noch a paar kroatische Werter, also malo, das heißt wenig. Weil mer uns dahem, in der School und in der Kerch beigebrocht hat, dass mer Gott und jeden Mensch achten müssen, han mer uns gut verstan und han gut zamgelebt. Weil keener darf te anre ronerdricke, wie mer das jetzt macht. Denn wann te Mensch ronergedrickt is, kann er nemi tiefer falle. So wie eier Taschn, die graat vun der Bank gefalln ist.«

Er hebt sie auf.

Zweimal sei er als ungarisch-deutscher Soldat von den russischen Kommunisten eingekesselt gewesen. Zuerst 1943 nördlich von Stalingrad. Dort konnte er mit den Deutschen aus dem Kessel ausbrechen, ging zurück nach Ungarn und war für kurze Zeit zu Hause in Beremend. 1944 holte man ihn wieder. Und da wurde er im Kessel von Budapest eingeschlossen.

Er hat Glück gehabt, er ist gesund zurückgekommen. Und später, als nach dem Krieg alle Deutschen in Beremend auf Listen geschrieben wurden, »vergaß« man ihn. Es waren die Listen für den Transport der Deutschen zur Zwangsarbeit in die Sowjetunion. Der Lehrer, der, alle Deutschen aufschreibend, von Haus zu Haus gelaufen ist, war am unteren Ende des Dorfes losgegangen. Beremend ist vier Kilometer lang, und bei den meisten Deutschen hatte der Lehrer einen Schnaps getrunken. Als er am letzten Haus angekommen war, schwankte er schon.

Johann Leiszon hatte seiner Mutter, die nur Deutsch sprach, eingeschärft: Sag um Himmels willen kein einziges Wort!

»Un ich han ohne Akzent Ungarisch gered. Der Herr Lehrer meente: ›Do owe, am End vom Dorf han nor Ungarn gwohnt. Eich muss ich net aufschreiwe.‹ Er hat noch a Schtampl Raki getronk un is gan.«

Johann Leiszon ist Bauer geblieben und war nie ein armer Bauer.

»Ich sin immer mit me Wartburg gefaar, dreimoal hinernaner.«

Heute fährt er einen Suzuki. Aber er klagt, dass es einem Bauern inzwischen schwerfällt, seinen Lebensunterhalt durch die Landwirtschaft zu verdienen. »Die ungarische Kukruz(Mais)-Mafia, der mer die Kukruz abliwre misse, drickt die Preise so tief, doas se nemi tiefer falle kenne. Und der Kunstmist is so teier, dass mer keenen koafe kann.«

Früher besaß Johann Leiszon auch einen großen Weinberg. Darauf steht jetzt ein Silo vom Zementwerk. Ein Deutscher hat das Zementwerk gekauft und vergrößert. Er hat, wie Johann Leiszon meint, auch Zucht und Ordnung in den Laden gebracht.

»Er stellte Wachleute ein, die aufpasse, dass die Zigeiner net wie frieher mitm Pferdewaan komme und de Ziment mit de Säcke stehle.«

Unser Gespräch wird selten unterbrochen. Nur wenn einer auf dem Fahrrad oder dem Traktor vorbeikommt, winkt und grüßt Johann Leiszon und ruft, ohne dass der schon Weitergefahrene noch eine Chance zur Antwort hat: »Wie geht's dir?«

Nachdem Johann Leiszon mir, einem Fremden, sein Leben erzählt hat, will ich nicht unverschämt sein und ihn auch noch um ein Nachtlager bitten. Ich denke, dass ich an der vier Kilometer langen Hauptstraße irgendwo einen Menschen finden werde, bei dem ich schlafen kann. Die Ungarn sind gastfreundlich. Ich muss sie nur ansprechen.

Aber es fällt mir auch deshalb schwer, sie anzusprechen, weil nur Johann Leiszon auf seiner Bank zur Straße geschaut hat. Alle anderen Bänke in Beremend stehen mit der Rückenlehne zur Straße, und die darauf sitzen und miteinander schwatzen blicken auf die Fassade ihrer kleinen Häuser, von denen oft schon der Putz bröckelt. Sie drehen sich auch nicht um, wenn sie mich auf der Straße vorbeilaufen hören. Nur an der Bushaltestelle hat man die Bänke mit den Lehnen nach hinten und dem Blick zur Straße aufgestellt. Doch dort sitzt niemand.

In Deutschland legen manche Kissen auf die Fensterbänke, um stundenlang bequem beobachten zu können, wer mit wem

Ausblick

und wie auf der Straße entlangläuft. Sind Ungarn nicht neugierig?

Mein Nachdenken endet ergebnislos. Es beginnt zu regnen, und ich habe noch keine Unterkunft. Ich müsste endlich irgendjemanden ansprechen.

Die meisten Häuser verstecken sich hinter dicken braun oder grün gestrichenen blicksicheren Bretterwänden. Vielleicht sollte ich an eines der Hoftore pochen, doch wenn ich vor einem stehe, sage ich mir: »Am nächsten!« Und wenn ich dort angekommen bin: »Hier noch nicht, aber am nächsten ganz bestimmt.« Schließlich ist der Ort vier Kilometer lang.

Nachdem ich so etwa eine halbe Stunde lang durch Beremend gelaufen bin, biege ich von der Hauptstraße ab und gehe in eine Nebengasse. Hier stehen nicht alle Häuser hinter hohen Bretterzäunen, sondern auch frei in großen Gärten. Neben einem Haus, dessen Eingangsportal von dicken Rundsäulen gestützt wird, entdecke ich einen fast leeren, regensicheren Schuppen. Vor dem Schuppen legt ein Mann polierte Steinplatten auf das

Gras. Nach seiner freundlichen Begrüßung hole ich meinen Schlafsack aus dem Rucksack und versuche ihm klarzumachen, dass ich in seinem Schuppen schlafen möchte.

Er schüttelt den Kopf. Dann zeigt er auf aufgestellte Mause-fallen und deutet an, dass ich nicht im Schuppen schlafen kann, weil dort nachts Mäuse und Ratten umherlaufen.

Vielleicht gegenüber im kleinen Gemischtwarenladen, schlägt er vor. Dort frage ich nicht, aber kaufe mir watteweiches Weiß-brot, spitze gelbe Paprikaschoten, krümeligen Schafskäse und roten Wein.

Wieder auf der Hauptstraße, bemerke ich ein Brettertor, aus dem handhoch ein breiter Spalt herausgesägt worden ist. Als ich neugierig hindurchschaue, sehe ich in den Hof des Hauses. Ein altes, sehr dickes Ehepaar sitzt auf einer Hollywoodschaukel. Schnell laufe ich weiter und hoffe, dass sie meine neugierigen Blicke nicht bemerkt haben. Nach ein paar Metern kehre ich je-doch um. Ich will mir die Bewohner noch einmal anschauen und sie danach um eine Schlafgelegenheit bitten. Doch als ich er-neut hineinluge, starren mich direkt hinter dem Spalt schwarze funkelnde Augen an.

Der Mann öffnet. Ich entschuldige mich, und indem ich mei-nen Kopf in meine aufeinandergelegten Hände lehne, versuche ich ihm zu erklären, dass ich ein Quartier suche.

Nein, sagt er, aber beim Herrn Pfarrer. Er zeigt mir den Weg zur Kirche und bekreuzigt sich.

Die Kirche steht in der Mitte des Dorfes. Gegenüber nistet auf einem Strommast ein Storchenpaar. Und während der im Nest sitzende Storch seinen Schnabel wie eine Kompassnadel im Kreis dreht und in den Himmel schaut, fliegt der andere mi-nutenlang seine Ehrenrunden. Als er gelandet ist, schnäbeln sie zur Begrüßung.

Den Pfarrer kann ich nicht begrüßen. Er hat Urlaub. Aber weil es inzwischen sehr heftig regnet, gehe ich trotzdem in die Kirche. Die Tür zum vielleicht drei mal zwei Meter großen Vor-raum steht offen. Die zweite Tür in das Innere der Kirche ist verschlossen. Durch ihr Oberlicht sehe ich die Umrisse vom Altar. Im Vorraum hängt das Kreuz an der Wand. Darunter befindet sich eine Weihwasserschale. Sie ist bis zum Rand mit Zigarettenkippen gefüllt.

Auf dem Steinfußboden liegt ein sauberer roter Läufer. Ich setze mich und beginne zu essen.

Als ich meine müden Knochen ausstrecken will, öffnet ein Mann die quietschende Kirchentür. Ich springe auf. Doch er scheint nicht erschrocken, weil jemand im Kirchenvorraum liegt, und bittet seine Frau herein. Er trägt einen grauen gutgeschnittenen Anzug und seine Frau einen dünnen, langen beigefarbenen Sommermantel über dem enganliegenden dunkelblauen Kostüm. Ich könnte mir vorstellen, dass die beiden alten Herrschaften Touristen aus Wien sind. Aber sie sprechen Ungarisch.

Sie gehen an mir vorbei und beten vor dem Fenster der verschlossenen Kirchentür. Ich frage sie nach dem Pfarrer. Der Mann antwortet in fast akzentfreiem Deutsch, dass der Herr Pfarrer erst in einer Woche wiederkommt.

Dann stellt er sich förmlich vor, indem er mir mit einer angedeuteten Verbeugung die Hand reicht.

»Schönberg, ein alter deutscher Name. Mit Vornamen Ferencz – also Franz – Schönberg.«

Sie sind in Eile. Weil er von Tag zu Tag schlechter sieht, will er übermorgen zu einer Wallfahrt nach Mariazell aufbrechen.

Herr Schönberg ist Lehrer. Er hat nach dem Krieg am Lehrerinstitut in Pécs studiert. Danach unterrichtete er zuerst in Nagyharsány und später hier in Beremend.

»Sie haben als Deutscher nach dem Krieg Lehrer werden können? War Ihr Vater nicht interniert?«, frage ich.

»Nein. Er war 1940, zur Zeit der Faschisten in Ungarn, mutig gewesen. Bei der Volkszählung schrieb er damals nicht wie viele Ungarndeutsche ›Nationalität Deutsch‹, sondern ›Nationalität Ungarisch mit deutscher Sprache‹. Das bewahrte den Vater vor der Liste und damit vor dem Lager.«

Er entschuldigt sich noch einmal. Sie haben für mich auch keinen Platz zum Schlafen. Die Familien ihrer Kinder sind zu Besuch gekommen. Aber er werde mit dem Kirchendiener sprechen. »Dann können Sie hier auf dem roten Teppich schlafen. Normalerweise schließt der Kirchendiener László Matus nachts auch die Außentür der Kirche zu. Aber heute soll er sie auflassen.«

Als sie gegangen sind, lege ich mich wieder auf den Boden und schlafe sofort ein.

Laut tönendes und lang anhaltendes Glockengeläut weckt mich. Es ist 20 Uhr. Die Kirche ruft zum Abendgottesdienst. Doch die Kirchgänger wissen, dass der Pfarrer Urlaub hat. Niemand erscheint.

Ich schlafe, bis in der Dunkelheit die Tür quietscht, ein Mann mit dem Schlüsselbund klappert, »jó éjszakát – gute Nacht« wünscht und mir Brot, Tomaten, Käse und eine Flasche Wasser auf den Boden stellt. Ich bringe den Kirchendiener an die Tür und erschrecke dort vor dem gleißenden Licht. Die Kirche wird von zwei Scheinwerfern taghell beleuchtet.

Ich ziehe mich in meine Dunkelheit zurück, esse und trinke. Der Käse schmeckt beißig. Also gehe ich noch einmal in das Scheinwerferlicht hinaus und lese auf der Packung, dass er sein Verfallsdatum schon zwei Monate überschritten hat.

Als ich am Morgen aufwache, sind die Scheinwerfer ausgeschaltet. Weil mir vom Käse noch schlecht ist, trinke ich einen Schnaps. Dann packe ich den Schlafsack ein, hucke die Kraxe auf und wasche mir an einem Schlauch, der den Rasen wässert, den Schlaf aus dem Gesicht.

Auf der Hauptstraße treffe ich Franz Schönberg, der einen Beutel voll Weißbrot gekauft hat. Wegen seines Augenleidens erkennt er mich erst, als ich ihn anspreche und bitte, für mich zehn Euro in die Kirchenkasse zu legen.

Ich frage ihn, weshalb in Beremend die Bänke alle mit Blick zum Haus aufgestellt sind.

Er sagt, das sei ihm noch nie aufgefallen. Und weshalb das so ist, weiß er nicht.

»Auch Lehrer können nicht alles wissen.«

Den Weg zur kroatischen Grenze, sagt er zum Abschied, kann ich nicht verfehlen. Rund fünf Kilometer immer geradeaus.

## Vom Sheriff Nr. 0037, der an der kroatischen Grenze Maisdiebe verfolgt, der Spur der toten Hunde und einem Vulkanisierer, der hofft, dass die EU in Kroatien keine besseren Straßen bauen lässt

Nach Beremend ist wie vor Beremend. Die Straße schnurgerade. Rechts und links Mais und Sonnenblumen und Sojabohnen und abgeerntete Weizenfelder, auf denen die zu Würfel gepressten Strohballen liegen. Nur die den Straßenstaub aufwirbelnden Trucks fahren, um die Wartezeit an der Grenze wettzumachen, anscheinend noch schneller.

Als zwischen den Feldern Büsche wachsen und ein Weg zu einer Wiese führt, gönne ich mir die erste Marschpause. Im Schatten von Haselnusssträuchern mache ich mich grenzkontrollfertig. Ich hole den Pass aus meiner Känguru-Bauchtasche und beginne, kroatische Vokabeln zu lernen. Guten Tag – dobar dan. Auf Wiedersehen – do videnja. Bitte – molim. Danke – hvala. Brot – kruh. Wein – vino. Schlafen – spavati.

Plötzlich steht ein kräftiger junger Mann mit einem Mountainbike neben mir und mustert mich kritisch. Zur kurzen Hose trägt er eine mit Tarnfarben gefleckte Militärweste. Auf der linken Seite steckt am Kragen der Weste ein großer Metallknopf mit einer vierstelligen Zahl. Ein Sheriff in Ungarn?

Er steigt vom Fahrrad und fragt mich erst auf Ungarisch, dann auf Englisch und schließlich auf Deutsch, was ich hier mache, woher ich komme und wohin ich will.

Als ich ihm auf Deutsch antworte, freut er sich und erzählt in gebrochenem Deutsch, dass seine Vorfahren Schwaben waren.

Der Vater sei als Aussiedler sogar schon einmal in Deutschland gewesen. Aber wahrscheinlich habe er sich damals das falsche Deutschland ausgesucht, also das Sozialismus-Deutschland, denn er sei schon einige Monate später nach Ungarn zurückgekommen.

Ich frage, weshalb er eine Uniformweste trägt und neben dem Koppelschloss seines Militärgürtels sehr auffällig ein Handy, einen Fotoapparat und ein Notizbuch hängen.

»Ich bin der Flur- und Feldwächter von Beremend.« Vorher war er Soldat. Die Kommune zahlt ihm monatlich umgerechnet 400 Euro und stellt das Dienstfahrzeug – ein Fahrrad, »weil ein Moped wegen des Benzins zu teuer wird«.

Das Gebiet, das er zwischen der Grenze und Beremend bewacht, ist fast einhundert Quadratkilometer groß.

Im Krieg zwischen Serben und Kroaten waren zuerst viele Kroaten vor den Serben über die Grenze nach Ungarn geflohen. Als der Krieg zu Ende war, kamen dann die von den siegreichen Kroaten vertriebenen Serben über die Grenze. Inzwischen würden Kroaten und Serben in Südungarn friedlich zusammenleben.

»Doch je sorgfältiger man an den großen Grenzübergängen kontrolliert, um so häufiger gehen die Diebe über die grüne Grenze. Zigeuner, Kroaten und Serben, aber auch Einheimische klauen Mais, Paprika, Sojabohnen von den Feldern oder stehlen Möbel, Hausrat und Ackergeräte aus alleinstehenden Bauerngehöften.«

Er hätte mich aus der Ferne gesehen, als ich mich mit meinem großen Rucksack in die Büsche schlug.

»Nur fünfhundert Meter entfernt steht ein einsames Haus.« Er lacht. Und sagt, dass er manchmal auch Diebe erwischt, die Bäume fällen.

Weil er nur ein von der Kommune berufener Feld- und Flurwächter ist, darf er keine Pistole tragen. Wenn er einen Dieb gestellt hat, schreibt er den Namen auf, fotografiert den Dieb und ruft die Polizei. Jeder, den er erwischt, muss, auch wenn er nur einen Sack voll Kartoffeln gestohlen hat, 22 000 Forint, also knapp 100 Euro, bezahlen. Jeder, den er erwischt! Und je höher der Wert des Diebesgutes ist, um so höher wird die restliche Strafe.

Mundraub, also einen Maiskolben abbrechen und sofort aufessen, bestraft er nicht.

Er heißt Ferencz, die Freunde rufen ihn Feri. Als ich seinen Namen aufschreibe und ihn bitte, ein Foto machen zu dürfen, wird er dienstlich. Es ist streng verboten, einen ungarischen Feld- und Flurwächter zu fotografieren! Ich könnte das Foto ins Internet stellen, und jeder Dieb würde ihn dann erkennen.

Als er auf das Fahrrad gestiegen ist, warnt er mich noch vor privaten kroatischen Geldwechslern, ehe er in Richtung des einsamen Gehöftes fährt. Ich schreibe mir seine Sheriff-Nummer auf: 0037.

Noch weit vor dem Grenzübergang irritiert mich in der Ferne das rot und blau gestrichene Stahlskelett einer großen Bogenbrücke. Auf meiner Karte ist jedoch kein Fluss eingezeichnet. Als ich näherkomme, erkenne ich, dass die gewaltigen Stahlbögen keine Brückenkonstruktion stützen, sondern nur leichte Dachteile tragen. Darunter fließt auch kein Gewässer, darunter befindet sich die Grenzabfertigungsstation.

Der schwarzuniformierte kroatische Grenzer nimmt meinen bundesdeutschen Reisepass und gibt ihn mir, ohne ihn aufgeschlagen zu haben, zurück.

Als ich mir neugierig den überdimensionalen Stahlbau anschaue, sagt er stolz: »Nov – neu.«

Ich frage, ob er mich an der Grenze fotografieren würde. Er nickt. Doch als er den Fotoapparat in Richtung Ungarn hält, kommt sein Vorgesetzter aus dem Wachhaus gerannt. Auch ein Grenzer darf vom kroatischen Territorium kein fremdes, also ungarisches, Territorium fotografieren. Ich drehe mich um.

Der Vorgesetzte spricht sehr gut Russisch. Ich frage ihn, weshalb man für wahrscheinlich viel Geld diese gigantische Grenzübergangsstelle gebaut hat.

Der Grenzübergang nach Kroatien

»Nach dem Unabhängigkeitskrieg gegen Serbien sagten sich die neuen kroatischen Führer: Je repräsentativer und größer unsere Grenzstationen sind, um so souveräner wirkt Kroatien für die Welt.«

»Die EU wird diesen Grenzübergang bald nicht mehr brauchen«, entgegne ich, »keine Schlagbäume, keine Kontrollstellen, keine stählerne Dachkonstruktion, nichts mehr von all dem.«

Er zuckt mit den Schultern und zeigt nach oben, und ich weiß nicht, ob er die kroatischen Politiker oder den lieben Gott meint.

Kaum einen Kilometer von der Grenzstation entfernt, lugt rechts von der Straße zwischen großen Erlen das Dach eines Hauses hervor. Ich freue mich auf die erste Begegnung mit Kroaten (Grenzpolizisten zählen nicht). Der Weg zum Haus ist mit hohem Gras zugewachsen. Ich trample Brennnesseln zu Boden, biege Brombeersträucher zur Seite und stehe endlich vor einem garagenähnlichen, nicht sehr großen Flachbau. Alle

Fenster sind eingeschlagen. Die Scherben liegen innen auf dem Betonboden. Neben dem Flachbau steht ein zweistöckiges, baufälliges, früher wohl herrschaftliches Haus. Die Dachrinnen sehen wie zum Trocknen aufgehängte Feuerwehrschläuche aus, und die Fensterlöcher im Erdgeschoss sind mit Brettern vernagelt.

Ich steige über von Hagebuttenhecken bewachsene Schuttberge. Aus einem ragen die Reste eines roten Sofas heraus, und ich gehe vom ersten kroatischen Haus nach der Grenze sehr schnell zurück zur Straße.

Vor der kleinen kroatischen Siedlung Baranjsko Petrovo Selo ruhe ich mich auf dem Friedhof aus. Zwischen den Gräbern steht ein mit Mutterboden beladener LKW. Zwei junge Männer schaufeln die Erde herunter, und zwei andere verteilen sie auf den Grabhügeln. Der fünfte, wahrscheinlich der Vorarbeiter, bepflanzt die Gräber. Er hat als Einziger keine Arbeitsklamotten, sondern eine moderne graublaue Hose an. Dazu trägt er ein graues Polohemd, taubenblaue Sandalen und graue Socken. Und ist grauhaarig. Er heißt, erfahre ich, Ivan Jokić. Sie pflegen im Auftrag der Kommune die Gräber derjenigen, deren Familien nicht mehr hier leben.

Viele Serben würden nicht einmal mehr zur Grabpflege in ihre früher jugoslawischen und heute kroatischen Heimatdörfer kommen. Sie wären am Ende des Krieges »aus Angst vor uns Kroaten« geflohen und werden, erklärt Ivan Jokić, »aus Angst vor uns Kroaten« Gott sei Dank hoffentlich für immer in Serbien bleiben.

Am Rande des Friedhofes, vielleicht hundert Schritte von den übrigen Gräbern entfernt, steht inmitten von fünf hohen Lebensbäumen ein neuer mannshoher Grabstein aus Marmor. Auf ihm sind die Namen von sieben Männern eingemeißelt. Der Älteste von ihnen wäre in diesem Jahr achtundvierzig, der Jüngste sechsunddreißig Jahre alt geworden. Gestorben sind sie in der Zeit zwischen dem 3. 4. 1992 und dem 6. 4. 1994. Damals waren einige von ihnen noch nicht einmal fünfundzwanzig.

Auf der oberen Hälfte des mit einem Kreuz versehenen Grab-
steines prangt das kroatische Staatswappen. In der unteren Hälfte
steht ein Spruch. Ich bitte Ivan Jokić, den Text zu übersetzen. Er
schafft es mit einem Gemisch aus Russisch, Kroatisch und
Deutsch. »Denkmal der kroatischen Soldaten. Wir haben unser
Leben gegeben für die Heimat. Gott wache über uns.«

Einer der Toten ist mit ihm verwandt. Ivan Jokić hat auch als
Soldat gekämpft und ist – er findet das Wort nicht und verschränkt zur Erklärung die Finger beider Hände vor seinem Gesicht – in serbische Gefangenschaft geraten.

Dann versucht er mir klarzumachen, dass man die Serben nie
in die EU aufnehmen dürfe. Denn dann könnten sie wie früher
ohne Ausweis zu ihnen herüberkommen. »Das möchte ich nie
wieder, mit den Serben, diesen Verbrechern.«

Ich will heute bis in die fünfzehn Kilometer entfernte Stadt Beli
Manastir – Weißes Kloster – laufen. Bestimmt gibt es in der
Nähe des Klosters auch Herbergen oder Hotels für Touristen.

Am Straßenrand, der nicht gemäht worden ist, blüht blaue
Wegwarte, und als wollten sie den Weg von der Grenze in das
nächste Dorf zeigen, haben die kroatischen Bauern rechts und
links vom Asphalt unfreiwillig eine Spur gestreut: die scheinbar
endlose Spur des verlorenen Weizens. Es sind so reichlich Körner, dass die Vögel wahrscheinlich schon satt sind! Wie Hänsel
und Gretel in die Irre zu laufen, ist nun nicht mehr möglich. An
manchen Stellen liegen die Körner so dick, dass ich wie auf
einem Teppich laufen könnte. Doch ich gehe immer einen Meter neben der Weizenspur.

Weil es zu regnen begonnen hat und ich in Baranjsko Petrovo
Selo kein Geld wechseln, also auch nichts zu essen kaufen kann,
marschiere ich im Eiltempo durch das Dorf. Aber als ich sehe,
dass sich an der Hauptstraße zwischen vielen unbewohnten,
schon teilweise baufälligen Häusern ein junger Mann Stein auf
Stein ein kleines neues Haus baut, bleibe ich stehen und frage,
weshalb er nicht in eines der von den Serben verlassenen Häu-

ser zieht. Er schreibt mir in mein Notizbuch, dass die Donau, die Grenze zwischen Kroatien und Serbien, nur dreißig Kilometer entfernt ist. Und im ersten Dorf hinter der Donau lebt zum Beispiel jetzt die im Krieg vertriebene serbische Familie seines Schulfreundes Igor. Ihr Haus hier steht leer, doch er, ein Kroate, wird niemals in das Haus eines Serben ziehen. Es könnte ein Fluch darauf liegen.

»Nur die Duna ist zwischen uns, und vielleicht kommen die Serben eines Tages wieder zurück.«

Es regnet inzwischen so sehr, dass mir das Wasser aus den Sandalen läuft. Am Ausgang des nächsten Dorfes Petlovac lese ich auf einem Wegweiser: »Beli Manastir 7 Kilometer«. Daneben steht ein Bushäuschen. Einen Augenblick lang denke ich daran, den Wettkellner zu betrügen, der Versuchung nachzugeben und den nächsten Bus zu nehmen. Doch an der Haltestelle hängt zu meinem Glück kein Fahrplan!

Die nasse Spur des Weizens begleitet mich bis nach Beli Manastir. Erst am Ortseingang verlasse ich sie, denn die Landstraße macht einen großen Bogen, und die Einheimischen laufen geradewegs über vier schrankenlose Eisenbahnschienen.

Ich will zuerst das alte weiße Kloster besichtigen und frage: »Beli Manastir?«

Alle antworten: »Hier, ja hier: Beli Manastir.«

Auch als ich, um mich besser verständlich zu machen, eine Kirche zeichne und nach dem »stari Beli Manastir«, dem »alten weißen Kloster«, frage, schauen mich die Leute verständnislos an und sagen: »Nun, hier! Hier ist es! Hier ist Beli Manastir.«

Einer schickt mich in das Stadtzentrum. Ich sehe große schmucklose, nackte Betonklötze, Kaufhallen, Kulturhäuser, Banken, Schulen und Wohnblocks aus Zeiten des Sozialismus, aber kein altes weißes Kloster.

Als ich mich vor der Kaufhalle nach dem weißen Kloster erkundige, fragt ein alter Mann: »Bijelo?« Und ich nicke. Er zeigt auf ein großes Fabrikgebäude. Vor der Fabrik entdecke ich mitten in der Stadt meine Weizenspur wieder. Über der Fabrik steht »Belje« und die Jahreszahl 1864. Es ist eine alte Getreidemühle.

Gegenüber der Mühle verfällt das frühere Bahnhofsgebäude, und die in der Nähe stehenden Geschäfte, kleinen Werkstätten und Kneipen sind verwaist. Das Werktor einer Fabrik ist mit Eisenketten verschlossen. Nur vor der Bar »Cubano«, in der auf Reklameschildern Bier aus der Stadt Osijek angepriesen wird, warten einige Männer. Doch die Bar ist keine Bar mehr, sondern eine Fahrschule.

Zwischen all dem Schmutz und dem Verfall steht ein Mann in blütenweißem Hemd und dunkelblauer Hose mit sorgfältig geputzten schwarzen Halbschuhen und ordentlich mit Pomade geglätteten dunklen Haaren.

Er trinkt Joghurt aus einem Plastebecher und wirft den leeren Becher durch eines der zerschlagenen Hausfenster. Er ist Busfahrer. Ich sollte, meint er, besser mit ihm nach Osijek kommen. Er fährt dreimal täglich die Strecke Beli Manastir–Osijek. Osijek sei schöner.

Ein dazukommender Passant übersetzt, was er hinzufügt: »Nach dem Krieg, in dem wir gegen die vorher mit uns in Jugoslawien vereinten Serben um unsere Freiheit gekämpft haben, mussten hier in Kroatien viele Betriebe schließen. Wir hatten nun zwar unsere Unabhängigkeit, aber über Nacht keine Zulieferer und auch keine Kunden in Serbien mehr. Und die Arbeiter hatten keine Arbeit mehr und nicht einmal das Geld, um in der Kneipe ein Bier zu trinken. Die Betriebe machten dicht und die Restaurants auch. Deshalb ist Beli Manastir nicht mehr schön.«

Er ist Serbe, aber weil seine Frau Kroatin und deren Eltern, bei denen sie wohnen, ungarische Kroaten sind, ist er im Krieg weder von den Serben noch von den Kroaten eingezogen worden.

Er holt eine kleine Bürste aus seiner Tasche und säubert seine staubige dunkelblaue Hose.

Ich laufe zurück ins Zentrum und gehe in die Bank. Davor steht ein schwarzuniformierter Polizist und in der Bank ein zweiter. Ich tausche 50 Euro gegen 350 Kuna. Danach frage ich den Polizisten, der sich vom Bankangestellten meinen Pass zeigen lässt, nach einer Unterkunft.

Er weiß keine und holt seinen vor der Tür stehenden Kollegen. Der sagt, dass es am Ortsrand ein Hotel gibt. Doch um dort zu schlafen, müsste ich mehr Geld tauschen, das billigste Zimmer koste fünfzig Euro.

Er spricht mit einer jungen Frau hinter dem Schalter. Sie telefoniert lange und erklärt dann, dass ich im Haus ihrer Mutter übernachten kann.

Das Mädchen läuft mit mir sehr schnell durch die Stadt. Am Ende eines Neubaublocks wartet die Mutter. Sie begrüßt mich wie einen altbekannten Gast und will meinen Rucksack auf ihr Fahrrad laden.

Das Häuschen ist gut einen Kilometer vom Zentrum entfernt.

Sie zeigt mir zwei leere Schlafzimmer und fragt, welches ich möchte. Dann erklärt sie mir in der Küche, wo ich Kaffee und Tee finde. Im Wohnzimmer, in dem sie mir den Fernseher vorführt, muss sie das Licht anschalten. Die außen angebrachten Metalljalousien soll ich geschlossen halten.

Ihr Mann wechselt in der Dusche noch den defekten Brausekopf.

Bevor sie gehen – beide schlafen in der Stadt im Neubaugebiet –, schenkt der Mann einen Schnaps ein. Ich frage sie nach ihrer Nationalität. Beide sind Kroaten. Vor dem Krieg, im alten Jugoslawien, sagt Marina Zagrajski, sei es egal gewesen, ob man Serbe, Kroate oder Ungar war.

»Wir beteten zwar in unterschiedlichen Kirchen. Wir Kroaten in der katholischen und die Serben meist in der orthodoxen, aber wir arbeiteten zusammen in einer Fabrik, und unsere Kinder gingen in denselben Kindergarten und später in dieselbe Schule.«

Ohne die nationalistischen kroatischen Politiker, die, um selbst an die Macht zu kommen, einen eigenen Staat brauchten und die Landsleute mit Hilfe der Medien aufhetzten, wäre es nie zum Krieg gekommen, sagt der Mann.

Obwohl ich zu müde bin, um noch dorthin zu laufen, frage ich zum letzten Mal nach dem alten weißen Kloster und erfahre, dass es nur noch als Ortsname existiert.

Ich lasse die Jalousien unten, koche mir einen Kaffee und erkunde nun das kleine Haus allein. Hinter der Glastür der Schrankwand stehen zwölf mit Bildchen von Aprikosen verzierte Schnapsgläser in gleichen, wohl auf den Millimeter genau abgemessenen Abständen. Die Henkel der Tassen sind akkurat im selben Winkel ausgerichtet. Die vier Topflappen liegen auf Kante, und die Äpfel im Tischkorb schauen alle mit der Blüte nach oben.

Belebt wird die gleichförmige Ordnung durch ein kleines, in China gefertigtes Spinnrad und eine dickbauchige grüne Tonvase mit sieben braun-gelben Phantasieblumen. Im Glasschrank stehen holzgeschnitzte braune fliegende Fische, tanzende Kroatinnen und ein Jäger, zu dessen Füßen ein totgeschossener Hirsch liegt.

An der Wand hängen Bilder mit einem röhrenden Hirsch, außerdem ein dick mit Ölfarbe gemaltes Alpenglühen, eine zart getuschte lautenspielende Japanerin, ein kroatisches Bauernhaus im Goldrahmen und ein ganz im Delfter Blau gemalter holländischer Segelschiffhafen.

Ich bin bis morgen früh mit diesen Schätzen und Fernseher, Geschirr, Kaffeemaschine, Wasserboiler, Bettwäsche, Schnapsflaschen, Radio, Töpfen, Ersatzbirnen, Kaffee, Tischdecken, Mehl und Zucker allein im Haus. Die gute Frau hat nicht einmal nach meinem Namen gefragt, sie weiß nur, dass ich, ein fremder Deutscher, für diese Nacht hier schlafe.

Ich weiß nicht, ob ich einen fremden kroatischen Rucksacktouristen, ohne mir seinen Pass zeigen zu lassen, mutterseelenallein in meiner Wohnung schlafen lassen würde.

Damit ich zeitig loslaufen kann, hatten wir vereinbart, dass Marina Zagrajski um 9 Uhr im Haus sein wird. Nachdem ich eine Stunde vergeblich gewartet habe, klingle ich im Nachbarhaus. Ich bitte eine alte, mit schwarzem Rock, schwarzer Bluse und schwarzem Kopftuch bekleidete Frau, den Schlüssel entgegenzunehmen und Frau Zagrajski zu geben. Sie schüttelt den Kopf. Nein, die Nachbarsleute wären zwar gute Menschen, aber den Schlüssel für ein fremdes Haus …? Nein! Sie ist Ungarin. Ihr inzwischen verstorbener Mann war Serbe. Die kleinen Leute hätten hier gut miteinander gelebt. Auch jetzt verstehe man sich wieder. Und wie um ihre Worte zu bestätigen, nickt sie immerzu.

Ich frage noch einmal wegen des Schlüssels.

»Nein«, sagt sie, »ich kann den Schlüssel nicht nehmen. Wir sind verschiedene Häuser.« Nebenan das kroatische und hier ihr ungarisch-serbisches. Sie rät, den Schlüssel in den Briefkasten zu werfen.

Ich laufe sehr schnell durch das Zentrum der Stadt. Am Ortsausgang werde ich zuerst wieder über die Gleise gehen und dann nach links in Richtung Batina zur serbischen Grenze abbiegen. Gestern Vormittag waren sehr viele Leute mit mir über die Gleise gestiegen, heute bin ich allein und stoppe ängstlich vor den Schienen, denn ein Mann mit roter Fahne steht an der etwa fünfhundert Meter vom Bahnhof entfernten Weiche. Doch er winkt mich über die Gleise und sagt, dass ich, anstatt zu Fuß zu gehen, mit dem nächsten, gleich ankommenden Zug nach Osijek fahren soll. Weil ich es bis zur Abfahrt des Zuges nicht schaffen würde, könnte er den Zug für mich schon hier an der Weiche vor dem Bahnhof halten lassen.

Ich will nicht nach Osijek. Er legt den schweren Hebel der Weiche um und grüßt einen Mann, der neben der Strecke aus der Gartentür eines kleinen Wohnhauses kommt. Der Mann trägt wie der Busfahrer gestern ein blütenweißes Hemd. Er hat es nur mit zwei Knöpfen geschlossen, so dass die gelockten grauen Brusthaare fast bis zum Bauchnabel zu sehen sind. Sein grauer

Schnurrbart ist sorgfältig geschnitten, und die schlohweißen Haare sind ordentlich gescheitelt. Ich frage ihn nach dem Weg zur serbischen Grenze.

Er sagt, dass ich genau entgegengesetzt gelaufen bin. Ich muss über die Gleise zurück, am Zentrum vorbeigehen und nach etwa zwei Kilometern abbiegen.

Er tröstet mich, dass er es als Eisenbahner – er ist seit vierzig Jahren Eisenbahner – oft erlebt hat, dass Leute in die Gegenrichtung gefahren sind und zurückmussten. Aber zurückzufahren sei ja einfacher, als zurückzulaufen. Er heißt Alois Musicz, seine Mutter war Schwäbin, sein Vater Ungar.

»Aber ich bin immer noch ein Jugoslawe.«

Als der serbisch-kroatische Krieg begann, musste er als Eisenbahner nicht zu den Soldaten. »Ich habe die kroatischen Soldaten mit ihren Geschützen an die Front gefahren, und ich habe die serbischen Soldaten mit ihren Geschützen an die Front gefahren.«

Ich frage ihn nach dem Grund für den kroatisch-serbischen Krieg.

»Wissen Sie, die ersten Eisenbahnlinien führten von hier nicht nach Belgrad, sondern nach Wien. Das katholische Kroatien fühlte sich immer Westeuropa, also dem katholischen Österreich, und nicht dem orthodoxen Serbien zugehörig. Kroatische Soldaten kämpften im Ersten Weltkrieg auf der Seite von Österreich und im Zweiten Weltkrieg mit den deutschen Faschisten zusammen gegen die serbischen Partisanen und die Sowjetunion.«

Er entschuldigt sich, er hat Dienst, und geht die Gleise entlang zum Bahnhof. Dort stehen zwei fahrbereite alte sowjetische Dieselloks aus der Zeit, als der Vielvölkerstaat Jugoslawien noch ein Staat war.

Ich bereue, dass ich, um das Gewicht der Kraxe zu vermindern, auch meine Reise- und Geschichtsbücher in Máriagyűd zurückgelassen habe. Doch wahrscheinlich hätten sie mir nicht geholfen, die Ursachen für das Auseinanderbrechen der Sozialistischen Föderativen Republik Jugoslawien zu finden und die Gründe für die Kriege zwischen Serben, Kroaten, Bosnier und Kosovo-Albanern zu verstehen. Denn je weiter ich lief und je mehr Jugoslawen ich danach fragte, um so verwirrender und heftiger wurden die gegenseitigen Beschuldigungen, der Hass und die Ängste. Nur in einem Punkt waren sich fast alle jetzt verfeindeten Serben, Kroaten, Bosnier, Slowenen und Kosovo-Albaner einig: »Als Jugoslawen haben wir viele Jahrzehnte in unseren Dörfern und Städten friedlich zusammengelebt.«

Man fragte damals nicht, ja wusste es oft nicht einmal, ob man Kroate, Slowene oder zur Hälfte Serbe und zur anderen Hälfte Kosovo-Albaner war. Erst als 1989/90 die neuen demokratischen (beziehungsweise alten kommunistischen) Führer den Nationalismus in den Republiken schürten, um eigene Staaten gründen zu können, entstanden mit Hilfe der Medien in Serbien die Idee eines neuen Groß-Serbien und in den anderen jugoslawischen Teilrepubliken die Bewegungen zur territorialen Souveränität und der ethnischen Säuberung.

Zurückgekehrt aus Osteuropa, las ich in oft sehr widersprüchlichen Aufsätzen, dass die aktuelle nationalistische Teilung des seit 1918 vereinten Jugoslawiens, die neuerlichen Feindschaften zwischen den jugoslawischen Völkern mit ihren verschiedenen Religionen (serbisch-orthodox, katholisch und muslimisch) auch auf die Teilung und die »ethnischen Säuberungen« während der deutschen und italienischen Besetzung im Zweiten Weltkrieg zurückzuführen sind. 1941 hatten die faschistischen Okkupanten die Kroaten bei der Gründung eines eigenen, vom übrigen Jugoslawien unabhängigen Staates unterstützt. Danach begannen kroatische nationalistische Ustascha-Einheiten, das Land mit Hilfe der Besatzer von »Ausländern«, u. a. von Serben, Bosniern, Ungarn und Juden, zu »säubern«. Sie ermordeten und vertrieben mehr als 100 000 von ihnen.

In den serbischen Gebieten operierte während des Zweiten Weltkrieges die nationalistische militärische Bewegung der Tschetniks. Diese von der jugoslawischen Exilregierung in London unterstützten serbischen Freischärler, die ein Groß-Serbien schaffen wollten, töteten und vertrieben damals die Kroaten und bosnischen Muslime aus den Dörfern und Städten Serbiens. Die kroatischen Ustascha und die serbischen Tschetniks kämpften anfangs gegeneinander, zeitweise schlossen sie Bündnisse mit den deutschen Besatzern. Später kämpften die Tschetniks gegen die Deutschen. Beide streng nationalistischen, »reinrassigen« militärischen Einheiten waren sich nur im Kampf gegen die »internationale« jugoslawische Partisanenarmee von Josip Broz Tito (Sohn einer Slowenin und eines Kroaten!) einig. In Titos jugoslawischer Volksarmee kämpften Kroaten, Serben, Bosnier, Slowenen und Kosovo-Albaner gemeinsam gegen die italienischen und deutschen Okkupanten und vertrieben sie aus dem Land. (Jugoslawien war, weil es sich selbst befreit hatte, später das einzige europäische sozialistische Land ohne sowjetische Besatzung.)

Auch als jugoslawischer Staatspräsident verfolgte Tito nach dem Krieg sein politisches Prinzip der »Brüderlichkeit und Einheit der Jugoslawen«. Die jugoslawische Verfassung garantierte den Teilrepubliken die Gleichberechtigung und den autonomen Nationalitäten die größtmögliche Selbständigkeit. Die Föderative (später Sozialistische) Republik Jugoslawien bestand von 1945 bis 1990 aus den Teilrepubliken Slowenien, Kroatien, Bosnien-Herzegowina, Serbien, Montenegro und Mazedonien sowie den zu Serbien gehörenden autonomen Provinzen Kosovo und Vojvodina.

Nach Titos Tod begannen Kosovo-Albaner, kroatische, bosnische und slowenische Nationalisten eine größere staatliche Unabhängigkeit von der jugoslawischen Zentralregierung zu fordern. Auch weil der ethnische Völkermord der Ustascha und der Tschetniks während des Zweiten Weltkrieges im sozialistischen Jugoslawien zwar agitatorisch benutzt, aber nie historisch aufgearbeitet wurde, war es 1989/90 für die Nationalisten in Jugoslawien nicht schwer, neuen Hass zwischen den Völkern zu säen. Alte Rechnungen sollten bezahlt werden, und es entstanden neue Ängste.

Als erste jugoslawische Teilrepubliken erklärten Slowenien und Kroatien 1992 ihren Austritt aus der Föderation. Begrüßt und später finanziell und militärisch unterstützt wurde der innere Zerfall Jugoslawiens durch Westeuropa und die USA. (Was für ein Paradoxon: Genau fünfzig Jahre nachdem die deutschen Besatzer den faschistischen Ustascha-Staat Kroatien mitgegründet hatten, war die Bundesrepublik Deutschland das *erste* Land, das den nun wiedergegründeten Staat Kroatien diplomatisch anerkannte.)

Die jugoslawische Volksarmee, die zum großen Teil von Serben beherrscht wurde (die Hauptstadt Jugoslawiens, Belgrad, liegt in Serbien), griff Slowenien und Kroatien nach der Unabhängigkeitserklärung an. Der erste Krieg in Slowenien – dort lebte nur eine kleine serbische Minderheit – dauerte nur zehn Tage, dann zog sich die jugoslawische Armee zurück. Die danach folgenden Kriege in Kroatien, Bosnien-Herzegowina und Kosovo waren blutiger, länger und begleitet von »ethnischen Säuberungen« durch alle Kriegsparteien. Sowohl in Kroatien als auch in Bosnien-Herzegowina und im Kosovo lebten die verschiedensten Nationalitäten miteinander. In Bosnien-Herzegowina, das 1991 rund 4 360 000 Einwohner zählte, waren 43,7 Prozent der Bevölkerung Bosnier, 31,4 Prozent Serben, 17,3 Prozent Kroaten und 5,5 Prozent bezeichneten sich als »Jugoslawen«. Bei der Volksabstimmung zur staatlichen Trennung des Landes von Jugoslawien hatten die Serben, also mehr als 30 Prozent der Bevölkerung, die Wahl in Bosnien-Herzegowina boykottiert. Danach gründeten sie, genau wie in Kroatien und später im Kosovo, eigene kleine serbische Teilgebiete oder Republiken und stellten dort zu deren »Territorialverteidigung« serbische militärische Freischärlereinheiten auf. Diese serbischen Kampfeinheiten versuchten in den neuen unabhängigen Staaten Kroatien, Bosnien-Herzegowina und später in dem um seine Unabhängigkeit kämpfenden Kosovo, »ihre serbischen Gebiete und sogenannten serbischen Republiken« militärisch zu beschützen und zu vergrößern. Im Kampf gegen die neugebildeten kroatischen, bosnischen Armeen und die UÇK im Kosovo gelang ihnen das zeitweise mit Hilfe der jugoslawischen Armee. Städte wie Sarajevo belagerten sie monatelang. In den eroberten Gebieten töteten und vertrieben die serbischen Freischärler die nicht-serbische Bevölkerung. Sowohl die Serben als auch die UÇK, die bosnische Armee und die kroatische Armee (die in der Aktion »Blitz« später die serbischen Gebiete in Kroatien wieder besetzte) töteten in diesen Kriegen nicht nur gegnerische Soldaten, sondern verübten grausame Massaker an der Zivilbevölkerung. Auch Hunderttausende Serben wurden dabei umgebracht oder aus ihren Dörfern und Städten aus Kroatien, Bosnien und dem Kosovo vertrieben.

Die NATO griff zugunsten der Kroaten, Bosnier und Kosovo-Albaner in die Kämpfe ein. Sie bombardierte militärische Ziele und Städte in Serbien. 1995 endeten zwar die Kriege gegen Kroatien und Bosnien-Herzegowina, und 1999 endete nach vier Monaten der Kampf im Kosovo mit dem Rückzug der serbischen Freischärler und der jugoslawischen Armee, aber damit endeten nicht der Hass und die Ängste der Menschen im früheren Jugoslawien.

Erst nach einer halben Stunde bin ich wieder auf der Höhe des Hauses, in dem ich übernachtet habe. Beli Manastir zieht und zieht sich, und ich muss sehr nötig pinkeln. In ein Haus zu gehen und um Wasser zu bitten, ist inzwischen für mich einfach, aber in ein Haus zu gehen und zu bitten, Wasser lassen zu dürfen …

Endlich entdecke ich das geöffnete Eisentor eines Müll- und Schrottplatzes, auf dem Autoteile und gestapelte Pappkartons herumliegen. Zwar bellen zwei Hunde, aber sie bewachen nur einen menschenleeren Wohnwagen.

Bei meinem Marsch durch die Stadt des weißen Klosters bin ich an fünf Vulkanisierwerkstätten vorbeigelaufen. Die letzte, die sich am Ausgang der Stadt befindet, besteht aus zwei Garagen. In einer steht die Vulkanisierpresse, in der anderen stapeln

Grundversorgung auf den Straßen des »wilden Ostens«

sich kaputte Reifen. Der Werkstattbesitzer ist gleichzeitig Chef und einziger Arbeiter.

In Kroatien, Serbien und Rumänien kommt auf dreißig Kilometer Landstraße mindestens eine Vulkanisierwerkstatt, sagt er. »Denn einen Reifen viermal vulkanisieren zu lassen ist billiger, als einen neuen zu kaufen.«

Auf den schlechten Straßen im »wilden Osten« würden die Reifen sehr schnell kaputtgehen. Deshalb sei er dafür, dass in Kroatien keine neuen Straßen gebaut würden. Neue, von der EU geförderte Straßen würden in den Vulkanisierwerkstätten und in den Autoreparaturbetrieben nur viele Arbeitsplätze vernichten, sagt er und lacht.

Außerhalb von Beli Manastir finde ich die vertraute Spur des Weizens wieder. Oft wird sie von schwarzen oder braunen Flecken unterbrochen, die in dem grauen Asphalt wie Tintenkleckse auf Löschpapier aussehen. Sie haben die Form von ausgetrockneten, plattgedrückten Tieren – an manchen Stellen sind noch Haarbüschel erkennbar. Erst als ich einen noch nicht völlig von der Sonne verdorrten Kadaver am Straßenrand liegen sehe, kann ich ihn als schwarzen Hund identifizieren. Niemand räumt die toten Tiere weg. Sie liegen so lange, bis sie irgendwann als eingebrannte Bilder untrennbar mit dem Asphalt der Straße verbunden sind.

In der Hitze des Mittags, in der die Einheimischen im Schatten liegen, kommen mir zwei ungewöhnlich aufgemachte Radfahrer entgegen. Der Mann fährt mit einem blau-roten Basecap, um das ich ihn beneide, vorneweg. Ich habe immer noch keine Mütze gekauft, und in der Sonne schmerzt der Kopf. Ihre Räder sind mit Seitentaschen bepackt, und am Lenker hängen Trinkflaschen. Und noch neidischer sehe ich, dass dem Mann in einer Plastehülle eine kroatische Wanderkarte vor der Brust baumelt. Sie fahren in Richtung Beli Manastir, in dem es kein weißes Kloster gibt.

Ich denke, dass es Deutsche sind, und halte sie an. Sie sprechen Deutsch, aber mit holländischem Akzent. Ihre Tour hat ein Tourismusunternehmen in Osijek organisiert. Viele historische Sehenswürdigkeiten gibt es in der heißen, staubigen Tiefebene zwar nicht zu besichtigen, aber sie brauchen, wie in Holland, keine Berge hinaufzufahren.

»Nur Flachetappen. Und dazu gastfreundliche Menschen und die interessante politische Geschichte vom Auseinanderbrechen Jugoslawiens«, sagt der Mann. Er lehrt als Professor für Politikwissenschaft an der Universität in Amsterdam und beschäftigt sich mit Osteuropa und der Geschichte der ehemaligen sozialistischen Länder. Wir tauschen unsere Adressen. Als Professor Ben de Jong meinen Namen entziffert hat, fragt er – ich gestehe, dass es wie erfunden klingt, doch oft ist die Wirklichkeit phantasievoller als alles Erfundene –, er fragt: »Sind Sie Schriftsteller?«

Ich nicke.

»Haben Sie das Buch ›Der Erste‹ geschrieben?«

Ich nicke.

»Dann entschuldigen Sie bitte: Ich habe Ihr Buch, ohne Sie zu fragen, für meine Studien über den Untergang des Sozialismus verwendet.«

Ich genehmige es ihm auf der Straße zwischen Beli Manastir und Kneževi Vinogradi nachträglich.

Der Mann schiebt seine Frau bei jedem Auto, das dicht vorüberfährt, fürsorglich zur Seite. An der Straße stehenzubleiben ist gefährlicher, als auf der Straße zu laufen. Als ein Angler mit seinem Fahrrad vorbeibalanciert und uns seine zur Seite herausragenden Ruten schlagen, fahren die Holländer weiter, wobei sie einen großen Bogen um das nächste in die Straße eingebrannte Hundefell machen.

Meine Euphorie über die seltsame literarische Begegnung legt sich schon auf den nächsten Kilometern, denn jeder Schritt schmerzt inzwischen. Die schmalen Trageriemen der Kraxe haben meine Schultern wundgerieben. Und die Heilcreme liegt in Máriagyűd!

Ich habe mir vorgenommen, heute zwanzig Kilometer bis nach Zmajevac zu laufen. Doch schon vor Kneževi Vinogradi beginne ich in der sich nicht verändernden Eintönigkeit von Mais- und Sonnenblumenfeldern die Schritte von einem Straßenbegrenzungspfahl bis zum nächsten Straßenbegrenzungspfahl zu zählen. Anfangs sind es dreiundfünfzig Schritte, später sechzig und schließlich neunundsechzig. Wahrscheinlich werden meine Schritte kleiner, denn der Abstand zwischen den Pfählen beträgt immer fünfzig Meter. Zwanzig Pfähle für einen Kilometer. Für die restlichen vierzehn Kilometer bis Zmajevac wären es zweihundertundachtzig. Ich verbiete mir das Zählen.

In der Nähe von Kneževi Vinogradi schützt eine Hügelkette das Land vor dem Nordwind. An den Hängen wächst Wein, und auf den Feldern endet für kurze Zeit auch die Mais-Weizen-Sonnenblumen-Monokultur. Auf einer großen Plantage stehen junge Pflaumenbäume. Ich kann aus der Entfernung nicht erkennen, ob sie schon Früchte tragen, und gehe hinein.

Vier junge Männer errichten ein Dach zum Unterstellen der Maschinen. Ich frage nach dem »Natschalnik«. Das verstehen sie nicht. Aber als ich wissen will, wer der »Boss« ist, zeigen sie auf den, der am kindlichsten aussieht. Als ich ihn fotografieren will, stellt er sich lachend vor die Bäume. Ich versuche mich auf sein freundliches Gesicht mit der Hornbrille, das sorgfältig geschnittene, bis auf die Augenbrauen reichende Haar und auf das weiße T-Shirt über dem muskulösen braunen Oberkörper zu konzentrieren. Aber immer wieder schaue ich fasziniert auf die knielangen »Dynamo-Hosen« (benannt nach den übergroßen Turnhosen der sowjetischen Fußballer von Dynamo Moskau). Sie sind so weit, dass er wohl dreimal so dick sein müsste, damit sie an seinem Körper nicht umherflatterten. Dazu hat er die schönsten O-Beine der Welt.

Dominik Vuković ist fünfundzwanzig Jahre alt und studierter Landwirt. Er hat noch keine Frau und keine Kinder, aber wenn er den teilweise durch die EU geförderten Kredit zurückgezahlt hat, wird er eine zwanzig Hektar große Pflaumenplantage besitzen.

Begeistert erzählt er, dass seine Bäume schon zum zweiten Mal blaue Pflaumen tragen. Im nächsten Jahr will er sie in die westeuropäischen EU-Länder exportieren oder Sliwowitz daraus machen und nach Deutschland liefern.

»Ihr trinkt doch dort auch Sliwowitz?«

Ich nicke.

»Russischen Wodka hoffentlich nicht mehr so viel?«

Ich zucke mit den Schultern.

»Die Serben trinken noch viel Wodka.«

Er hat nichts gegen die Serben, sagt er. »Sie sind ein gutes Volk. Wir müssen nur wieder wie früher zusammenarbeiten.«

Er ist Kroate, die drei Arbeiter sind Serben.

Bevor ich gehe, holt er zwei Pfirsiche aus dem Auto. Der eine ist schon eingedrückt. Er will ihn, sich entschuldigend, zurücknehmen. Doch ich beiße an der braun gewordenen Stelle hinein. Der Pfirsich ist süß und aromatisch, der Saft läuft mir vom Mund über das Kinn. Er schmeckt nach Sonne. Ich bin wirklich in Südeuropa.

Am Ortseingang von Vinogradi steht ein hölzernes 4000-Liter-Weinfass mit der Aufschrift »In vino veritas«. Ich setze mich vor das Weinfass und trinke meine Wasserflasche leer. Danach werde ich mir in einem Restaurant oder Weinkeller einen guten Schluck genehmigen. Ein Glas, mehr nicht.

Ich finde zwei Restaurants, doch beide haben geschlossen, und die Weinkeller in den Lehmhängen an der Hauptstraße sind eingefallen. Einen Keller hat der Besitzer als Autoreparaturwerkstatt ausgebaut. Wahrscheinlich liefern die Winzer ihren Wein an ein großes Weinkombinat, denn in der Mitte des Ortes stehen auf einem Berghang überdimensionale, Zehntausende Liter fassende Aluminiumtanks.

In dem kleinen Supermarkt frage ich, ob sie einen heimischen Wein verkaufen. Die Verkäuferin holt mir die einzige Sorte, eine große Literflasche weißen Riesling. Die Flasche ist schwer, und es sind noch acht Kilometer bis nach Zmajevac. Aber ich will nicht durch Vinogradi gelaufen sein, ohne Wein von hier getrunken zu haben.

Je mehr ich mich dem Ende des Dorfes nähere, um so trauriger werde ich. Nirgendwo entdecke ich etwas von der Romantik eines Weinortes. Stattdessen laufe ich an zerfallenen Häusern vorbei, die nicht im Krieg, sondern wahrscheinlich von Wind und Regen zerstört worden sind. Unter dem abgefallenen Putz liegen wie große Wunden Ziegelsteine und Holzgeflecht bloß. Die Dächer sind an vielen Stellen schon ziegellos, und die offenen Giebel hat man mit Totentüchern, inzwischen zerrissenen weißen Planen, verhängt.

Am Dorfende stehen, wie um den letzten Eindruck zu verschönen, fünf bunte Häuschen. Vor dem roten streicht ein kräftiger Mann mit freiem Oberkörper den Gartenzaun. Auf seinen Arm hat er sich ein Herz und das Datum – 26.03.1973 – tätowieren lassen.

Verlassene Häuser in Vinogradi

Ich zeige auf die von der Zeit zerstörten Nachbarhäuser. Der Mann sagt, dass hier vor zwanzig oder dreißig Jahren noch Deutsche und Ungarn und danach nur noch die Vögel und die Mäuse gewohnt haben.

Er spricht ein wenig Deutsch.

»Ich habe zwei Jahre das Olympiastadion in München gebaut.« Er öffnet das Gartentor und führt mich zu einem runden, im Schatten stehenden Tisch. Ich begrüße seine Frau und seine elfjährige Tochter, die mit zwei Nachbarjungen auf der Hollywoodschaukel sitzt. Die Frau will sofort Limonade servieren. Doch ich hole den Wein aus dem Rucksack und sage, dass ich ihn nicht bis nach Zmajevac tragen werde. Wir sollten die Flasche hier zusammen austrinken. Er hebt meine Kraxe prüfend an, nickt und sagt: »Frau, bring Gläser.«

Die drei Kinder auf der Hollywoodschaukel beäugen mich erst neugierig, dann sagen sie stolz »Gutten Tach«, »Auf Widdersehn« und »Meine Papa heißen Ivan Kontreć. Meine Mama heißen Anna«. Sie lernen in der kroatischen Grundschule Deutsch.

Ich frage Ivan Kontreć nach dem tätowierten Datum auf seinem Arm. »Ihre Hochzeit?«

»Nein«, sagt er. »Ein Scheißtag.«

Er hat als Maurer in vielen Ländern gearbeitet. »Sogar auf Kreta.«

Ohne mir die Tätowierung zu erklären, fragt er scheinbar zusammenhangslos, weshalb sich die reichen Westdeutschen für den Bau des Olympiastadions nicht schon damals die billigen ostdeutschen Arbeiter geholt hätten.

»Die sprachen doch nicht so fremdländisch wie wir Jugoslawen und diese Türken.«

Diesmal antworte ich nicht, und wir stoßen mit dem weißen Wein aus Vinogradi an.

»Die Tätowierung? Nach München habe ich in Zürich gearbeitet. Aber dann rief mich die jugoslawische Volksarmee, und am 26.03.1973 musste ich in die Kaserne.«

Später hat er in der kroatischen Armee gegen Serbien gekämpft.

Jetzt arbeitet er als Wassermeister in Vinogradi.

Seine Frau hat inzwischen Eierkuchen gebacken und serviert sie mit Eis und Pflaumenmus. Ich esse zwei und denke: Ich sollte sitzen bleiben und noch zwei essen. Doch als der Wein zur Hälfte ausgetrunken ist, lasse ich den Rest in der Flasche und verabschiede mich. Die Kinder geleiten mich mit großem Tamtam aus dem Ort und rennen mir auf der Straße wie einem Zirkusclown hinterher. Der Nachbarjunge schießt mit seinem Spielzeugrevolver in die Luft, und alle rufen immer wieder: »Gutten Tach«, »Dankscheen«, »Auf Widdersehen«.

Von meiner Flucht vor den Ratten im Weinkeller,
einem arbeitslosen Kroaten, der in seiner
Wohnstube auf Ferrari Rennen in São Paulo fährt,
und einer alten Serbin, die mich vor einer
»betrügerischen, schlechten Frau« bewahrt

Hinter Vinogradi steigt die Straße – zum erstenmal auf der
Tour – leicht an. Ich laufe zu den Weinfeldern hinauf. Oben angekommen, schaue ich auf das Land unter mir und setze mich
neben die Weinstöcke. Ein Traktor, der eine Chemiewolke über
dem Weinberg zerstäubt, fährt so dicht an mir vorbei, dass ich
sofort wieder aufstehe und, nun wahrscheinlich resistent gegen
alle möglichen Blatt- und Traubenpilze, weiterlaufe.

Noch vor dem Abend erreiche ich Zmajevac, das auf Ungarisch Vörösmart heißt. An der Hauptstraße steht kroatisch
»Ulica Maršala Tito« und ungarisch »Tito Marsall utca«. Ein Re-
klameschild kündigt an, dass es im Ort ein ungarisches Fischrestaurant und auch eine Pension gibt.

Fisch und Wein und Ausschlafen!

Vor dem Restaurant wird auf einer Tafel die berühmte Fisch-
suppe Halászlé für umgerechnet 1,50 Euro angeboten. Aber der
Wirt hat kein Zimmer für mich.

Ausgerechnet heute Nacht sei er ausgebucht. Eine Delegation aus der ungarischen Zigarettenfabrik Pécs hat alle Zimmer
belegt.

Ich sage, dass ich auch in einem Nebengelass oder einem La-
gerraum schlafen kann. Doch der Wirt schüttelt den Kopf.

Ziellos laufe ich durch das ungarisch-kroatische Dorf und
finde an der Hauptstraße ein Schild, das den Weg zu den »Wein-
häusern« weist. Rechts und links von einem schmalen steilen
Pfad stehen kleine, spitzdächige, fensterlose Weinhäuser mit
zweiflügligen Toren. In einem zerfallenen Weinhaus steht das Tor
offen. Ich gehe hinein. Der lange Raum endet in einem tunnel-
artig in den Berghang getriebenen und ausgemauerten Weinkel-

ler. Er ist leer. Ich werde mich heute Abend wohl nicht betrinken können.

Vor einem der Tore schürt ein Mann in hellblauem Shirt und dunkelblauer Trainingshose ein offenes Feuer. Darüber hängt ein Kessel, in dem der Mann – die Frau bringt nur ab und an neue Zutaten – Pörkölt mit dicken Bohnen und Kartoffeln kocht. Neben ihm sitzt ein graubärtiger Mann, der einen roten Stoffhut trägt, auf einer hölzernen Fußbank und trinkt Wein. Als er mich sieht, steht er auf, holt ein neues Glas, winkt mir einladend zu und sagt nicht auf Kroatisch »živjeli«, sondern ungarisch »Egészségedre«.

Der Mann am Feuer rührt das Pörkölt noch einmal um, dann begrüßt er mich. »Károly Martin – zu einer Hälfte Ungar, zur anderen ein Deutscher. Also sag Karl zu mir.«

Darauf trinken wir das zweite Glas.

Nach dem dritten gemeinsamen Glas setze ich mich, um ihre Geschichte aufzuschreiben, vor dem Weinhaus auf die Erde. Karl Martin gibt mir auch eine Fußbank und sagt: »Sitz wie ein Mensch!«

Er hat als Vierzehnjähriger in Deutschland mit einem Beruf gleich drei Berufe erlernt, doch als er nach Jugoslawien zurückgekehrt war, besaß er keinen einzigen mehr.

»In unserem jugoslawischen Ort lebten noch vor zwanzig Jahren rund 3000 Menschen. Die meisten davon waren Ungarn oder Deutsche. Es gab hier nur wenige Serben und Kroaten. Jetzt sind wir 1000 Einwohner und fast nur noch Kroaten. Die alten Ungarn und Deutschen starben, und ihre Kinder sind weggegangen. Ich bin hier der letzte Martin. Aber ich werde nicht weggehen. Das Dorf ist mein Zuhause, und mein Grabstein soll hier stehen.

Mein Vater war ein deutscher Martin, seine Frau eine Ungarin. Ich bin 1952 als der letzte Martin geboren. Als ich vierzehn Jahre alt war, gingen die Eltern mit mir nach Westdeutschland. Sie blieben über zwanzig Jahre in der Bundesrepublik. Ich habe dort in vier Jahren einen Beruf erlernt. Die Deutschen hatten

Károly Martin

damals den Beruf eines Raumausstatters erfunden, also das, was
früher ein Sattler, ein Polsterer und ein Tapezierer getrennt gemacht hatten. Nach den vier Lehrjahren wollte ich nicht mehr
mit den Eltern in Deutschland bleiben, denn ich hatte Sehnsucht nach unserem Dorf. Außerdem kam der Einberufungs-
brief von der jugoslawischen Volksarmee. Ich hätte, um mich
vor dem Wehrdienst zu drücken, ein deutscher Staatsbürger
werden müssen. Aber ich dachte: Meine Heimat ist mein un-
garisch-kroatisch-deutsches Dorf in Jugoslawien. Also bin ich
zurückgegangen. Und die Leute freuten sich und fragten: ›Nun,
Károly, was hast du in der Fremde gelernt? Bist du ein Sattler?‹ – ›Nein!‹ – ›Ein Polsterer?‹ – ›Nein!‹ – ›Ein Tapezierer?‹ –
›Nein, ich bin ein Raumausstatter!‹ Und alle in meinem ungarischen Dorf in Jugoslawien lachten darüber.«

Er holt eine neue Flasche Cabernet aus seinem Weinkeller.
»1992 bin ich noch einmal nach Deutschland. Damals floh
ich vor den Serben! Sie hatten mein Haus bis auf die Grund-
mauern zerstört, und ich hatte Angst, dass sie meine Frau, meine

zwei Kinder und mich totschlagen. Als der Krieg zu Ende war, wollten meine Frau und die große Tochter in Deutschland bleiben. Doch die kleine Tochter und ich sagten: ›Wir fahren nach Hause.‹

Ich hätte danach in einer großen Stadt in Kroatien als Innenarchitekt arbeiten können. Aber ich machte mein Hobby zum Beruf, übernahm den Weinberg und den Keller meines Vaters, und von dem Geld, das ich in Deutschland verdient hatte, baute ich uns ein neues Haus.«

Nach dem sechsten oder siebten Glas frage ich Karl Martin, ob ich in seinem Weinkeller übernachten kann.

»Trink noch ein Glas!«, sagt er und bedauert, dass es ausgerechnet heute Nacht nicht möglich ist. Auch er erwartet in einer Stunde die Geschäftsführer und Abteilungsleiter der großen Pécser Zigarettenfabrik.

»Meine ungarischen Freunde wollen hier in Kroatien billiger feiern als zu Hause.« Im Weinkeller, sagt Karl Martin, würden die Gäste Pörkölt essen und bis in die Morgenstunden Wein trinken. »Sie haben alles schon bezahlt. Ich lebe nicht nur von den 5000 Litern Wein, die ich im Jahr keltere, sondern auch von solchen Festen.«

Er geht mit mir zehn Meter bis zum nächsten Keller. Das Weinhaus davor ist schon abgerissen, aber das gemauerte Kellerloch im Lehmhang gibt es noch. Dreckhaufen liegen darin, rechts und links neben dem Eingang steht mannshohes Unkraut, und von oben hängen die Wurzeln der über dem Keller wachsenden Büsche herab.

Karl Martin holt einen Besen, und ich kehre.

Draußen fahren die Autos der Manager aus Pécs vor. Einer nach dem anderen umarmt den Winzer. Sie haben schon oft hier gefeiert. Die ersten Gläser. Ein Manager erzählt mir, dass ihre Zigarettenfabrik im Sozialismus die größte in Ungarn war. Nach der Wende ist sie von einem amerikanischen Konzern gekauft worden, und heute produzieren sie Pall Mall, aber auch noch die alte ungarische Sorte Sopianae.

Als ich merke, dass ich keinen Wein mehr vertrage, gehe ich in meine Kellerhöhle und krieche in den Schlafsack.

Karl Martin bringt mir noch einen Napf mit Pörkölt und Bohnen, wünscht eine gute Nacht und sagt, dass er den Brunnen vor dem Weinhaus nicht verschließen wird, damit ich mich am Morgen waschen kann. Das Pörkölt hat er mit Knochen gekocht. Ich polke sie ab und lege sie neben mich. Das war falsch.

Gegenüber brennt eine Straßenlaterne. Ich hoffe, dass sich alle Mücken aus der Umgebung in ihrem Lichtkegel versammeln. Doch es gibt immer Außenseiter. Von den lehmigen Hängen fallen kleine Steine und Erde vor die Höhle. Als ich mich an diese Geräusche gewöhnt habe, höre ich Rascheln und Kratzen neben mir. Ich suche die Taschenlampe, schalte sie an, und sofort ist Ruhe. Ich halte den Atem an und warte. Im Lichtschein erkenne ich fliehende Mäuse und, wohl von den Knochen angelockt, zwei große Ratten.

Toiletten gibt es keine im Weinhaus. Je mehr die feiernden Manager – es sind nur Männer – trinken, um so öfter müssen sie pinkeln. Und die es nicht im Lichtschein der Straßenlaterne machen möchten, tun es – ohne zu wissen, dass ich dort liege – vor meiner Schlafhöhle.

Trotz des Weines kann ich nicht einschlafen und verfluche die inzwischen singenden Manager der »Delegation der ungarischen Zigarettenfabrik Pécs«, für die alle Zimmer in der Pension reserviert sind und die nun vor »meinem« Keller ihr Wasser abschlagen.

Scheiß neue Kapitalisten aus Ungarn!, denke ich. So schnell kann »Klassenhass« entstehen.

Ich krieche aus meinem Schlafsack und lege mich auf ein Rasenstück neben dem Weinkeller. Draußen flattern Fledermäuse. Einen Arm stecke ich durch den Träger der Kraxe und schlafe irgendwann vor dem Morgengrauen ein.

Als die Sonne mich weckt, steht sie schon hoch am wolkenlosen Himmel. Das Tor im Weinhaus ist verschlossen. Ich bin allein, lasse den Eimer in den tiefen Brunnenschacht rasseln und ziehe ihn langsam, das Seil auf die Holzwelle wickelnd, fast randvoll nach oben. Das Wasser ist klar und eiskalt. Ich wasche mich munter und fülle meine Trinkflasche.

Wenn sie ausgetrunken ist, werde ich sie schon mit serbischem Wasser füllen. Bis zur Grenze muss ich nur noch sieben Kilometer laufen.

Ich gehe den Bergweg, an dem die Weinhäuser stehen, hinunter. Abwärts ist ein guter Beginn. An der Hauptstraße steht ein erst vor zwei Jahren errichtetes Denkmal für die Toten im Zweiten Weltkrieg. Jeder Name ist auf Kroatisch, Ungarisch und Deutsch geschrieben. Elf Einwohner wurden als Geiseln hingerichtet, siebzehn sind als Soldaten gefallen, fünfundzwanzig hat man in Konzentrationslagern ermordet.

Nach Batina, der letzten kroatischen Stadt vor der Grenze, führt nicht nur die Fernverkehrsstraße, sondern auch ein schmaler kürzerer Fußweg. Auf seiner rechten Seite stehen vereinzelt hohe Laubbäume. Ich laufe sehr schnell von Schatten zu Schatten. Baumspringen! Noch weit vor Batina sehe ich die ersten Häuser und Gehöfte. Ich kann mir nicht vorstellen, dass sie schon zur Stadt gehören, gehe in ein Bauernhaus, das in einem großen Garten steht, und will nach dem auf meiner Karte wahrscheinlich wieder nicht eingezeichneten kleinen Ort fragen. Eine schwarze Dogge kommt mir schwanzwedelnd entgegen. Ich drehe vorsichtshalber um, doch der Hausbesitzer pfeift den Hund zurück, winkt mich heran und lacht, als ob er mich kennen würde.

Ich kann sein Alter nicht schätzen, er ist braungebrannt und die Haut schon faltig. Seine Haare hat er so straff zu einem Pferdeschwanz gebunden, dass sein schmales Gesicht mit dem spitzen vorstehenden Kinn und der großen Nase indianisch aussieht. Ein »Indianer«, der nicht einmal mehr die Hälfte der Zähne im Mund hat.

Der Hund läuft brav mit uns in das Haus, und der Mann stellt mir die Familie vor, das heißt, seine Frau macht es, denn sie spricht ein wenig Deutsch. Die Kinder, Ivana und Sarah, sind vierzehn und elf Jahre alt. Sie selbst, Margareta, ist sechsunddreißig und ihr Mann Davor Gasparlin sechsundvierzig. In der Stube sitzt Davors Bruder Ivan. Er trägt ein T-Shirt mit der Aufschrift »CCCP« und dem Staatswappen der Sowjetunion.

Margareta und Davor haben von 1998 bis 2000 in Mainz gearbeitet – sie in einem italienischen Restaurant und er als Verkäufer in einem Antiquitätenladen.

»Und was arbeiten Sie jetzt?«

Die zwei Männer schweigen, dann sagt die Frau: »Wir drei haben hier seit vielen Jahren keine Arbeit.« Zu fünft leben sie von umgerechnet einhundertfünfzig Euro staatlicher Unterstützung und zwei bis drei Tagen Gelegenheitsarbeit im Monat. Und der Milch ihrer Ziege und dem Gemüse aus ihrem Garten.

Sie würden jede Arbeit annehmen, sagt sie. »Aber nach so vielen Jahren glauben wir nicht mehr, dass wir jemals wieder eine feste Stelle bekommen.«

Im Moment legen sie jeden Kuna zur Seite, um den zwei Mädchen ein paar warme Schuhe für den Winter kaufen zu können. »Sie laufen bis nach Batina in die Schule. Unsere Häuser gehören schon zur Stadt.«

Die Frau kocht süßen, starken Kaffee.

Dann sagt der Mann, dass sich alle in der Stube versammeln sollen. Er schließt den Fensterladen von innen. Es wird dunkel. Die Frau und die Kinder sitzen auf einem abgeschabten, alten braunen Ledersofa, der Bruder und ich auf Stühlen, und der Hund liegt, mir zu Füßen, auf dem Teppich.

In der Mitte des Zimmers stehen der zum Sofa passende dicke Ledersessel und vor dem Sessel ein aus Pressholz zusammengenageltes schreibtischhohes Schränkchen. Aus dem Schränkchen ist ein Teil herausgesägt, und darunter sind Hebel angebracht. Auf das Schränkchen ist ein Autolenkrad montiert, das ein quer im Zimmer liegendes Kabel mit dem Fernseher verbindet.

Als alle sitzen, zündet sich Davor eine Zigarette an. Er raucht hastig ein paar Züge, schmeißt sie in eine zum Aschenbecher

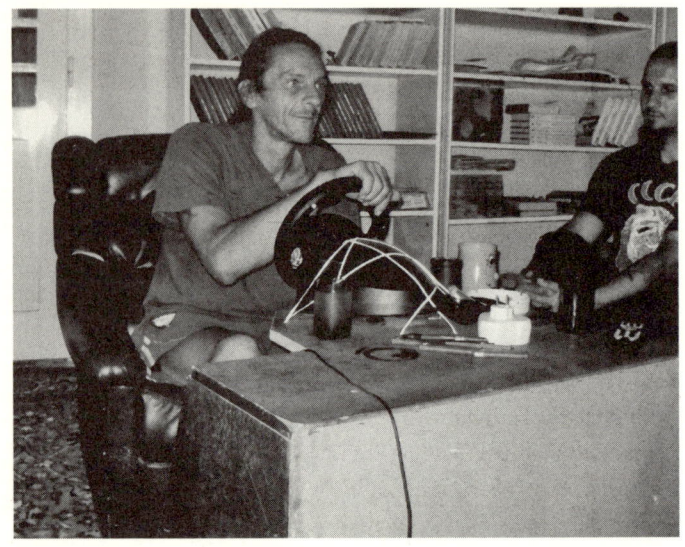

Autorennen im Wohnzimmer

umfunktionierte Konservendose, schaltet am Autolenkrad und am Fernseher Knöpfe ein und aus und wieder ein. Dann zündet er sich noch eine Zigarette an, zieht den Rauch tief ein, als wäre es sein letzter Zug, und lächelt alle an. Er setzt sich in den dicken Ledersessel, drückt die Zigarette aus, umklammert das Lenkrad mit beiden Händen und fragt mich, welchen Formel-1-Rennwagen er fahren soll: einen Ferrari, einen Mercedes, einen Renault? Und auf welchen Rennstrecken der Welt: in Monza, in São Paulo, in Nizza?

Ich sage verstört: »São Paulo und Ferrari.«

Er konzentriert sich und hat für keinen von uns mehr einen Blick. Auf dem Bildschirm erscheint ein roter Ferrari.

»Mein Auto«, sagt er. »Mein Auto und ich in São Paulo.«

Er gibt Gas. Blitzstart, er wird aus der Kurve getragen, seine Zungenspitze drückt sich durch die obere große Zahnlücke. Er versucht zu überholen, starrt wortlos geradeaus. Die Kinder, die Frau, Bruder Ivan und der Hund sind mucksmäuschenstill. Dann hat Davor den Mercedes-Konkurrenten überholt. Er lacht glücklich. Und seine Frau lacht glücklich, weil ihr Mann, der Weltmeister der Formel 1, glücklich lacht. Als das Rennen zu Ende ist, zündet sich Davor die ausgedrückte, nur halb aufgerauchte Zigarette noch einmal an.

Ich frage die zwei Mädchen, welchen Beruf sie nach der Schule erlernen wollen. Sie haben keinen Berufswunsch.

»Irgendetwas arbeiten«, sagt die Große.

Die Hausfrau fragt, ob ich Ziegenmilch trinken und Brot und Tomaten essen möchte. Käse haben sie heute leider keinen im Haus.

Bevor ich gehe, stellen sich alle fünf vor die Tür und bitten, dass ich sie zur Erinnerung fotografiere. Und Margareta will wissen, ob ich auch die Margarete, das Gretchen von Goethe, kenne. Sie durfte vor zwanzig Jahren auf dem Gymnasium das Gretchen spielen. »Damals hatte ich noch viele Träume.«

Auf der Straße steht ein alter, klappriger Nissan Premium. Das Auto fährt Margareta. Ihr Mann Davor ist nur der Rennfahrer für die Stube.

»An manchen Tagen gewinnt er sogar mehrere Rennen«, sagt sie und lächelt.


Bis nach Batina hinein steht ein Gehöft am anderen. Am Weg wachsen mir die Pflaumen und Äpfel fast in den Mund. Einen Moment stelle ich mir vor, hier nicht entlangzulaufen, sondern eines der verfallenen Häuser zu kaufen. Pfirsich- und Aprikosenbäume zu pflanzen, in der Sonne zu sitzen …

Eine halbe Stunde später erreiche ich Batina.

Ich muss nicht in die Stadt hineingehen, denn die Straße zur Grenze und zum serbischen Bezdan biegt schon vor dem Ortseingang nach rechts ab. Am anderen Ende der Stadt, den Kirchturm überragend, steht auf einem Hügel die wohl dreißig Meter hohe, steinerne, schwerttragende Frau: die siegreiche Mutter Heimat. Ähnliche Monumente habe ich schon in Stalingrad, Kiew und Moskau gesehen. Ich laufe nicht zum Denkmal, sondern zur Grenze und stehe schon nach wenigen Minuten vor ihrer Majestät, der Mutter Duna – der Donau, die Bulgarien, Moldawien, Rumänien, Serbien, Kroatien, Ungarn, die Slowakei, Österreich und Deutschland vereint und trennt. Sie fließt hier schon kilometerbreit und träge. Auf der kroatischen Seite säumen rote Ziegeldächer und die grauen Lagerhallen des Hafens ihr Ufer, auf der serbischen befindet sich ein mit Erlen und Weiden dicht bewachsener Waldstreifen.

Die kilometerlange und, wie auf einer Tafel steht, erst 1974 gebaute Donaubrücke »Most 51. Divizije« verbindet nun nicht mehr das frühere jugoslawische Batina mit dem früheren jugoslawischen Bezdan, sondern trennt seit zwölf Jahren das kroatische Batina vom serbischen Bezdan.

Die Sonne brennt so heiß, dass ich nicht auf der Brücke stehenbleibe und auch keinem Dampfer, der stromaufwärts nach Wien oder Passau fährt, sehnsüchtig hinterherschauen muss. Ich verabschiede mich sehr schnell von den schwarzuniformierten kroatischen Grenzsoldaten mit dem kroatischen Gruß »do videnja«. Und erkläre wenige Meter später den sehr zivil grau und weiß gekleideten serbischen Grenzsoldaten, dass ich zwar auf Kroatisch »guten Tag – dobar dan« sagen kann, aber nicht weiß, was es nun auf Serbisch heißt.

Der Serbe sagt lachend: »Nu – dobar dan.«

Nach der Grenzbrücke verläuft die Straße nicht geradlinig nach Bezdan, sondern macht einen Bogen, und ich befinde mich erst nach einer Stunde gegenüber der Höhe von Batina, auf der das Denkmal des Sieges steht. Doch hier in Serbien informiert eine Tafel über die durch eine Schneise sichtbare Mutter Heimat. Sie wurde zu Ehren der jugoslawischen Partisanenverbände der 51. Division (deshalb der Name der Brücke) und der sowjetischen Soldaten errichtet, denen es in einer dreiwöchigen verlustreichen Schlacht gelang, die Verteidigung der Deutschen an der Donau zu durchbrechen und sie zum Rückzug aus Batina und Umgebung zu zwingen. Der Sieg gelang am 29. November 1944. Das Denkmal des Sieges ist neunundzwanzig Meter hoch!

Ein alter Mann überholt mich auf seinem Fahrrad. Den grauen Schlapphut hat er wegen der Mittagssonne tief in das Gesicht gezogen. Ein graues Hemd verdeckt die Oberarme nur zum Teil. Sie sind sehr viel dünner als seine kräftigen, knochigen Unterarme. Das Fahrrad besteht lediglich aus zwei Rädern, Rahmen, Lenker und Sattel. Es besitzt keine Schutzbleche, keine Bremsen, keinen Gepäckträger, keine Lampe und auch keine Pedale, sondern nur die Pedalachsen. Als es bergab geht, verschwindet er aus meinem Blickfeld. Doch an der nächsten schattigen Stelle sehe ich ihn wieder. Er hockt unter den hohen Bäumen eines umzäunten Umspannwerks vor einer der neuen kleinen Trafostationen. Mit seinem Taschenmesser schält er die beim Verdrahten übriggebliebenen, oft nur wenige Zentimeter langen dünnen Kupferdrähte aus ihrer Isolation, bindet sie zusammen und steckt sie in einen Beutel.

Ich setze mich zu ihm. Er steht auf, nimmt den verknautschten Stoffhut vom Kopf und bekreuzigt sich. Macht mir verständlich, dass er ein katholischer Serbe ist. Dann flucht er, und ich begreife nur, dass Marschall Tito ein Verbrecher war, weil er der katholischen Kirche die Felder, Klöster und Schulen weggenommen hat.

Wir unterhalten uns bis auf wenige Worte, die im Serbischen und Russischen ähnlich sind, mit Zeichensprache. Im Krieg gegen die Kroaten fuhr er ein Armeeauto. Erst ist sein LKW von amerikanischen Bomben getroffen worden und dann er von kroatischen Granaten. Danach sei alles »futschikato« gewesen. Er, Ferencz, zuvor ein kräftiger Mann, »futschikato«, ein kaputter Mann. Er sieht wie ein Mensch aus, der auf nichts mehr hofft. Seine traurigen Augen verharren, auch wenn er mich anschaut, unbeweglich, als ob er nicht mehr wahrnehmen wolle, was um ihn herum geschieht.

Ich sammle neben der Trafostation die bunten kurzen Kabelreste für ihn auf. Automatisch beginnt er die Isolation aufzuschneiden und den Kupferdraht herauszupolken. Draht für Draht. Ein Kilo kann er vielleicht für zwanzig Dinar verkaufen.

»Futschikato.«

Ich will ihn fotografieren. Nein, das sei hier an der Elektrostation verboten.

Ich fotografiere ihn trotzdem.

Als ich mich verabschiede, setzt Ferencz den Knautschhut wieder ab, bekreuzigt sich und küsst mich nicht zwei-, sondern dreimal.

Auf den vier Kilometern nach Bezdan überholt er mich nicht mehr.

Nur ein Leiterwagen, der von einem kleinen struppigen Pferd gezogen und von einem sehr müden, gebückt auf der Wagenbank sitzenden alten Mann kutschiert wird, klappert an mir vorbei. Die Seitenwände brechen unter der Last aufgeladener Erlenstämme fast auseinander. Der Mann, dessen wilder grauer Bart kaum von seinem Haarschopf zu unterscheiden ist, knallt nicht mit der Peitsche. Die Lederschnur hängt schlaff herunter. Er fährt rechts, ich laufe auf der linken Seite. Er übersieht mich.

Um 14 Uhr erreiche ich das mittagsheiße Bezdan. Unter schattenspendenden Bäumen lagern barfüßige, sehr braunhäutige Frauen, Männer und Kinder. Sie liegen auf ihren zusammengerollten armseligen Klamotten. Die Erwachsenen schlafen, die halbnackten Kinder hocken auf der braunen, verdorrten Grasnarbe und versuchen mit Steinchen die Baumstämme zu treffen. Ich weiß nicht, ob es Zigeuner sind. Nur wenige Meter davon entfernt sitzen Männer unter Reklamesonnenschirmen neben einem kleinen Laden und trinken Bier aus Flaschen. Die Bank neben dem Laden hat geöffnet. Uniformierte Wächter sehe ich weder drinnen noch draußen. Den zwei Bankfrauen hinter dem Schalter stehen nur vier Wartende gegenüber. Es wird schnell gehen, denke ich und lege Pass, Euro und mein letztes kroatisches Geld auf den mit einem Blumentopf geschmückten Schaltertisch. Doch die Bankangestellten tippen alle Daten der Überweisungen – Summe, Empfänger, Absender, Einzahlungszweck, Kontonummer und so weiter – mit zwei Fingern noch einmal in den Computer. Die Frau vor mir holt zwölf Überweisungen aus ihrer Handtasche, der Mann vor mir legt nur sieben auf den Schalter. Nach einer halben Stunde bin ich an der Reihe und tausche einhundert Euro gegen zehntausend serbische Dinar. Meine Kunas aus dem zehn Kilometer entfernten Nachbarland Kroatien nehmen sie nicht.

Als ich fertig bin, stehen hinter mir acht Leute.

Ich werde jetzt Brot, Tomaten und Käse kaufen. Und eine Landkarte! Und Creme für meine wunden Schultern! Und vielleicht finde ich auch einen Schuster, der mir meine Kraxe noch einmal flickt.

Zuvor frage ich, weil es in der Bank von Beli Manastir funktioniert hat, nach einer Übernachtung. Die füllige Bankfrau, sie ist vielleicht fünfundvierzig Jahre alt, ungewöhnlich blond und für den Süden ungewöhnlich blass, erklärt, dass ich bei ihr schlafen kann. Fünfundzwanzig Euro ohne Frühstück. Allerdings muss sie noch bis 16 Uhr arbeiten. Ich soll sie dann vor der Bank abholen. Mein erstes serbisches Rendezvous.

In der Zwischenzeit werde ich einkaufen. Am Blumenstand überlege ich, ob ich meiner Gastgeberin zur Begrüßung einen Strauß mitnehme. Doch zuerst gehe ich in die Apotheke und zeige meine wunden Schultern. Creme?

Nein, sagt die Apothekerin, ich müsste erst einen Arzt konsultieren.

Ich versuche, der resoluten Chefin der Apotheke klarzumachen, dass ich keinen Arzt brauche, sondern nur eine einfache Heilcreme. Sie bleibt unnachgiebig.

»Nebenan ein Privatarzt, nicht teuer. Erst Arzt bezahlen, dann Creme kaufen.«

Ich gehe ohne Creme. Morgen werde ich in der großen Stadt Sombor sein und mir dort eine Creme kaufen, ohne vorher einen Privatarzt bezahlen zu müssen.

Am nächsten Zeitungskiosk frage ich nach einer Landkarte vom nördlichen Serbien. Doch sie haben nicht einmal eine Ansichtskarte von Bezdan. Der Verkäufer zeigt mir den Weg zur nächsten Tankstelle. Dort gibt es einen Europa-Atlas. Aber in dem ist weder Bezdan, geschweige denn eine kleine serbische Landstraße zu finden. Schließlich entdecke ich in einer Seitengasse ein Geschäft, in dem Zeitungen, Puppen, Bücher, Handtaschen, Ansichtskarten, Matchbox-Autos und Ölbilder verkauft werden.

Die Verkäuferin ist sehr jung und hat bis zur Hüfte reichendes schwarzes Haar. Doch die Verständigung klappt nicht. Ich schlage mir auf die Waden, laufe hin und her, demonstriere, wie man eine Landkarte aufschlägt, in ihr liest und weiterläuft. Sie bringt mir einen Bildband von Belgrad. Ich male ihr eine Landkarte mit verschiedenen Orten auf. Sie schüttelt den Kopf. Neben der Kasse liegt unter dem Ladentisch ein Stapel undefinierbarer, in Folie eingeschweißter landkartengroßer Hefte. Ich will fragen, ob es wirklich Landkarten sind, und zeige darauf. Sie nickt und packt mir mit fahrigen schnellen Handbewegungen eines der gefalteten Papierhefte in einen Beutel und verlangt einhundertfünfzig Dinar. Ich zahle und sage freundlich und dankbar »Auf Wiedersehen«. Sie ist purpurrot im Gesicht. Vor der Tür reiße ich die Verpackung auf. »Pan Erotika« – ein serbisches Pornoheft.

Es ist gleich 16 Uhr. Ich gehe am Blumenstand vorbei. Auf der Suche nach einem Flickschuster spricht mich eine ältere, mit schwarzem Rock und schwarzer Bluse bekleidete Frau an. Sie erklärt mir in einem Sprachmix aus Ungarisch, Deutsch und Russisch, dass sie in der Bank hinter mir gestanden hat und ich bei ihr schlafen soll.

Als ich ablehne, sagt sie: »Viele Serben betrügen!« Sie kennt das Zimmer der Bankfrau. Fünfundzwanzig Euro dafür wären viel zu viel. Ich versuche noch einmal zu widersprechen und sage, dass die Frau vor der Bank auf mich warten wird. Sie wischt meine Entgegnung mit einer energischen Handbewegung weg. »Das ist keine gute, sondern eine sehr schlechte Frau.«

Schließlich gehe ich mit ihr fast eine halbe Stunde bis an das Ende der Stadt. Ihr Häuschen steht in einem Gemüsegarten.

Innen hat es zwei winzige Zimmer, eine Toilette und eine Küche.

Im Flur hängen sehr viele Kreuze und Heiligenbilder, auch das Bildnis der heiligen Maria aus Máriagyűd. Die Frau ist Ungarin. Früher hätten in Bezdan fast nur ungarische Menschen gelebt, dann wären die Kroaten und Serben gekommen. Aber nach der letzten Volkszählung vor vier Jahren hätten die Ungarn in Bezdan immer noch die Mehrheit.

Sie setzt sich auf den aus Korb geflochtenen einzigen Stuhl, weist mir einen Platz auf dem roten Plüschsofa zu und nimmt, ohne aufstehen zu müssen, zwei Gläser und eine Flasche Pflaumenschnaps aus dem alten Vertiko.

Auf allen freien Plätzen des kleinen Zimmers – auf der Fensterbank und sogar hinter den Bilderrahmen – stehen oder klemmen Kunstblumen. An manchen Stielen hängen noch die Reste von abgeschossenen Zielhülsen aus Porzellan, und auf einigen Blütenblättern steht in Goldschrift, dass sie 1936 in Regensburg, 1937 in Koblenz, 1938 in Wien oder – »da war schon der Krieg« – auf dem Budapester Rummel geschossen worden sind.

Sie hat ihre Kindheit und Jugend im ungarischen Baja verbracht.

»Doch nachdem ich meinen Mann kennengelernt hatte, waren wir in der ganzen Welt zu Hause.« Mit einem kleinen Wagen und Honig fuhren sie von einem Volksfest zum anderen. »Und auf jedem Jahrmarkt hat mein Mann für mich eine Blume geschossen. Er schoss sehr gut, der Lajos, und ich war damals erst zwanzig und ein sehr schönes Mädchen.«

Ihr Mann ist tot, und sie zog nach dem Krieg zu ihren Verwandten in Bezdan. Seitdem lebt sie allein.

Nach dem zweiten Glas steht sie sehr schnell auf. Ich solle nichts mehr fragen, kommandiert sie. Ich solle jetzt schlafen und auch nicht mehr auf die Straße gehen, denn die Bankfrau wohne in der Nähe.

Schon in der Tür stehend, dreht sie sich noch einmal um und zeigt mir eine Margerite mit gelben Blütenblättern. »Das ist die

Letzte. Er hat sie mir als Soldat aus – ich erinnere mich nicht mehr woher – geschickt. Mein Lajos konnte sehr gut schießen, aber andere«, sie lacht böse, »wohl noch besser.«

Das Zimmer kostet fünfzehn Euro. Ohne Frühstück.

Ich lege das Geld am nächsten Morgen auf das Vertiko und schleiche mich – ich weiß nicht, weshalb – wie ein Dieb sehr früh aus der Wohnung.

## Von einem Zimmer mit Blick auf freischaffende Prostituierte, von Serben, die Kroaten vor Serben beschützen, und genetisch veränderten Sonnenblumen, deren Köpfe zu groß geraten sind

Weil ich nicht einmal meine Trinkflasche aufgefüllt habe, rüttele ich am Ortsausgang an dem verschlossenen Tor eines großen agrotechnischen Zentrums und reiche dem Pförtner die leere Flasche durch das Gitter. Er lässt mich warten. Als er zurückkommt, entschuldigt er sich, dass es lange dauerte. Er hat mir kein Leitungswasser, sondern Wasser aus dem Brunnen geholt.

Hinter dem agrotechnischen Zentrum finde ich auch in Serbien die Körnerspur des Weizens und dazwischen wie Schattenrisse die eingetrockneten Tierkadaver.

Nach Sombor sind es achtzehn Kilometer. Schon am Morgen schwitze ich bei dreißig Grad, und während ich stupide Kilometer um Kilometer marschiere, schaue ich mich kaum um. Die serbische flache Landschaft ähnelt der kroatischen flachen Landschaft, wie die kroatische der ungarischen glich: Felder mit Mais, Weizen, Sonnenblumen und Sojabohnen.

Als gegen Mittag die Luft über dem Asphalt flimmert, habe ich meine Wasserflasche fast ausgetrunken. Ich will mir den letzten Schluck bis Sombor aufsparen, spüle nur den Mund aus und spucke das Wasser wieder in die Flasche. Wenig später finde ich ein Feld, auf dem Tomaten wachsen. Ich beiße ein Loch in die sehr großen saftigen Tomaten, sauge sie wie ein Vampir aus und werfe sie danach weg.

Als ich schon die Kirchtürme von Sombor erkennen kann, reißt der Trageriemen meiner Kraxe. Weil weit und breit kein Baum zu sehen ist, hocke ich mich an den schattenlosen, glutheißen Straßenrand und versuche, den Gurt wieder festzubinden.

Ein alter Mannesmann-LKW hält. Der Beifahrer öffnet die Tür und setzt sich in die Mitte auf den Motorblock. Der Fahrer steigt aus, hievt meinen Rucksack in die Kabine und hilft mir beim Hinaufklettern. Ich denke, dass es nach Sombor wahrscheinlich nicht einmal mehr zwei Kilometer sind. Die zählen nicht! Als ich sage, dass ich nur bis Sombor möchte, lacht der vielleicht vierzig Jahre alte Fahrer und schlägt vor, mich nach Belgrad mitzunehmen. In der serbischen Hauptstadt gebe es alles, was man braucht: kühles Bier und schöne Frauen.

Weil ich nicht einwillige, hält er nach einhundert Metern an einer Straßenausbuchtung und holt einen gekochten, noch warmen Maiskolben aus einer Plasteschachtel. Er wartet, bis ich ihn aufgegessen habe, freut sich und fragt: »Schokolad?« Ohne dass ich geantwortet habe, wickelt er ein Stück kakaodunklen Rührkuchen aus dem Papier. Erst als ich auch den Kuchen aufgegessen habe, fährt er weiter. In Sombor hält er vor der Kreuzung nach Belgrad, steigt aus, öffnet meine Tür und nimmt mir die Kraxe ab. Ich krame ein paar Dinar-Scheine aus der Tasche. Er lehnt lachend ab, umarmt mich, steigt ein, hupt und fährt in Richtung Hauptstadt.

Ich habe vergessen zu fragen, ob er ein Serbe, ein Kroate oder ein Ungar ist.


Alle Bäume, die ich unterwegs vermisst habe, stehen wahrscheinlich an den Straßen und in den Parks von Sombor. Ich setze mich in ein schattiges Straßencafé und trinke literweise Wasser. An den Nachbartischen flirten sehr europäisch gekleidete Mädchen in freizügig den Busen zeigenden Shirts und engen, den Po betonenden Hosen mit Männern, die Cola und Whisky trinken. Sie haben auf den ersten Blick nichts Serbisches, nichts mehr von den slawischen Pferdekutschern, die mir unterwegs begegnet sind.

Neben dem Café befindet sich ein Park. In dem Park sehe ich den ersten Bettler auf meiner Tour. Der alte bärtige Mann sitzt unter einem Baum. Als er aufstehen will, kriecht er so nah an den Baumstamm, dass er sich an ihm hochziehen kann. Dann schleppt er sich, auf einen rindenlosen Stock gestützt, über die Straße und hangelt sich wie ein Vogel, der kopfüber einen Baum abwärts klettert, Zentimeter für Zentimeter am Stock wieder hinunter. Schließlich sitzt er neben dem Café an einer Hauswand und schimpft sehr laut auf die achtlos Vorübergehenden und wirft den Gebenden Kusshände hinterher.

Ich frage den Caféhausbesitzer nach einer Übernachtung. Er telefoniert, und zehn Minuten später erscheint ein älteres Ehepaar. Sie geht sehr forsch, er humpelt am Stock und erklärt mir, dass er als Schneider fünfzig Jahre auf dem Fußboden oder dem Tisch hocken musste. Seine silbergraue Weste und das blau-weißkarierte Kleid der Frau hat er noch selbst genäht.

Ich kann die Einraum-Plattenbau-Wohnung ihres Sohnes, der zurzeit in Frankreich lebt, bekommen. Sie koste nur die Hälfte vom Zimmerpreis des gegenüberstehenden großen Plattenbau-Hotels, sagt der ehemalige Schneider und ergänzt süffisant grinsend: »Die Wohnung ist mit Blick auf den Hoteleingang!« Der sei vor allem nachts sehr interessant.

Seine Frau schickt er vorneweg, sie muss das Zimmer noch aufräumen.

Das Zimmer ist vier mal fünf Meter groß und mindestens vier Meter hoch. An der Decke baumeln zwei nackte Glühbirnen. Neben der Spüle steht eine Kochplatte. Der Mann möchte mir den Fernseher vorführen, doch das Antennenkabel fehlt. Seine Frau klebt die Streben eines Stuhles mit Heftpflaster zusammen und sagt nach einem Blick in den Küchenschrank, dass der Kaffee leider alle ist, aber eine Tüte Fertigsuppe und Salz seien noch vorhanden. Wie man die Doppelbettcouch aufklappen kann, wissen beide nicht. Aber Bettwäsche liegt im Schrank.

Ich bezahle im Voraus, sie kontrollieren meinen Pass und sagen, wenn ein Wasserrohr bricht oder die Elektrizität ausfällt, sollte ich sie anrufen.

An der Zimmertür steht der Name ihres Sohnes. Viele Türen in dem mehrstöckigen Haus besitzen keine Namensschilder, doch aus den Wohnungen hört man Musik und Gesprächsfetzen.

Im Treppenhaus hängt neben der Hausordnung und Reklamezetteln auch ein Plakat vom »Deutschen humanitären Verein St. Gerhard«. Er lädt zu einer Lesung mit dem Kriminalautor Oliver Bottini in das »Deutsche Haus« von Sombor in der Rade Končara 24 ein. Die Lesung war schon. Aber morgen werde ich zum »Deutschen Haus« gehen und mich dort nicht wie bisher in einem vielsprachigen Kauderwelsch und mit Händen und Füßen verständigen müssen, sondern kann Deutsch sprechen.

Vor dem Hotel stehen inzwischen leicht bekleidete junge Frauen. Manche haben, wie ich, einen Schlüssel zum Plattenbauhaus und gehen in den Wohnungen, an deren Türen keine Namensschilder angebracht sind, ein und aus. Ich wasche zwei von meinen vier Slips und eines meiner drei T-Shirts und hänge sie vor das Fenster. Danach speise ich fürstlich, Schafskäse, serbische Salami, Weißbrot, Paprika, Tomaten, und trinke eine Flasche mazedonischen Rotwein.

Am Morgen kommt der Schneider, holt seine Schlüssel und fragt, ob ich nachts vom Fenster aus den Eingang des Hotels beobachtet habe. »Manche Frauen sind fast nackt.«

Nein, sage ich und frage ihn nach dem Weg zum »Deutschen Verein«.

Die Rade Končara ist nur einhundert Meter entfernt. Ich suche die Nummer 24.

An manchen Türen klebt ein Flugblatt: »Kosovo pripada srbima!« Der gleiche Text ist farbig an Häuserwände gesprayt und in weißer Schrift auf T-Shirts gedruckt. »Kosovo gehört den Serben!«

Am Haus Nummer 24 ist zwar eine Tafel »Deutscher humanitärer Verein St. Gerhard« angebracht, aber ich finde das dazugehörige Büro nicht. Ich laufe durch den Hausflur bis zum Garten, steige dort eine Treppe hinauf, öffne die Hinterhaustür und stehe unvermittelt in einer kleinen Küche. An der Wand sehe ich einen weißen Bauernschrank mit roten Türen und daneben ein Regal, aus dem man, an dicken Holzknöpfen wie in einem Kaufmannsladen, rote Fächer für Mehl, Grieß und Zucker herausziehen kann. Die übrigen Wände sind mit buntbemalten Bauerntellern geschmückt. Vor dem Fenster hängen rotweißkarierte Gardinen, und auf dem Tisch und dem Schrank liegen traditionell rot-weiß-schwarz gemusterte Decken.

Am Küchentisch sitzen zwei Frauen und ein Mann. Der Bart und die Kopfhaare des Mannes beginnen grau zu werden, aber seine Augen schauen unter schwarzen Brauen noch jungenhaft neugierig und lustig in die Welt. Die zwei Frauen haben ihre schwarzen Haare so straff nach hinten gebunden, dass Ohren und Stirn wie bei antiken griechischen Statuen frei bleiben. Sie sind viel jünger als der Mann. Alle drei tragen eine Brille, alle drei sprechen fast akzentfrei Deutsch, und alle drei gehören zum »Deutschen humanitären Verein«. Anton Beck ist dreiundfünfzig, Gabrijela Bogišić achtundzwanzig und Jelena Horvat sechsundzwanzig Jahre alt.

Das Haus, erzählt Anton Beck, gehörte vor dem Krieg seinem Taufpaten, der ein tüchtiger Unternehmer war und eine Schuhfabrik besaß. Nach dem Zweiten Weltkrieg hätten ihn die Tito-Kommunisten enteignet und die Fabrik und seine Häuser beschlagnahmt.

»Dieses Haus kaufte er zurück. Es ist seit vielen Jahren das Domizil vom Deutschen Verein«, sagt Anton Beck. »Hier in der Vojvodina, der nördlichen Provinz von Serbien, leben noch knapp viertausend Deutsche, fünfhundert davon sind Mitglieder unseres Vereins.«

Nachdem ich – ohne die Wette zu erwähnen – von dem bevorstehenden Weg durch Serbien und Rumänien berichtet habe, erklärt er mir, dass ich, historisch gesehen, zuerst durch die Vojvodina und vom serbischen Čoka bis zum rumänischen Timişoara durch das Banat marschieren werde. Die Vojvodina und das Banat – die im Westen von der Tisa (Theiß), im Süden von der Donau, im Norden von der Maros (Marosch) und im Osten von den Karpaten begrenzt werden – hätten geschichtlich viele Gemeinsamkeiten. Sie gehörten abwechselnd zu Österreich, zu Ungarn, zu Serbien und waren unter anderem von den Türken und den Faschisten besetzt.

In beiden Gebieten hätten sich im 18. Jahrhundert Schwaben und andere Deutsche angesiedelt und Dörfer und Städte gegründet. Sowohl in der Vojvodina als auch im Banat würden Städte wie Sombor oder Timişoara heute wegen ihrer Architektur »Klein Wien« genannt.

In der jüngeren Geschichte gab es zwei große Einschnitte: Nach der Niederlage Österreich-Ungarns im Ersten Weltkrieg wurde das zuvor dem Königreich Ungarn gehörende knapp 30 000 Quadratkilometer große Banat aufgeteilt. Zwei Drittel erhielt Rumänien, ein Drittel bekam Jugoslawien, und der Rest von 200 Quadratkilometern blieb bei Ungarn. Der zweite Einschnitt war 1941 die Besetzung der Vojvodina und des Banats durch die deutschen und ungarischen Truppen. In dieser Zeit verübten die Faschisten viele Gräueltaten an der Zivilbevölkerung. So trieb man in Novi Sad (Neusatz), der Hauptstadt der Vojvodina, nach einer Razzia Tausende Juden und Serben zur Donau, erschoss sie oder warf sie lebendig in den teilweise schon gefrorenen Fluss. Nach dem Sieg der jugoslawischen Partisanen und der Sowjetarmee flüchteten viele der in der Vojvodina lebenden Deutschen, wurden deportiert oder ermordet.

In Titos Föderativer Republik Jugoslawien erhielt die 20 000 Quadratkilometer große und von rund 2 Millionen Serben, Ungarn, Slowaken, Kroaten, Rumänen und Deutschen bewohnte Vojvodina einen autonomen Status. Seit 2006 gewährt Serbien auch finanzpolitische Selbständigkeit. Heute ist die Vojvodina nach Belgrad die wirtschaftlich stärkste Region und die Kornkammer Serbiens.

»Alles flaches Land«, sagt der Mann. Ich müsste bis nach Rumänien keinen einzigen Berg hinaufsteigen.

Er entschuldigt sich für den Geschichtsunterricht. Interessanter wären wahrscheinlich die Lebensgeschichten der Menschen. Weil seine Geschichte die längste ist, würde er entgegen allen Höflichkeitsregeln nicht den zwei jungen Frauen den Vortritt lassen, sondern als Erster erzählen.

Die Geschichte des Anton Beck:

»Ich bin 1955 geboren. Als Kind hörte ich manchmal, dass der Vater und der Opa heimlich miteinander Deutsch sprachen. Sobald sie mich bemerkten, schwiegen sie oder wechselten in das Serbische. Mein Vater, ein geborener Donauschwabe, war ein geschickter Goldschmied und Uhrmacher, ein ruhiger und geduldiger Mensch, der auch seine Worte sehr genau abwägte. Risikofreude und Mut waren nicht sein Ding. Er hatte mich, einen Ungarndeutschen, in eine serbische Grundschule geschickt. Mein Vater wollte um Gottes willen nicht auffallen und als Deutscher erkannt werden.

Als im Krieg die Niederlage der Faschisten abzusehen war, hatte er wie andere Deutsche noch schnell eine ungarische Frau geheiratet und seine deutsche Nationalität abgelegt. Nach dem Kriege diente er als Reservist in Titos Armee. Sein Bruder hatte eine deutsche Frau. Die beiden versteckten sich, um nicht deportiert zu werden, von 1944 bis 1948 in Novi Sad in einem Schuppen.

Mein Vater hätte mich, ohne Probleme zu bekommen, auch in eine damals staatlich genehmigte ungarische Schule schicken können. Doch er war auf Deutsch gesagt: ein Hase der Angst. Deshalb bin ich in der Schule mit serbischen Kindern groß geworden. Meine eigenen Kinder ließ ich in einer ungarischen Schule unterrichten, und meine zwei Enkel lernen heute in einer deutschen Schule in Hamburg.«

Leider könne er den Sohn und die Enkel nicht besuchen. Doch das sei eine andere Geschichte.

»Nach der Grundschule und dem Gymnasium habe ich an der Hochschule in Zagreb Rundfunk- und Tontechnik studiert. Danach arbeitete ich dreiunddreißig Jahre als Rundfunkdirektor in Sombor. Nach der Wende versammelten sich viele der Emporkömmlinge in der Demokratischen Partei, und die neue Rundfunkdirektorin – auch ein Mitglied der Demokratischen Partei – sagte damals zu mir: ›Ich weiß nicht, Herr Beck, was ich mit Ihnen im Rundfunk noch machen soll, Sie haben dreißig Jahre unter den Kommunisten gearbeitet. Ich habe kein Vertrauen zu Ihnen, ich entlasse Sie!‹

Ich war auch im Kommunismus Katholik geblieben, ich hatte öffentlich in der Kirche geheiratet und mit meinen zwei Kindern jeden Sonntag den Gottesdienst besucht. Doch diese ›demokratische‹ Dame, die mich entließ, war Lehrerin gewesen. Sie hatte im Sozialismus den Atheismus und Kommunismus gepredigt.

Meine Frau betreibt ein kleines Elektrogeschäft, und von dem Gewinn, so an die zweihundert Euro im Monat, leben wir. Das Geld reicht allerdings nicht einmal für das Benzin, um in Hamburg den Sohn, die Schwiegertochter und die Enkel zu besuchen. Für Benzin allein brauchten wir Hunderte von Euro.«

Außerdem sei es für einen Serben schwer, ein Auslandsvisum zu erhalten. »Die Menschen, die in Serbien leben, sind wieder eingesperrt. Wer dagegen im von der NATO unterstützten und zuerst von der BRD als unabhängiger Staat diplomatisch anerkannten Kroatien wohnt, der braucht nur seinen Pass zu zeigen und kann damit umherfahren. Wir Serben dagegen müssen nachts in der Schlange vor dem Deutschen Konsulat anstehen, Formulare ausfüllen, Geld bezahlen und wissen doch nicht, ob wir ein Visum erhalten. So schürt man von außen den Neid und den Hass zwischen Serben und Kroaten.«

Die Geschichte von Gabrijela Bogišić:

»Ich bin 1980 geboren. Meine kroatischen Vorfahren kamen vor vierhundert Jahren hierher. Mein Vater ist inzwischen nur noch zu einer Hälfte Kroate, zur anderen ist er Ungar. Meine Mutter ist zu einem Drittel kroatisch, zu einem Drittel ungarisch und zu einem Drittel wohl donauschwäbisch. Ich habe, zumindest was das Essen betrifft, vielleicht noch ein donauschwäbisches Achtel in mir: Ich liebe schwäbische Mehlspeisen und fettes Fleisch. Man sieht es an meiner Figur«, sagt sie und lacht laut. »Ich besuchte als Kroatin in Sombor eine serbische Schule, doch bis 1991, als der Krieg zwischen Serbien und Kroatien begann, hat niemand in unserer Schule gesagt: ›Du bist ein Serbe! Du bist ein Ungar! Du bist ein Kroate! Du bist ein Slowene!‹ Dann lebten wir kroatischen Kinder hier plötzlich im serbischen Feindesland. Doch ich kann mich nicht erinnern, dass mich die serbischen Mitschüler damals beschimpft haben. Ich musste nie Angst haben.

Das änderte sich, als serbische Familien, die von den Kroaten aus ihren Heimatorten in Kroatien vertrieben worden waren – insgesamt waren das 200 000 Serben –, auf der Flucht auch nach Sombor kamen. Die Kinder dieser serbischen Flüchtlinge bewarfen uns Kroaten mit Steinen oder versuchten uns zu verprügeln. Aber unsere serbischen Schulfreunde beschützten uns. Manche kroatischen Männer in Sombor wurden im Krieg gegen die Kroaten von der serbischen Armee rekrutiert. Meinen Vater haben sie nicht eingezogen, aber meinen Onkel. Er kam Gott sei Dank nicht an die vorderste Front, wo er gezwungen gewesen wäre, als Kroate, der in Serbien wohnt, auf seine Landsleute in Kroatien zu schießen. Das haben die serbischen Militärs nicht riskieren wollen.

Nach dem Abitur bewarb ich mich für zwei Studienrichtungen: für Anglistik und für Germanistik. Genau an dem Tag, an dem die NATO-Flugzeuge im Kosovo-Konflikt mit Unterstützung der Deutschen auch Bomben auf Sombor warfen, erhielt ich den Bescheid, dass …«

Anton Beck unterbricht sie: »Die NATO hat hier nur den Flugplatz bombardiert!«

»Nein, sie haben auch danebenstehende Häuser getroffen.«

»Trotzdem war es sehr gut. Sie haben Slobodan Milošević weggebombt. Das war gut.«

Gabrijela widerspricht: »Es war schlecht, weil viele Unschuldige sterben mussten. In Belgrad haben sie auch ein Krankenhaus bombardiert.«

Sie erzählt noch einmal von dem Bombentag in Sombor. »An jenem Tag habe ich mich entschieden, Deutsch zu studieren.« Sie absolvierte inzwischen Praktika in Deutschland und bei der EU in Brüssel.

Die Geschichte von Jelena Horvat ist die kürzeste:

»Ich bin 1982 geboren und hatte eine donauschwäbische Urgroßmutter. Der Vater war Kroate und Ungar und die Mutter eine Ruthenin aus der Ukraine. Und was bin ich? In den Formularen schreibe ich hinter die Rubrik Staatsbürgerschaft: serbisch. Hinter Nationalität mache ich einen Strich oder könnte dort ›ungarisch‹ schreiben oder ›deutsch‹ oder ›ruthenisch‹ oder mir eine Nationalität erfinden. Das überprüft hier kein Amt mehr.

Ich habe, genau wie Gabrijela, eine serbische Grundschule und ein serbisches Gymnasium besucht und Germanistik studiert. Nach einem Praktikum in Stuttgart bereite ich mich jetzt auf das EU-Praktikum in Brüssel vor.«

Sie macht eine Pause, überlegt und wiederholt, was Gabrijela gesagt hat: »Ich mache ein EU-Praktikum, aber es wird noch lange dauern, bis die Europäer uns Serben in die EU aufnehmen.«

»Die Nachbarländer Rumänien und Ungarn sind schon Mitglieder der EU. Kroatien wird bald aufgenommen. Aus welchem Grund sollte Serbien ausgeschlossen bleiben?«, sage ich.

Die drei vom »Deutschen Verein« beginnen durcheinanderzureden.

Erstens, weil sich noch Kriegsverbrecher wie Karadžić in Serbien versteckt halten und nicht an den Europäischen Gerichtshof in Den Haag ausgeliefert worden sind.

Zweitens gäbe es in Serbien immer noch Nationalisten. Die würden der NATO Scheinheiligkeit vorwerfen, weil sie einerseits die Autonomieforderungen der Basken in Spanien verurteilt, andererseits aber, um Jugoslawien endgültig durch Teilung zu zerstören, die Autonomieforderung der Kosovo-Albaner militärisch unterstützt.

Diese serbischen Nationalisten würden nicht nur T-Shirts mit der Aufschrift »Kosovo gehört den Serben!« tragen, sondern auch dazu aufrufen, »kein albanisches Brot zu kaufen«, denn die meisten Bäcker in Sombor wären Kosovo-Albaner.

»Aber der entscheidende Grund, weshalb wir Serben noch lange vor der EU-Tür warten werden, sind die Menschenrechte. Bei uns werden die Menschenrechte nicht eingehalten! Zum Beispiel das Frauenrecht«, sagt Gabrijela.

»Es gibt in Serbien immer noch Männer, die ihre Frauen täglich verprügeln! Und diese Frauen wagen es nicht, von ihren gewalttätigen Männern wegzugehen und in einem öffentlichen Frauenhaus um Hilfe zu bitten. Solange serbische Männer das Frauenrecht nicht achten, kann Serbien unmöglich ein gleichberechtigtes Mitglied der EU werden.«

Anton Beck sagt, dass junge qualifizierte Leute in Serbien keine Arbeit erhalten. »Meinem Sohn, einem Ingenieur, Informatiker und Spezialisten für Aufzüge, gab man in Serbien keine Arbeit, in Hamburg bekam er sofort einen Job. Der Mensch hat doch ein Recht auf Arbeit. In Serbien missachtet man auch dieses Menschenrecht.«

Außerdem regiere in Serbien die Korruption. Die Parteien würden ihre Macht missbrauchen und öffentliche und sogar Posten in der Wirtschaft an Parteigänger verteilen. »Da kann es vorkommen, dass ein unqualifiziertes Parteimitglied, zum Beispiel ein Lehrer, als Manager einer großen Hotelkette eingesetzt wird oder ein anderer, der nur Geschichte studiert hat, zum Chef einer staatlichen Bank befördert wird. Täglich werden durch solche Vetternwirtschaft die demokratischen Rechte in Serbien verletzt.«

Alle drei schauen mich an und erwarten meine Zustimmung. »Es stimmt doch, dass Serbien wegen dieser und anderer Ver letzungen der Menschenrechte noch nicht reif ist, dass es in die Staatengemeinschaft der EU aufgenommen wird?«, fragt Anton Beck nach.

Ich schweige. Ich will nicht sagen, dass nach diesen Kriterien auch Deutschland wieder von der EU ausgeschlossen werden müsste, wechsle schnell das Thema und frage nach der Arbeit ihres »Deutschen humanitären Vereins«.

Sie zeigen mir stolz das Arbeitszimmer mit neuen Computern, die Bibliothek mit deutschsprachigen Büchern, die ausgestellten Bilder von zehn donauschwäbischen Malern, und sie berichten von deutschen Filmabenden, von Buchpräsentationen, dem Chor, der Tanzgruppe, dem Deutschunterricht, Theaterfestival, von Computerlehrgängen und von den Sachspenden, die sie einmal im Jahr an bedürftige Donauschwaben, die älter als sechzig Jahre sind, verteilen.

»Das Geld, das wir dafür vom Koordinierungsbüro für die Zusammenarbeit internationaler Minderheiten in Stuttgart, von Stiftungen und manchmal auch von der hiesigen Kommune erhalten, wird natürlich nicht mehr, sondern immer weniger.«

»Also wird der Deutsche Verein eines Tages das Büro aus Geldmangel schließen müssen?«

Anton Beck lacht sein verschmitztes Jungenlachen und führt mich in das große Hinterzimmer. An den Wänden hängen Bilder der donauschwäbischen Maler, und darunter stehen sehr alte, schöne Stilmöbel: Tische, Stühle, Schränke aus dunklem Eichen- und Nussbaumholz, die mit Intarsien aus hellem Rosenholz verziert sind.

»Das ist das Esszimmer meines Taufpaten, des Schuhfabrikanten. Ein Antiquitätenhändler hat dafür über 30 000 Euro geboten. Wir sind also abgesichert. Zumindest solange hier in der Vojvodina noch Donauschwaben leben.«

Inzwischen gibt es mit Hilfe des Deutschen Vereins in den Kindergärten von Sombor täglich eine halbe Stunde spielerischen Deutschunterricht. »Und auch die serbischen, ungarischen und kroatischen Kinder sprechen dort die ersten deutschen Worte.«

Zum Abschied schenken sie mir zwar keine detaillierte Wanderkarte, aber einen Prospekt der Vojvodina, auf dem im Gegensatz zu meiner alten sozialistischen Karte die Nebenstraßen und die kleinen Orte bis zur rumänischen Grenze eingezeichnet sind.

In der Nacht hat es geregnet. Unter den Bäumen atmet es sich leicht, und die Straßen sind noch nicht staubbedeckt.

Je weiter ich mich vom Stadtzentrum entferne, um so dichter wird der Wald der großflächigen Reklameschilder am Straßenrand. Sie stehen wie Sichtblenden vor unbewohnten, eingefallenen serbischen Häuschen. An manchen Stellen haben Autohändler moderne Stahl-, Glas-, Beton-Verkaufspavillons zwischen den verlassenen Häusern errichtet. Das sieht so aus, als ob gestylte Männer in Nadelstreifenanzügen und mondäne Frauen in Abendkleidern in einer Armenküche sitzen. Die blauen Wegwarte-Blumen, die kilometerweit die Straßen säumen, schmücken sowohl die neuen internationalen Autohäuser als auch die alten serbischen Wohnhütten.

Ein Straßenschild warnt vor Rehen. Anscheinend wechselt das Wild hier auch zwischen den Häusern.

Vor einem Bauernhaus stehen lediglich die zaunlosen Betonpfosten und ein blaues, verschlossenes Blechtor, das man nun nicht mehr öffnen muss. Eine kleine alte Frau stützt sich mit der einen Hand auf ihren Krückstock und mit der anderen auf eine Hacke. Sie trägt eine blau-weiß gemusterte Kittelschürze und hat ein blau-graues Kopftuch umgebunden. Neben ihr steht ein Junge mit wadenlangen modischen Hosen und einem blau-roten Shirt, auf dessen Brust ein Pumatiger springt.

Ich bitte um Wasser. Die alte Frau humpelt ins Haus, der Junge, ihr Enkel, versucht inzwischen auf Serbisch, Deutsch und Englisch herauszufinden, woher ich komme und wohin ich gehe. Er sagt, dass die Großmutter, Bojaha Bazinoz, schon achtundachtzig Jahre alt ist und immer noch mit seinem Vater auf dem Feld arbeitet. Sie bringt Wasser und Äpfel und Weißbrot.

Großmutter mit Enkel

Ich fotografiere die Großmutter mit ihrem Enkel. Der Junge schreibt mir die Adresse auf und bittet, dass ich das Bild an die Großmutter schicke.

Als ich mich verabschiede, zieht er seine Pantoffeln aus, stellt sie ordentlich vor der Haustür ab und läuft auf der Straße barfüßig neben mir her. Unterwegs versucht er mir zu erklären, dass der Vater nur nach Feierabend auf dem Feld der Großmutter arbeitet. Sonst ist er Bankier. »He is a banker with many dinar.« Ein Banker, der viele Dinara verdient. Er selbst werde später auch in einer Bank arbeiten, und wenn er in der Schule gut lernt, vielleicht sogar als Bankdirektor.

Vor seinem Elternhaus bittet er, dass ich einen Moment warte, rennt ins Haus und kommt mit einem Fotohandy zurück. Er möchte mich fotografieren, damit er dem Vater abends von seiner Begegnung mit einem Deutschen erzählen kann.

»Der Vater hat auch von einer deutschen Bank Aktien gekauft«, sagt er stolz.

Die Straße ist wieder so schnurgerade und eben, dass ich nach zehn Minuten immer noch sein blau-rotes T-Shirt sehe. Ich wünschte, dass die von einem Dorf in das nächste Dorf immer geradeaus verlaufenden, scheinbar endlosen Straßen ab und zu durch eine neugierig machende Kurve unterbrochen würden. Doch es geht immer nur vorwärts und immer nur geradeaus. Und links, zwei, drei ... »Denn du hast ja ein Ziel vor den Augen, damit du in der Welt dich nicht irrst ...« Auch auf dem liniengeraden Pfad in den Sozialismus gab es keine neugierig machenden unübersichtlichen Kurven und erst recht keine alternativen Kreuzungen. Doch immer geradeaus zu gehen ist ermüdend langweilig.

Ich ruhe mich am Rand eines schon abgeernteten Getreidefeldes aus, an dem man noch den süßlichen Mehlgeruch vom Weizen riecht. Auf einem mit Versuchsschildern gekennzeichneten Acker lassen die gentechnisch veränderten Sonnenblumen ihre Köpfe, die so groß wie runde Kuchenbretter sind, hängen. Vielleicht sind den Genetikern die Köpfe der Sonnenblumen zu groß geraten, denn die normal gebliebenen Stiele können sie nicht mehr tragen.

Auf einem handtuchschmalen Feld versucht ein kleiner, nicht sehr kräftig gebauter Mann eine Scheibenegge von seinem klapprigen Traktor abzuhängen. Er hebt den Kopf und winkt mir. Ich kann sein Gesicht unter dem großen Schirm der Mütze erst erkennen, als er sich kurz aufrichtet und mir zeigt, wo ich die Egge anfassen soll. Er hat sehr engstehende Augen, die er, genau wie seinen schmalen Mund, beim Hochstemmen der Egge zusammenkneift. Als seine Segelohren sich röten und sein Adamsapfel vor Anstrengung wie bei einem Truthahn aus seinem faltigen Hals herausgepresst wird, schaffen wir es, die Egge an der Deichsel anzuheben. Sie war nicht mit einer modernen Anhängerkupplung, sondern wie früher mit Ketten und einem Pferdegeschirr am Traktor befestigt.

Er drückt mir dankend die Hand und sagt »Mihail«. Als er hört, dass ich deutsch spreche, stellt er sich als »Michel« vor.

Mihails Traktor

Er redet sehr schnell und ein so undeutliches, mit Serbisch und Ungarisch vermischtes Schwäbisch, dass ich ihn kaum verstehe.

»Ich wohn mit meim Weib Jelenka in Kljajićevo. Doch des Weib lost mich schon vier Monat allen. Sie leit im Spital, sie haw ihr die Brust von owe bis nuner wegerm Herz ufkschniet.«

Sie fehlt ihm, denn im Sommer und Herbst gebe es viel Arbeit auf dem Feld. »Ich han a scheen Eerd, a gute schwarze Grund, schau mool, wie fett sie ist, die Eerd.«

Er reibt die Krumen ehrfürchtig zwischen Daumen und Zeigefinger.

Als ich weiterlaufen will, wendet er den Traktor auf dem Feld und sagt, ich soll aufsteigen.

»Mir fahre jetzt mitnaner ins Dorf un trenge e scheenes Jelen-Hirsch-Bier.«

Der Traktor, ein Rakovica 60, ist schon über dreißig Jahre alt. Die Batterie, die Pedale und Türen hat Mihail mit Drähten und Schnüren festgebunden. Er quetscht sich, damit ich Platz habe, hinter seinem Lenkrad so weit auf die linke Seite, dass er Gas und Bremse nur mit Mühe erreicht. Ich stelle die Kraxe auf die rechte Seite und halte Tür und Rucksack fest.

»Na, dann well mer mool e scheen Fahrt mache«, sagt er und klopft mit einem Hammer, dessen Stiel er selbst geschnitzt hat, gegen die Zündung.

Wir tuckern vom Feld.

Nun fahre ich also doch noch mit dem Traktor durch Serbien!

Zur Andacht bleibt keine Zeit, denn Mihail zeigt, was der alte Traktor noch kann. Er gibt Vollgas und kurvt von einer Seite der Straße auf die andere. Weil ich die Tür losgelassen habe und nur noch den Rucksack und mich festhalte, knallt die Tür immer schneller gegen die Motorhaube, je enger Mihail die Kurven nimmt. Er bremst. Der Auspuff, ein rotbraunes Rostrohr, das auf der linken Seite in die Höhe ragt, schwankt gefährlich. Und während er mit nicht ablesbarer Höchstgeschwindigkeit – die Tachonadel ist abgebrochen – in das Dorf hineinfährt, redet er immerfort auf mich ein. Doch ich verstehe wegen des Traktorlärms kein Wort.

An einem kleinen Laden, vor dem unter Sonnenschirmen bunte »Jelen Pivo«-Reklamestühle an runden Tischen stehen, endet die Traktorfahrt.

Jetzt werden wir bei Donna Pia ein Bier trinken, sagt der 72-jährige Mihail. Das zweistöckige Haus mit der Nummer 65, das gegenübersteht, ist sein Haus. Er sitzt jedoch lieber vor dem Laden. »Da laafe scheene, junge Weiwer lang. Un mein Jelenka is schow vier Monat fort ...«

Er bestellt ein Bier für mich. Ich trinke zu Hause kein Bier, geschweige denn im heißen Südeuropa, wo Wein wächst. Aber ich widerspreche nicht.

»E scheenes kaltes Bier. Jelen Pivo – Hirsch-Bier.«

Auf dem Etikett brüllt ein Vierzehnender.

»Wann man viel Jelen Pivo trengt«, sagt er, »werd mer stark wie e Hirsch un kann wie e Hirsch um fesche Weiwer kämpfe.«

Er sei noch gesund. Und er mache es nicht wie der Bruder von Jelenkas Mutter.

»Der Dumm hat sich ufgehong.«

Danach gab die Mutter sein Land, sechseinhalb Hektar, ihrer Tochter Jelenka. Und seitdem haben sie acht Hektar.

Er braucht zwei Tabletten am Tag. »Gegen das Wasser in de Fieß un for mei Herz. Mer misst noch mal fesche junge Weiwer han. Junge Weiwer sin de best Medizin. Mein Jelenka ist schon zu alt. Ufs Wohl de Männer!«

Er hat zwei Töchter. Die eine ist achtundvierzig Jahre alt und die andere erst sechsunddreißig. Sie haben ihn schon dreimal zum Großvater gemacht.

Michel ist 1936 auf dem Acker geboren worden. »Mei Motter hat die Wehe ufm Feld beim Fruchtabmache kritt. Da hat mer die Dreschmaschin korz abkschtellt, mei Motter droffgeleet, bis ich da woar.«

Vor ein paar Wochen hat er ein Stück seines Feldes verkauft und 100 000 Dinar dafür bekommen. Das Geld gab er nicht aus, sondern spart es. Er hat noch nie Schulden gemacht und kauft immer nur das, was er sofort bezahlen kann.

»Uf de Kukruz spritz ich die Kemie nicht mit ner neuen, teuren Maschin, sondern han de Kemie in meim Rucksack un loaf iwers Feld. E Traktor, e Pluch, e Eech un e Dreschmaschin, des reich mer. Mee braucht e Bauer net.«

Kräftige Umarmung zum Abschied. »Un lebt noch gut un noch lang un lebt noch scheen.«

Bei »scheen« klopft er sich zwischen die Beine, kneift schmunzelnd seine kleinen Augen zusammen und spitzt genießerisch den Mund.

»Un trengt immer vil fum scheene Hirsch-Bier.«

Mihail lacht, bis sich die junge Verkäuferin von Donna Pia zu ihm setzt. Er ruft mir noch hinterher, dass ich im nächsten Dorf, in Telečka, ungarisch sprechen soll, denn dort würden fast nur Ungarn wohnen.

»Doch aa sie trengen ke Wein, sondern nor Hirsch-Bier.«

In der Dorfmitte von Kljajićevo biegt die Hauptstraße rechts nach Belgrad ab. Ich halte einen trotz seines auf der vorderen Kopfhälfte spärlichen Haarwuchses noch sehr jung aussehenden Mann an und frage, ob ich nach Telečka die Nebenstraße nehmen soll.

Er steigt vom Fahrrad, setzt seine Sonnenbrille ab und sagt, nachdem er merkt, dass ich aus Deutschland komme: »Ich habe einundzwanzig Jahre lang als Kraftfahrer in Deutschland gearbeitet.« Als er hinzufügt, dass er in den Sommermonaten Bier für die Jelen-Brauerei ausfährt, zweifele ich an der Wirklichkeit. Doch er holt seinen Ausweis aus der Brieftasche. »Milan Vorkapić. Geboren 1964«, und zeigt mir den internationalen Führerschein und deutsche Stempel auf ordentlichen Papieren. »Ich kenne als Kraftfahrer alle europäischen Länder. Nur in Albanien bin ich noch nicht gewesen.«

»Und weshalb sind Sie nach einundzwanzig Jahren in Deutschland wieder nach Serbien gegangen?«

»Wenn ich als LKW-Fahrer in Deutschland heute alle Regeln einhalte, verdiene ich nicht sehr viel, denn die Kontrollen wegen der Ruhepausen werden immer strenger und die Strafen in Deutschland immer teurer. Wenn mich die serbische Polizei anhält und ich vierundzwanzig Stunden ohne Pause gefahren bin, stecke ich ihnen 500 Dinar – also 5 Euro – in die Tasche, und die Angelegenheit ist vergessen!

In Deutschland war ich oft viele Monate unterwegs. Ich musste nicht nach Hause zu meiner Familie. Einmal schlief ich elf Monate und vier Tage immer nur im Auto.«

»Und weshalb haben Sie keine deutsche Frau genommen?«

»Weil die deutschen Frauen erst so spät Kinder wollen! Von fünfzig deutschen Frauen, die man kennenlernt, möchten vierzig erst ein Kind, wenn sie einen guten Job haben und mindestens dreißig Jahre alt sind. Doch wie können sie mit dreißig, wie es sich für eine gute Frau in einer guten Familie gehört, dann noch vier oder fünf Kinder großziehen? Ich möchte eine Frau, die mit ihrem Kind zu Hause auf mich wartet. Aber weil das nicht so war, habe ich mich von der ersten wieder scheiden lassen.« Er macht eine Pause, überlegt und sagt: »Inzwischen denken auch die jungen Frauen in Serbien schon wie die in Deutschland. Sie wollen nur Karriere, Geld und ein bisschen Sex. Kinder möchten sie keine.«

Die meisten Autos biegen in Richtung Belgrad ab. Die Straße nach Telečka gehört mir. Ich laufe durch eine Allee von Pflaumenbäumen. Die Pflaumen sind im Gegensatz zu denen, die ich bisher gesehen habe, nicht zwetschgenklein und dunkelblau, sondern sehr groß und auberginenblau. Ich weiß, dass man mit Bier im Bauch keine Pflaumen essen soll. Aber diese Pflaumen sind sehr saftig und süß, und die Versuchung ist groß. Ich esse und esse, bis nach einer Viertelstunde plötzlich Milan mit dem Fahrrad neben mir steht. Er hält eine Flasche Bier in der Hand. »Ich hatte vergessen, Ihnen für unterwegs ein Jelen-Bier mitzugeben.«

Bevor er zurückfährt, fragt er mich, ob ich keine Angst habe, allein durch Serbien zu laufen.

»Nein, wovor sollte ich Angst haben?«

Er nickt. »Ich wollte es nur wissen, denn in den fremden Ländern fragte man mich immer, ob ich Angst hätte, wenn ich mit dem LKW allein unterwegs war.«


Von einem deutschen »O Tannenbaum …«-Gesang
im serbischen Sommer, einem Überfall vor dem
Friedhof in Oreškovica und einem Glückskauf
in einer kleinen Apotheke von Bačka Topola


Ich denke, dass ich heute keine zweite Flasche Bier trinke. Doch als ich, ohne auf entgegenkommende Trucks achten zu müssen, eine Stunde immer nur die Kilometer zusammenzähle, die ich schon gelaufen bin, und müde werde, setze ich meine Kraxe unter hohen Büschen ab und trinke, um sie nicht tragen zu müssen, die Flasche Bier von Milan aus und schlafe ein. Schon nach kurzer Zeit wache ich auf und greife erschrocken neben mich. Der Rucksack steht noch da! Weil mich der Lederbrustbeutel als Lendenschurz wund rieb, hatte ich ihn schon in Bezdan in die Kraxe gepackt und das Geld, die EC-Karte und den Pass dort zwischen Notizbüchern und Wäsche in einem Briefkuvert »versteckt«.

Als ich aus dem Schatten wieder in die Gluthitze laufe, denke ich, dass es besser wäre, frühmorgens um 6 oder um 7 Uhr loszulaufen. Aber morgen noch nicht. Morgen ist Sonntag. Vielleicht werde ich – die Kirche von Telečka ist schon von weitem zu sehen – morgen den Gottesdienst besuchen.

Der Ortsname steht auf Serbisch und Ungarisch am Eingangsschild. Ich grüße auf Ungarisch. Die Leute antworten freundlich. Ich frage auf Ungarisch nach Brot, Käse, Tomaten, Paprika und bekomme alles. Dann bitte ich auf Ungarisch um ein Bett. Doch niemand antwortet freundlich: »Igen.« Alle schütteln hilflos den Kopf. Und die Kirche ist verschlossen.

Vor dem Tante-Emma-Laden von Telečka sitzen die ungarischen Männer. Sie trinken wie die serbischen Bier aus der Flasche. Auch sie kennen niemand, bei dem ich schlafen könnte. Der Jüngste – er ist auch der Betrunkenste – schlägt vor, mich mit seinem Auto nach St. Moravica zu fahren. Dort, erklärt mir Jonas, gibt es eine Herberge für Touristen.

Am Auto von Jonas ist nicht einmal mehr die Marke zu erkennen. Außerdem liegt St. Moravica nicht an meiner Strecke. Und überhaupt werde ich den Wettkellner in Harkány nicht betrügen …

Bis in den nächsten Ort sind es noch sieben Kilometer. Wenn ich schnell laufe, werde ich in einer reichlichen Stunde dort sein. Ich rede mir ein, dass ich in Rogatica eine Unterkunft finde, mich nach dem Gewaltmarsch ausruhe, Tagebuch schreibe, meinen Rucksack flicken, Wein trinken, zeitig schlafen werde und morgen früh einen – ich weiß nicht, ob katholischen oder orthodoxen – Gottesdienst besuche.

Als ich am Nachmittag das Dorf erreiche, lese ich am Ortsschild den Namen nur auf Serbisch. Damit ist die Frage, ob ich zu einem ungarisch-katholischen oder serbisch-orthodoxen Gottesdienst gehe, schon entschieden. Die erste Frau, die ich auf der Hauptstraße sehe, frage ich nach einer Schlafmöglichkeit. Ich soll zum Dorfladen gehen, sagt sie, »dort trinken die Männer«.

Vor dem Laden sitzen zwei auf der Bank an der Bushaltestelle und trinken Bier. Ich frage, wo ich in Rogatica schlafen kann. Schulterzucken. Als die Flaschen leer sind, gehe ich in den kleinen Laden und hole drei neue.

Dem einen der beiden, einem grauhaarigen Mann, rutscht das ausgeleierte, abgetragene gelbe T-Shirt die Schulter hinunter. Er sei schon Invalide, sagt Milan. Der ihm Gegenübersitzende ist beleibt, auf seinem feisten Gesicht mit sehr kleinen Augen wachsen Warzen. Das Hemd hat er nur mit dem letzten Knopf an den Hosenbund geknöpft.

Milan versucht mir zu erklären, dass Nikola ein »Nematschki«, ein Deutscher, ein Donauschwabe ist. Doch als ich Nikola frage, ob er noch Deutsch sprechen kann, schüttelt er den Kopf.

Die Hitze und das Bier haben mich betrunken gemacht. Ich muss endlich etwas essen, hole Brot und Käse aus meinem Rucksack und biete dem hinkenden Invaliden Milan und dem Donauschwaben Nikola davon an. Sie lehnen lächelnd ab.

In eine lange Stille hinein, in der er wahrscheinlich nachgedacht hat, sagt Nikola plötzlich: »O Tannenbaum, o Tannenbaum, wie grien sind deine Blätter.« Lacht. Und noch einmal: »O Tannenbaum, o Tannenbaum, wie grien sind deine Blätter.« Und er wiederholt es stereotyp, bis ich ihm, wie er es wünscht, die Melodie dazu singe. Er stimmt lauthals ein, und wir singen in der serbischen Sommerhitze: »O Tannenbaum …«

Danach sagt Nikola froh lächelnd: »Großmutter.« Und: »Weihnachtsmann.«

Ein Auto, dessen Auspuff scheppert und dessen Stoßstange klappert, hält vor dem Laden. Ohne hinzuschauen weiß ich, dass es Jonas ist. Milan und Nikola begrüßen ihn sehr laut, und Jonas sagt, dass er nur schauen will, wie weit ich gelaufen bin. Er sei froh, dass mir unterwegs nichts passiert ist. Dann trinkt er eine Flasche Bier und fragt, ob er mich doch noch in das Hotel nach Stara Moravica fahren soll.

Als ich wieder ablehne, zeigt er auf den Tank seines Autos und macht mir klar, dass er die sieben Kilometer hierher nur für mich gefahren ist und nun sieben Kilometer zurückfahren muss. Das Benzin sei fast alle. Ich gebe ihm mein restliches Kleingeld.

Ein sehr schlanker, braungebrannter, bartstoppliger Mann mit einem seesackgroßen Stoffbeutel über der Schulter kommt von der Straße zur Haltestelle. Er begrüßt Milan mit einer kurzen Umarmung und setzt sich zu uns. Das ist Lajos, ein umherziehender, arbeitsloser ungarischer Maurer, der manchmal bei ihm schläft, erklärt Milan.

»Du hast ein Haus?«, frage ich.

Er nickt. Wir würden später zu ihm gehen. Ich könnte bei ihm auf dem Sofa in der Wohnstube schlafen.

Die Haltestellenkneipe füllt sich. Zuerst schlurft ein massiger, graubärtiger Mann in zu kleinen Hauslatschen und zu engen, knielangen Hosen über die Straße. Wegen seines Bauches sitzt er sehr unbequem auf der schmalen Bank. Aber er freut sich, endlich wieder Deutsch sprechen zu können. Er war noch nie in Deutschland, aber er hat in einer serbischen Schule die deutsche Sprache erlernt, und seitdem liebt er sie. Die englische Sprache liebt er nicht. »Die Engländer sprechen nur dumm in den Bauch hinein, die Deutschen dagegen sehr verständlich in das Herz. Leider kommt hier nur alle zwei, drei Jahre ein Deutscher vorbei, mit dem ich sprechen kann«, bedauert Živko Sorak.

Als Letzter gesellt sich ein schwarzhaariger Mann zu uns. In seinem Gesicht fällt zuerst sein dichter Schnauzbart auf, und erst dann bemerkt man seine kleinen, weder freundlich noch böse, sondern nur neugierig schauenden Augen. Obwohl er nicht begrüßt wird, setzt er sich dazu, und als er erfährt, dass ich ein Deutscher bin, beginnt er sofort mit mir Russisch zu reden. Ich sei sein »drug« – sein Freund. Ich könnte bei ihm schlafen, in zwei Stunden sei er wieder hier. Als er gegangen ist, sagt mir Milan, dieser Mensch sei »nije dobro – nicht gut«.

Jonas, der Autofahrer, kramt, als keiner neues Bier holt, die achtzig Dinar Benzingeld aus der Hose und stülpt danach seine Taschen um und zeigt allen, dass er keinen weiteren Dinar besitzt. Nikola legt den Rest dazu, und Jonas holt noch einmal fünf Flaschen. Nun trinkt er sehr schnell, denn er muss, weil auch die Scheinwerfer defekt sind, zurückfahren, bevor es dunkel wird.

Nach fast drei Stunden, in denen jeder vier Flaschen Bier getrunken hat, sagt Milan: »Wir gehen jetzt.« Der Wandermaurer hängt seinen Seesack um, und ich hucke meine Kraxe auf. Milan, der Invalide, hinkt voran. Wir brauchen fast eine halbe Stunde bis zu seinem Haus am Ende des Ortes.

Als er die Hoftür öffnet, erschrecke ich. Sein bungalowgroßes Haus sieht wie eines der von den Kroaten oder Deutschen verlassenen Häuser aus. Die morschen Fensterrahmen brechen bald aus der bröckelnden Wand. Im Hof liegen kaputte Dachziegel und die Steine eines schon eingestürzten Schuppens. Daneben stehen die von Gänsekot bedeckten Reste eines Sofas. In der Mitte des Hofs kann man sich, auf Steinen stehend, an einem Rohr mit Wasserhahn waschen.

Wollte ich mich heute nicht ausruhen, Tagebuch schreiben, den Rucksack flicken, zeitig schlafen gehen und morgen den sonntäglichen orthodoxen Gottesdienst besuchen? Als ich nach dem Beginn des Gottesdienstes frage, schüttelt Milan den Kopf. In Rogatica gibt es keinen Gottesdienst.

Das Häuschen besteht aus zwei winzigen Zimmern und einem Flur, der mit einem reifenlosen Fahrrad, Blechkanistern, Pappkartons und schmutziger Wäsche vollgestopft ist. Dazwischen steht ein alter Kochherd. In dem hinteren Zimmer, einer verschlagähnlichen fensterlosen Buchte, ist es dunkel. Dort liegen Decken und Matratzen zuhauf. »Hier schlafe ich«, sagt Milan.

Im Wohnraum, einem drei mal vier Meter großen Zimmer, befinden sich zwei Sofas. Das eine stößt im rechten Winkel an das andere. Die fast wagenradgroße Uhr tickt nicht, auf dem Fensterbrett stehen Töpfe mit eingetrockneten Speiseresten, ein verrosteter Rasierapparat, leere Plasteflaschen von Öl, Waschseife, Creme und Joghurtbecher. Auf einer Leine hängen Hemden und Hosen. In der Mitte der Stube steht ein wackliger Tisch mit einem schwarzen Aschenbecher, der mit Kippen randvoll gefüllt ist, und einem Minifernseher mit einer meterlangen Antenne.

Der arbeitslose ungarische Wandermaurer bringt die Kippen nach draußen, wischt die Asche sorgsam von der braunen Wachstuchdecke und schaltet dann den Minifernseher ein. Krächzende Musik ist zu hören, das verzerrte Bild zeigt stampfende Folkloretänzerinnen. Die schief hängende, nur noch mit einem Riegel verschließbare Haustür steht offen, denn Milan vertreibt die den Fernsehabend störenden schnatternden Gänse aus dem Flur. Dann hockt er sich mit Lajos vor den Tisch, und beide versuchen fast eine Stunde lang das Fernsehbild für mich deutlicher einzustellen. Es gelingt ihnen nicht.

Schließlich sitzen sie auf dem Sofa und rauchen eine Zigarette nach der anderen. Bier oder Schnaps gibt es nicht. Das Wasser aus dem Hahn schmeckt faulig. Als ich meinen Proviant neben den Fernseher lege, kommt der kleine russisch sprechende Serbe, der, wie Milan sagt, »schlechte Mensch«, und setzt sich, als ob er hier zu Hause ist, zu uns, raucht und fragt mich auf Russisch, wie lange ich schon unterwegs bin. Die zwei Männer unterbrechen ihr Gespräch. Sie schweigen abweisend. Doch das stört den Neuankömmling nicht.

Niemand nimmt von meinem auf dem Tisch liegenden Schafskäse. Nur die Fliegen besetzen ihn sofort in Kompaniestärke. An der fleckigen, früher weißen Wand hängt eine blaue Fliegenklatsche mit rotem Stiel. Aber sie ist wahrscheinlich nur zur Warnung gedacht, denn die Fliegen haben den Kampf schon gewonnen. Nach einer Stunde, in der die Worte spärlich wie Wassertropfen

fallen, haben die zwei Männer den »drug – Freund« hinausbeför-
dert. Danach holt Lajos sofort Brot und Wurst und Speck aus seinem Rucksack. Er streicht ein Tuch glatt und legt alles sorgsam
darauf. Beim Essen versuchen sie mir klarzumachen, dass der un-
gebetene Gast jemand sei, der früher die Nachbarn beobachtet
und der Polizei gemeldet hat. Ich sei ihr Gast, und deshalb müssten sie mich vor solchen »Freunden« schützen.

Obwohl die Tür offen steht, liegt der Rauch inzwischen wie
dicker Nebel im Zimmer. Nachtfalter, Mücken und Fliegen
kreisen um die an der Decke hängende Glühlampe. Vor zehn
Jahren, sagt Milan, habe ihn seine Frau verlassen. Seitdem lebt
er allein hier.

Kurz vor Mitternacht kriecht er in seine Buchte. Lajos holt
aus seinem Seesack eine ordentlich zusammengerollte rote ungarische Hirtendecke. Er wickelt sich wie eine Mumie darin ein,
so dass die Fliegen nur noch auf seinem grauen Haarschopf her-
umklettern können. Damit der Rauch abzieht, mache ich die
Tür sperrangelweit auf. In meinem Bauch rumoren die Pflaumen und das Bier. Ich schaffe es bis auf den Hof zu den Gänsen.

Am Morgen bin ich schon mit der Sonne munter. Die Gänse
schnattern, die Hunde im Dorf bellen, und weit entfernt höre
ich auch das Gurren von wilden Tauben. In der frischen, nun
rauchfreien Morgenluft rieche ich einen würzigen Duft, der
mich zwar an meine Kindheit erinnert, den ich aber nicht zu-
ordnen kann.

Lajos wacht um 7 Uhr auf. Er rollt die rote Hirtendecke zusammen und packt sie in den Rucksack. Danach erhebt sich Milan aus seiner Matratzengruft. Er kocht Kaffee. Ich bekomme
die einzige Tasse. Milan und Lajos trinken aus alten Joghurt-
bechern.

Was sie heute, am Sonntag, machen werden, frage ich. Nun,
sagt Lajos, wir werden vor dem Laden sitzen und drei oder vier
Flaschen Bier trinken. Mehr nicht. Drei oder vier Flaschen. Auch
wenn sie viel Geld hätten, würden sie sich nicht wie dumme

Menschen, Asoziale oder Zigeuner die Rübe volllaufen lassen. Außerdem will er sich umhören, ob einer im Dorf einen Maurer braucht, dem er eine Wand oder den zusammengefallenen Schuppen wieder aufbauen kann. Ich zeige ihm lachend den Haufen Steine des ehemaligen Schuppens im Hof.

Er schüttelt den Kopf. »Milan braucht keinen Schuppen mehr.«

Zum Abschied schenke ich Milan Batterien für die Uhr auf seinem Fensterbrett. Aber er setzt sie nicht ein. Er müsste nicht mehr auf die Uhr schauen. Die genaue Zeit ist für ihn schon lange unwichtig. Es sei gleich – und er rückt die Zeiger mit der Hand vor und zurück –, ob es halb oder dreiviertel oder um vier sei. Wozu wissen, wie spät es ist?

Stattdessen holt er aus seiner dunklen Kammer ein gelb-rotes Kofferradio, wechselt die Batterien und freut sich, dass es wieder spielt.

Zum Abschied raten sie mir, um nicht dem falschen Freund in die Arme zu laufen, schnell durch das Dorf zu marschieren. Auf dem Rückweg von Rumänien könnte ich wieder bei ihnen schlafen. Ich sei jederzeit willkommen.

Auf der Straße wird der morgendliche Geruch immer stärker. Einhundert Meter von Milans Haus entfernt hängen unter der Folie eines tunnelförmigen Zeltes an meterlangen Schnüren aufgefädelte hellbraune Tabakblätter. Ich atme den würzigen Tabakgeruch tief ein und erinnere mich, dass mein Vater, gleich nach dem Krieg, als es Zigaretten nur auf dem Schwarzmarkt zu kaufen gab, gegen den Willen der Mutter, die lieber Kohl und Salat anbauen wollte, in unserem kleinen Garten Tabak gepflanzt hatte. Er hängte die Blätter auf den Boden, und wenn sie rascheldürr waren, saß der Vater, der sonst nie in der Küche arbeitete, dort stundenlang am Tisch und schnitt mit einem scharfen Messer den Tabak auf einem Holzbrett in hauchdünne Streifen. Wenn er daraus die erste Zigarette Marke Eigenbau gedreht und sie feierlich angebrannt hatte, lief er wie ein Kirchen-

Tabak

diener, der während der Messe die Weihrauchkugel schwingen darf, stolz durch alle Zimmer.

Am Ende von Rogatica setze ich mich auf den Friedhof, wasche mich mit Wasser aus meiner Trinkflasche, putze mir die Zähne und frühstücke. Ich habe mich inzwischen so sehr an Brot, Käse, Tomaten, Paprika und Speck gewöhnt, dass ich weder Eier noch Schinken oder Wurst vermisse. Aber vielleicht werde ich mir, heute am Sonntag – die kleinen Läden haben in Serbien auch sonntags geöffnet –, zum Abendbrot noch eine Büchse Fisch kaufen.

Ich bleibe nicht lange sitzen. Um meiner Müdigkeit nicht nachzugeben, stehe ich nach dem Essen sehr schnell auf und gehe weiter.

Mittags erreiche ich an der Kreuzung bei Bački Sokolac die Fernverkehrsstraße nach Novi Sad und Belgrad. Auf ihr werde ich heute bis Bačka Topola laufen. Neben der Kreuzung lädt eine Gaststätte die Autofahrer zur Rast ein. Ich entschließe mich, frisches Wasser zu holen und vielleicht doch noch nach einem serbischen Sonntagsmenü wie Hackfleisch mit schwarzen Bohnen zu fragen.

Weder im noch vor dem Restaurant sitzt ein Gast. Ich suche lange, bis ich den Wirt hinter dem Haus finde. Wasser sei kein Problem, sagt er. Aber kochen würde er erst abends. Er könnte mir, und er öffnet die Gefriertruhe, eine Dr.-Oetker-Pizza »Venedig« warm machen.

Eine Dr.-Oetker-Pizza »Venedig« will ich in Bački Sokolac nicht essen und so laufe ich weiter, bis ich an der Nebenstraße nach Oreškovica den nächsten Friedhof mit schattigen Bäumen finde. Über dem Maschendraht, der den Friedhof umzäunt – ich traue meinen Augen nicht –, ist ein doppelreihiger Stacheldraht gespannt! Ein vom Stacheldraht umzäunter Friedhof!

Ich will weitergehen, setze mich aber doch an den Zaun in den Schatten. Alles ist hier sonntäglich friedlich. Bauern fahren mit hochbeladenen Pferdewagen das Heu nach Hause. Andere kommen mit dem Traktor vom Pflügen. Nicht nur die hoch droben auf dem Heu Sitzenden grüßen mich, auch die mit ihrer geschulterten Heugabel Vorbeilaufenden winken mir zu. Ich staune, dass sie sonntags arbeiten.

»Nicht immer sonntags«, sagt mir einer. »Aber morgen wird es regnen.«

Ich glaube es nicht, denn am strahlendblauen Himmel ist kein Wölkchen zu sehen.

Regen und Kühle!

Was ist das?

Diesmal bin ich zu faul, nach dem Essen sofort aufzustehen und weiterzulaufen.

Manchmal wird Faulheit sofort bestraft.

Ein altes, noch als Fiat identifizierbares Auto, kommt sehr schnell aus Richtung Oreškovica und bremst am Friedhof so heftig, dass es fast in den Straßengraben rutscht. Drei junge Männer steigen aus. Der auffälligste von ihnen, rothaarig, hat eine lange, noch nicht zerrissene Jeans und Turnschuhe an. Die anderen beiden tragen nur kurze Hosen und sind barfuß. Sie

Der Friedhof, an dem der Überfall stattfand

kommen zu mir herüber. Ich grüße sie, mich auf ein Gespräch freuend, sehr überschwänglich. Doch statt den Gruß zu erwidern, fragen sie mich nur nach Zigaretten. Ich schüttele den Kopf. Sie zeigen mir eine leere Schachtel.

»Nein«, sage ich, »ich rauche nicht.«

Sie werden ärgerlich und verlangen, dass ich Zigaretten aus dem Rucksack hole. Ich biete ihnen stattdessen Brot und Käse an. Sie denken, dass ich sie verhöhnen will, und drohen: »Brzo cigareti!«

Ich schüttele immer noch lachend den Kopf. Da packt der Rothaarige meinen Rucksack, und die anderen zwei halten mich fest. Er schleppt den Rucksack in das Auto.

Und kein Bauer tuckert in diesem Moment mit dem Traktor vom Feld. Kein Heuwagen fährt vorüber. Und kein die Heugabel tragender Knecht läuft vorbei! Niemand ist zu sehen auf dieser beschissenen gottverlassenen Nebenstraße.

Als die zwei mich loslassen und zum Auto rennen, nehme ich so spontan und unüberlegt, wie es nur ein Naivling tun kann, mein rotes Notizbuch, versuche, die verschmutzte Nummer des Autos zu entziffern und aufzuschreiben.

Der Rothaarige bemerkt es, kommt wütend zurück und entreißt mir das Notizbuch. Dann fahren sie mit Vollgas davon.

Ich stehe wie ein begossener Pudel vor dem Friedhof. Geld, Pass, EC-Karte und das Wichtigste – mein Notizbuch mit den Reisenotizen – sind weg. Und das alles nur, weil ich Nichtraucher bin!

Mein Handy habe ich noch. Doch wen soll ich anrufen? Ich laufe zu den Feldern und finde endlich einen Traktorfahrer. Die Nummer der Polizei weiß er nicht. Ich soll mit ihm ins Dorf fahren, dort gibt es einen Polizisten. Doch was könnte ich ihm sagen: drei Männer, ein Rothaariger und ein alter Fiat, von dem ich die Nummer nicht weiß!

Auf der Hauptstraße versuche ich, Autos anzuhalten, doch die Fahrer denken, dass ich ein Tramper bin, und keiner stoppt. Nach zehn Minuten setze ich mich wieder an den stacheldrahtbekränzten Friedhofszaun. Der Käse und das Brot liegen noch dort, aber die Ameisen haben sich darüber hergemacht. Ich zähle im Portemonnaie meine letzten Dinar und beiße mir, um nicht loszuheulen, vor Wut in den Arm.

Plötzlich biegt ein alter grauer Fiat von der Hauptstraße in diese beschissene Nebenstraße ein. Es ist »mein« Fiat! Der Rothaarige steigt aus, schmeißt, ohne mich anzuschauen, die Kraxe in den Straßengraben. Einer der zwei Barfüßigen legt das rote Notizbuch obenauf. Droht mit der Faust. Dann fahren sie in Richtung Bačka Topola davon.

Ich will sofort zu der Kraxe rennen. Doch mir fehlt plötzlich die Kraft oder der Mut, um in der Kraxe nachzuschauen, ob oder ob nicht … Nach einigen Minuten Ewigkeit gehe ich erst langsam, dann aber immer schneller zum Rucksack und öffne ihn. Ich wühle zwischen den Klamotten, Prospekten und leeren Notizbüchern und traue zuerst meinen Händen und danach auch meinen Augen nicht: Geld und Pass und EC-Karte liegen in dem verschlossenen Umschlag!

Ich verstehe die Welt nicht mehr. Serbische Diebe, die einen Rucksack, weil keine Zigaretten drin sind, mit allen Sachen zurückbringen. Und ein mit Stacheldraht gesicherter Friedhof!

Ich bleibe keine Minute länger. Ich laufe in Richtung Bačka Topola und freue mich sogar über die großen Trucks, die mir auf der Fernverkehrsstraße entgegenkommen und denen ich jedes Mal ausweichen muss, weil sie keinen Meter zur Seite fahren.

Die vier Kilometer bis Bačka Topola marschiere ich in Rekordzeit. Ich mache keine Pause und setze mich erst nach dem Ortsschild unter eine der vielen hohen, schlanken Pappeln, die an der Straße zum Stadtzentrum nur kleine Schatten werfen. Ohne den Rucksack abzusetzen, lehne ich mich schweißnass und müde an den heißen Baumstamm. Sofort schlafe ich ein und wache erschrocken auf, weil eine Horde von Kindern schreiend um die Pappel läuft. Eine junge Frau mit kurzen, ungewöhnlich blonden Haaren scheucht die Kinder in das abgeerntete Maisfeld. Wahrscheinlich will sie sich für die Kinder entschuldigen, denn sie hebt beschwörend beide Hände und redet wie ein Wasserfall auf mich ein. Ich versuche indessen vergeblich herauszufinden, ob ihre Haare gefärbt sind.

Später, die vielleicht zwölfjährigen Mädchen und Jungen stehen inzwischen neugierig um uns herum, spricht die Frau zuerst Russisch und dann Deutsch mit mir. Ilona Wokawitza lehrte früher Russisch. Jetzt unterrichtet sie Biologie. Die Kinder sollen Blätter für ein Herbarium sammeln. Sie zeigt ihnen das blaublühende kleine Kriechkraut, das ich von Ungarn über Kroatien bis nach Serbien an den Straßenrändern gesehen habe. Ich zerreibe die herzförmigen Blätter. Sie duften würzig.

»Gundermann«, sage ich. »Hilft gegen Magenschmerzen und Schnupfen.«

Die Lehrerin nickt.

»Und auf Lateinisch?« Ich zucke mit den Schultern. Die Schüler fast im Chor: »Glechoma hederacea.«

Dann laufen sie lachend wieder ins Feld. Die Lehrerin erzählt mir, dass in Bačka Topola 15 000 Menschen leben. Der Ortsname sei von Topola – Pappel – abgeleitet worden. Ich erzähle ihr vom »Überfall« an dem mit Stacheldraht eingezäunten Friedhof.

»Bei Oreškovica?« Ich nicke.

»Dort wohnen fast nur Serben. Genau wie in Rogatica. Serben! Das sagt alles.«

In Bačka Topola hätten die Ungarn – »also anständige Leute« – die Oberhand. Sie ist, sagt die Lehrerin, eine reinrassige Ungarin.

9 000, also sechzig Prozent der Einwohner von Bačka Topola, seien Ungarn. 4 500 Serben. Knapp 400 würden sich noch als »Jugoslawen«, als Bürger des nicht mehr existierenden Staates Jugoslawien, erfassen lassen. Und Kroaten gebe es in der Stadt nur noch 170.

Die Frau kennt die Daten aus dem Kopf, denn sie hat bei der letzten Volkszählung ehrenamtlich geholfen.

Ich frage, ob sie mir auch helfen kann. Ich bräuchte ein Bett.

Das Hotel im Zentrum hat geschlossen. Das andere befindet sich an der Peripherie, kostet aber trotzdem pro Nacht an die 40 Euro. »Den sechsten Teil meines Monatslohnes für eine Nacht!«, sagt sie.

Mir würde ein Sofa oder der Fußboden in ihrer Wohnung reichen.

Sie schüttelt den Kopf. Und ich sehe nun an der Kopfhaut, dass ihre Haare naturblond sind.

»Bei mir übernachten ist leider nicht möglich.«

»Kein Platz?«

»Platz schon.«

»Aber?«

»Mein Mann ist ein Kraftfahrer und noch zwei Tage und Nächte unterwegs.« Seine Mutter wohnt bei ihr, die erlaubt es nicht, dass in der Zwischenzeit ein fremder Mann zu Besuch kommt.

»Mein Mann ist ein Zigeuner, ein serbischer Zigeuner.«

Beim Abschied examinieren mich die Schüler, die unser Gespräch nicht verstanden haben. Doch ich weiß weder den lateinischen Namen für die blaublühende Wegwarte noch den der Pappel. Aber den von Gundermann. »Glechoma hederacea.«

Der sehr schlanke gotische Dom von Bačka Topola überragt die höchsten Pappeln. Gleich neben dem Gotteshaus beginnt mein, an diesem Tag vielleicht wohlverdientes, Glück. Ohne dass ich zuvor einen Privatarzt konsultieren und bezahlen muss, verkauft mir eine Apothekerin eine Creme aus Hammelfett, die, wie sie versichert, sowohl die entzündete Schulter heilen, als auch die schmerzenden Füße wieder jung machen würde. Wie um die Wirksamkeit zu demonstrieren, läuft sie trotz ihres schweren Körpers flink von einem Regal zum anderen. Sie verlangt umgerechnet nur einen Euro für die Spezialsalbe. Anschließend kaufe ich nebenan beim Gemüsehändler, der mir auf meine Frage nach einem Hotel bestätigt, dass ich rund 40 Euro ausgeben müsste, für 60 Cent vier große, saftige Pfirsiche, drei fleischige Tomaten und fünf spitze Paprika.

Ich werde einen Teufel tun und hier 40 Euro für ein Zimmer ausgeben! Irgendein Barmherziger hat bestimmt ein preiswertes Bett für mich. Mein Glücksgefühl steigt, als ich in einem Trödelladen keine neue Kraxe, aber wenigstens ein Basecap – rot wie mein Rucksack – als Schutz gegen die Sonne finde. Schließlich erhalte ich auch noch eine serbische Telefonkarte, mit der ich aus einer Telefonzelle den Deutschen Club in Kikinda – bei dem ich mich schon von Deutschland aus angemeldet hatte – anrufen kann. Eine Frau teilt mir dort im besten Deutsch mit, dass man mich im Club erwartet und sich auf ein Gespräch mit mir freut. Bis Kikinda sind es, wenn ich nicht die kürzeste, sondern die am wenigsten befahrene Strecke nehme, nicht einmal mehr 100 Kilometer. Und dann werde ich erwartet! Ich sage, dass ich in spätestens zwei Wochen in Kikinda sein werde.

Nach diesem Telefonat verlässt mich das Glück, denn ich laufe stundenlang durch die Stadt und frage erfolglos nach einer

Unterkunft. Eine schwarzhaarige Frau fällt mir auf. Es sieht von weitem aus, als hätte sie eine ellenlange Bernsteinkette vielfach um ihren Körper geschlungen. Tausende harzfarbene Perlen auf schwarzem Untergrund. Sie schleppt zwei Beutel, die ihre dünnen Arme nach unten ziehen. Um sich auszuruhen, setzt sie die Beutel gerade vor mir ab. Als ich sie anspreche, schaut sie mich aus asiatisch schmalen, dunklen Augen erschrocken an.

Sie antwortet nicht. Durch Zeichen versuche ich ihr klarzumachen, dass ich ein Bett suche. Sie mustert mich sehr lange, dann deutet sie mit einer müden Handbewegung an, dass ich ihr folgen soll. Die Beutel lässt sie mich nicht tragen. Als wir an einem Pflaumenbaum, unter dem die Früchte wie gesät im Straßengraben liegen, vorbeikommen, stellt sie einen der Beutel an den Zaun und isst sehr hastig und ohne nachzuschauen, ob sie madig sind, ein gutes Dutzend Pflaumen. Die Kerne spuckt sie auf die Straße. Dann läuft sie wortlos weiter.

Als die Fußwege nur noch lehmgestampft sind und die Häuser und Gärten sich hinter hohen Bretter- oder Blechwänden verstecken, schließt sie ein Tor auf. Das Häuschen ist niedrig. Der Putz bröckelt. Schon vor der Tür höre ich plärrende Rockmusik.

Die Frau geht schnell hinein. Ich bleibe an der Schwelle stehen. Die Musik verstummt, und bevor ich eine zerrissene Gardine, die im Türrahmen baumelt, zur Seite schieben und mich im Haus umschauen kann, kommt aus dem Dunkel ein nur mit einem weißen Baumwollslip bekleideter Mann. Er umarmt mich, zieht mich in ein kleines Zimmer, dessen Fenster mit Decken verhängt sind, schaltet das Licht an und zeigt lachend auf die Wände, die mit billigen Postern von halbnackten Frauen und Rennfahrern, mit Firmenreklamen und alten Kalenderblättern beklebt sind. Er tippt auf die Brüste der Models und lacht wieder. Freut sich wie ein großer Junge, dass er mir das zeigen kann. Seine Haut ist fleischig weißrosa, und er hat kaum Muskeln. Die Brust ist mädchenhaft geformt, aber schlaff, und der Bauch wölbt sich. Doch diese nackten Einzelheiten fallen mir erst auf, als er sich auch nach Stunden noch nicht angezogen hat. Zuerst staune ich über seine gewellte rotbraune Haarpracht, dann über die noch kindlich-freundlich blickenden Augen und schließlich über den kleinen schmalen Mund, den er meist zusammenpresst. Wenn er doch einmal die Lippen schürzt, verunstalten ihn die im Unterkiefer fehlenden Schneide- und Eckzähne. Er wird noch nicht fünfzig sein.

Lachend führt er mich in die übrigen Räume. Nach dem »Bad«, in dem übelriechende Unterwäsche in einer Wanne eingeweicht ist, zeigt er mir den Verschlag, in dem ich schlafen kann. Eine mit einer blumengemusterten Decke überzogene Matratze liegt dort auf einem Steinsockel. Daneben steht eine blaue Viehtränke. Über der Tränke tropft ein Wasserhahn. Die Wände sind so fleckig wie das monatelang nicht gewaschene Laken eines Bettnässers.

Trotzdem wäre ich froh, wenn ich mich jetzt hinlegen könnte und nichts mehr hören und nichts mehr sehen müsste. Doch der Nackte redet und redet und zeigt und läuft und lacht wie aufgezogen. Stolz präsentiert er mir über dem Bett seiner Frau neben grellbunten Hirschen und Bären auf einem Wandteppich auch die Bilder von zwei Models. Darunter hängt ein Brief der »Girls aus Amerika«: »With the best wish for Miroslaw …«

Die Frau hat Brot und ausgelassenen Speck auf den Tisch gestellt. Ich lege drei Pfirsiche, Tomaten, Paprika und eine Büchse Thunfisch in Öl dazu. Miroslaw holt das Fotoalbum seiner Familie und zeigt mir die Bilder von der Großmutter, von seinem Vater, der ein guter Soldat gewesen sei, und das Porträt seiner ersten Frau. Er hat sich von ihr getrennt, weil sie zu viel rauchte.

»Ilona raucht nicht.« Er lacht über den Satz wie über einen guten Witz.

Die Frau hat inzwischen so schnell wie ein wildes Tier, das Angst hat, dass ein anderes ihm die Beute wegnimmt, die drei großen saftigen Pfirsiche aufgegessen. Als Miroslaw Zahlen auf einen Zettel kritzelt, die belegen sollen, dass er mit Hilfe der Banken dieses Haus kaufen wird, lacht sie schallend. Das Lachen, das unvermittelt beginnt und genauso plötzlich wieder aufhört, ist wie eine Ohrfeige. Doch der Mann redet weiter, tätschelt ihr den Bauch unter dem gemusterten Kleid. Er kichert. Sie ist im sechsten Monat.

»Mädchen oder Junge?«, frage ich. Sie weiß es nicht. Sie hat kein Geld, um sich, wie sie andeutet, in den Bauch schauen zu lassen.

Er legt seinen Kopf an ihren Bauch und horcht. Die Frau lacht wieder sehr laut, verstummt und wird plötzlich von Weinkrämpfen geschüttelt. Statt aber aufzustehen, bleibt sie zusammengekauert am Tisch sitzen und tupft mit dem Brot die letzten Öltropfen aus der leeren Fischbüchse.

Ich frage nach der Arbeit. Sie hat früher in einer Küche gearbeitet. Und er? Sie lacht wieder, breitet die Arme aus, als ob sie fliegen möchte, und schlägt dann die Hände zusammen.

Ich frage auf Serbisch: »Alles und nichts?« Sie nickt und lacht. Gesprochen haben die zwei in meinem Beisein miteinander noch kein einziges Wort. Sie hat Zahnschmerzen, aber keine Tabletten mehr. In der Apotheke konnte sie sich aus einer Zehnerpackung nur zwei Pillen kaufen. Wie manche Raucher die Zigaretten einzeln kaufen müssen? Sie nickt.

Ich hole ihr Schmerztabletten aus meinem Rucksack. Der Mann, inzwischen stören mich seine Nacktheit und sein immerwährendes Kichern, führt mir einen gelben Plastehund, in dem eine Weckuhr eingebaut ist, vor. Er lässt ihn so lange bellen, bis die Batterien leer sind. Nun haben sie keine Zeitanzeige mehr. Danach folgt eine Videovorstellung. Weil ich kein Video aussuche, legt er einen amerikanischen Horror-Film ein. Menschen werden zerhackt, andere von Kugeln durchsiebt, einige von Bulldozern plattgewalzt und mit Motorsägen in Scheiben geschnitten. Die Frau schaut teilnahmslos auf den Bildschirm. Er freut sich, mit seinen Kinderaugen lachend, über jeden Toten und sagt zu mir: »Es ist doch nur ein Film.«

Als der Film endlich zu Ende ist und ich in mein Bett gehen will, meint der Mann, dass es noch keine Schlafenszeit sei, und weil ich mich weigere, noch einen Videofilm anzuschauen, schaltet er den Fernsehapparat ein. Es läuft ein jugoslawischer Film, in dem deutsche Soldaten gemeinsam mit kroatischen SS-Leuten gegen jugoslawische Partisanen kämpfen und die Einwohner der Dörfer töten. Die Deutschen und die »deutschen Kroaten« geben die Befehle auf Deutsch. Die Untertitel sind in Serbisch. Ein deutscher Offizier, der erfahren hat, dass die meisten Jugoslawen, die mit Kind und Kegel in Booten fliehen wollen, nicht schwimmen können, sagt: »Ich möchte keinen von ihnen ertrinken sehen, ohne dass er zuvor von uns gnädig eine Kugel bekommen hat.«

Ein Kroate fragt ihn, ob die zu Hunderten mit Maschinengewehren niedergeschossenen Jugoslawen begraben werden sollen. »Wozu begraben? Die Reste können die Schweine fressen.« Danach feiern die Deutschen und Kroaten bei Sliwowitz und »Schwarzbraun ist die Haselnuss« in einer Dorfkneipe.

Während des Films ziehe ich den Kopf wie eine Schildkröte ein. Schließlich weigere ich mich, den Streifen bis zum Ende anzuschauen. Doch der Halbnackte wiederholt: »Es ist doch nur ein Film.«

Weil die Frau, nachdem ich mich auf die Matratze gelegt habe, ihren Mann immerzu anschreit, schlafe ich trotz meiner Müdigkeit erst spät ein. Ich höre sein irres Lachen, ihr Weinen und ihre Flüche.

Am nächsten Morgen stehe ich sehr früh auf. Da das Haus von innen verschlossen ist, muss ich den Mann wecken. Er bindet sich ein Hemd als Lendenschurz um, bringt mich auf die Straße, stellt sich vor die Hoftür und bittet, dass ich ihn zum Abschied noch einmal fotografiere. Er lacht glücklich und merkt nicht, dass sein bestes Teil aus dem Schlitz des Lendenschurzes herausschaut.

Von einem Tag, als keine Regentropfen, sondern Bomben vom Himmel fielen, meiner Fahrt mit einem schwarzen Schwein durch Tornjoš und einem serbischen Schachgroßmeister, der für Bayern spielt

In Bačka Topola habe ich nicht nur die rote Mütze, die Heilsalbe und Telefonkarten, sondern auch die ersten serbischen Ansichtskarten kaufen können. Briefmarken gibt es jedoch nur auf der Post, und so laufe ich nach meinem Abschied vom Stadtrand wieder in das Zentrum zurück. Vor dem Postgebäude steht kein Briefmarkenautomat, aber an den drei Schaltern warten bestimmt fünfzig Leute. Ich reihe mich ein.

Als nach einer halben Stunde nur noch drei Frauen vor mir stehen, habe ich den ersten Blickkontakt mit »meinem« Postbeamten. Es ist ein graubärtiger Mann, der wahrscheinlich bald in Pension geht. Auf dem Foto, das er an seiner grauen Uniformjacke trägt, strahlt er noch in jugendlich schwarzer Haarpracht. Er tippt sehr langsam, doch unentwegt Zahlen in den Computer. Bevor er die Geldbündel der Kunden zählt, ordnet er sie sorgfältig. Dazu nimmt er jeden Schein und dreht ihn, bis alle akkurat Bild auf Bild übereinanderliegen. Wenn er endlich die Werte der Einzahlungsformulare in den Computer getippt hat, schaut er auf und macht dann das, was er wohl am liebsten tut. Er nimmt einen sehr großen runden Stempel, schaut dem Kunden triumphierend in die Augen, holt aus, als müsste er ein Holzbrett mit einem Karateschlag zertrümmern, und donnert den Stempel so heftig auf das Papier, dass der Tisch erzittert. Ausholen. Stempeln. Ausholen. Stempeln …

Briefmarken für Postkarten ins Ausland hat er keine. Stattdessen klebt er Papierchen, die Einschreibeetiketten ähneln, auf meine Karten. Dann blickt er auch mich triumphierend an, hebt den Stempel hoch über den Kopf und schlägt ihn auf die Karten. Alles im Takt einer tonnenschweren Eisenpresse. (P. S.: Die Karten sind nie angekommen.)

Von der Post laufe ich zur Stadt hinaus. Als ich meine neue vor der Sonne schützende Mütze zum ersten Mal aufsetze, verdunkelt sich der Himmel. Wenig später regnet es wie aus Gießkannen. Die Bauern von Oreškovica hatten recht.

Am Ende von Bačka Topola müsste ich den Fußgängerweg mit den Pflaumenbäumen verlassen und wäre auf der Hauptstraße schutzlos den schlammspritzenden Trucks ausgeliefert. In der Hoffnung, dass es bald aufhört zu regnen, stelle ich mich am letzten Haus unter einen großen, dichtblättrigen Nussbaum. Eine Frau lockert im strömenden Regen die Paprika- und Tomatenbeete. Jedes Mal, wenn sie sich langsam aufrichtet, einen Schritt weitergeht und sich wieder hinhockt, schaut sie zu mir herüber. Bevor sie in das Haus schlurft, zeigt sie erst zum Himmel, dann zum Nussbaum, dessen Blätterschirm nun undicht wird, und schließlich einladend zur Haustür.

Ich warte, bis ihr Mann herauskommt. Er zieht sein linkes Bein nach und umkreist mich wie ein Anschluss suchender, herrenloser Hund. Dann spricht er mich Serbisch und Ungarisch an.

Als ich ihm, froh über eine Unterstellmöglichkeit, euphorisch sage, dass ich aus Deutschland komme, starrt er mich wortlos an. Seine zuvor noch neugierig schauenden Augen werden böse. Er zeigt nach oben zum Himmel.

Ja, sage ich auf Serbisch: »Kiša – Regen.«

»Nije«, sagt er plötzlich hasserfüllt. »Nije kiša – kein Regen! Bomba – Bombe! Nemačka bomba! NATO-bomba!« Er humpelt ins Haus und zieht dort alle Fenstervorhänge zu. Wenig später kommt die Frau noch einmal in den Garten, trippelt wie ein ängstlicher Vogel bei mir am Nussbaum vorbei und macht mir verständlich, dass ihr Sohn vor zehn Jahren, als die NATO-Bomben gefallen sind, im Krieg getötet worden ist.

Ich laufe hinaus in den Regen. Nachdem die ersten Trucks vorbeigedonnert sind, sehe ich wie ein schwarzes Schwein aus.

Immer öfter drehe ich mich nach der sehr langsam verschwindenden Silhouette von Bačka Topola um. Auf meinem Marsch durch die fast nur landwirtschaftlich genutzte Tiefebene ist das Umdrehen zu einem Ritual geworden. Wenn ich mich einem Ort nähere, sehe ich schon von weitem die dicken Türme der Mehlmühlen und Getreidesilos. Sie sind die Hoffnung machenden Leuchttürme einer baldigen Ankunft. Es gibt in dieser Gegend keine anderen Ziele: keine Wälder, keine Berge und keine Aussichtspunkte – nur die Türme der Silos. Je größer sie werden, um so näher komme ich dem Ort. Und dann stehe ich in meiner Winzigkeit vor ihren Betonbäuchen und verfluche sie, weil sie mir mit ihrer dicken Hässlichkeit den Blick auf die schönen kleinen Häuser, die alte Kirche und die Gärten versperren. Wenn ich den Ort verlasse und mich in der Annahme, dass ich schon sehr weit gelaufen bin, jede halbe Stunde umdrehe, werden die Türme viel zu langsam wieder kleiner.

Heute taucht lange kein neuer Turm vor mir auf. Es ist tropisch schwül. Der Regen hat die heiße Straße nicht abgekühlt, dampfend steigt die Feuchtigkeit himmelwärts. Meine Wasserflasche habe ich heute Morgen vor meiner Flucht aus dem Haus des Halbnackten nicht gefüllt, und ich habe noch nichts gegessen. Als ich fernab vom nächsten Dorf eine Frau sehe, die an einen Baumstamm gelehnt neben einem Haufen Melonen sitzt, bin ich froh. Allerdings sind alle so dick und so schwer, dass ich sie nur mit Mühe anheben und mit beiden Händen an meinen Bauch gedrückt umfassen kann. Die Frau lacht. Sie will die größte auf die alte Sackwaage legen, doch ich fürchte, dass mein Bauch nach dem Essen zum Umfang der Melone anschwellen wird, schüttele den Kopf und nehme sie ihr aus der Hand. Ich suche das serbische Wort für »halb«, finde es nicht und sage auf Russisch: »Polowina.«

Ich werde eine Melone bezahlen, aber nur eine halbe essen. Sie versteht mich, holt ein großes Messer und zerschneidet die dicke Melone, deren rotes Fleisch sofort zu tropfen beginnt. Sie isst ein Viertel und spuckt die schwarzglänzenden Kerne wie ein

Sonnenblumenkerne knabbernder Mann in hohem Bogen auf die Straße. Wir unterhalten uns auf Russisch, denn Anna Dimitrowa hat in Moskau Archäologie studiert. Doch nach der Hochzeit erlaubte es ihre große Liebe, ein jugoslawischer Agronom, nicht, dass sie in der Belgrader Denkmalbehörde arbeitet.

»Er sagte: Wenn ich schon in der Erde graben müsste, dann sollte ich auf seinem Acker graben. Er hat Mais- und Melonenfelder.«

Aber wenn sie vom Melonenverkaufen genügend Geld gespart hat, will sie weggehen und vielleicht doch noch in einem Museum arbeiten. »Auch wenn ich dort zuerst nur als Pförtnerin eingestellt werde.«

Ich schaffe nicht einmal die halbe Melone. Mein Bauch ist trotzdem bis obenhin gefüllt. Bei jedem Schritt schwappt der Melonensaft wie in einem Tank hin und her. Als ich bezahlen will, schüttelt die Frau beleidigt den Kopf.

Das nächste Dorf Novo Drahovo ist nicht nur dem Namen nach ein neues Dorf. Die Straßen und Häuser und Gärten sind neu und die Fußwege hat man asphaltiert. Vom Ortsanfang bis zum Ortsausgang stehen moderne Straßenleuchten, die kleinen Häuser protzen mit farbigem Putz, und in den Gärten wachsen nicht nur Pflaumenbäume, sondern auch Koniferen und Edelrosen. Vor den Häusern parken neben »Westautos« auch noch grüne Wartburgs und blaue Trabis. Die Bewohner grüßen sehr freundlich auf Ungarisch: »Jó napot – Guten Tag.« So weit so angenehm. Doch hinter allen Bretterzäunen lauern oft rudelweise die schlimmsten Feinde meiner Tour: die giftig kläffenden, verfilzten, wollknäuelähnlichen, hässlichen, breitmäuligen, mehr oder weniger vermanschten Pekinesen, die ich auf der Landstraße, wenn sie mich anfallen, mit einem Stock vertreiben kann, die aber im Dorf nicht zu bändigen sind. Als einer der Kläffer – diese Mistviecher sind nur knöchelhoch – unter dem Bretterzaun hindurchgekrochen ist, greift er mich von hinten an. Beißt aber nicht in mein Bein, sondern vor Aufregung nur in meine Umhängetasche. Als ich zur Seite springe, reißt wieder einmal ein Riemen meiner Kraxe. Fluchend laufe ich weiter und bewaffne mich mit einer Latte, die ich aus einem der ordentlichen Zäune herausgerissen habe, und antworte nicht mehr auf das »Jó napot« der ungarischen Hundebesitzer.

Ein Truck hält. Ich will den Fahrer nach Draht fragen, um den Riemen der Kraxe zu flicken, doch er füllt emsig zwei Zehnliterkanister mit Diesel. Dazu öffnet er den Tankverschluss seines Trucks, steckt die Enden eines Schlauches in den Tank und in den Kanister, saugt den Diesel mit dem Mund an, spuckt aus, verzieht das Gesicht und horcht, ob der Kraftstoff in die Kanister läuft. Ich vermute, dass er gegenüber wohnt, denn er schleppt die vollen Kanister zum Haustor. Aber dort wartet ein junger Mann und zahlt. Draht hat der LKW-Fahrer keinen.

500 Meter weiter stehen Traktoren, Pflüge und Dreschmaschinen in einem großen Bauerngehöft. Die offenen Scheunen sind bis zum Dach mit Stroh und Heu gefüllt. Ein alter und ein junger Mann, die nach Haarfarbe, Gesicht und Statur Vater und Sohn sind, reparieren eine Egge. Daneben steht eine junge Frau. Sie trägt, wie eine Dame aus der Stadt, einen langen blau-weiß gemusterten Rock, rosa Pantoletten, ein weißes T-Shirt und eine zierliche Halskette. Glücklich lächelnd lässt sie sich mit ihrem jungen Mann fotografieren. Ich frage die Männer nach Draht, doch sie verstehen nicht, was ich meine. Ich suche auf ihrer Baustelle danach – sie errichten einen neuen Stall –, doch ich finde keinen Draht. Als ich mit den Händen zeige, wie man mit Draht einen Stock umwickeln könnte, kapiert der Vater endlich und sagt langsam: »Droot?« Ich weiß nicht, ob das ein ungarisches oder ein donauschwäbisches Wort ist. Aber als ich nicke, geht der Vater mit mir in die Werkstatt. Dort liegen viele Rollen »Droot«.

Die Großfamilie besitzt reichlich Land. Die jungen Leute, Claudi und János Arpat, wissen nicht genau, wie viel Hektar es sind. Ein Teil stammt aus dem Familienbesitz und den anderen haben sie, nachdem die Kroaten, Serben und Zigeuner weggezogen sind, dazugekauft.

Die wenigen Kroaten sind schon während des Krieges verschwunden.

»Und die Serben?«

Die hätten sie genau wie die Zigeuner nicht aus ihrem neuen
ungarischen Dorf vertreiben müssen. Wegen der gepflegten Häuser, Gärten, Straßen wären sie von allein weggegangen.

Das nächste Dorf Tornjoš kündigt sich nicht durch dicke Beton-
türme an. Stattdessen ragt ein viereckiger, aus gelben Ziegeln
gemauerter Schornstein in die Höhe. Er steht in einer flachen
Tongrube, in der drei Fußballfelder Platz hätten. Neben dem
Schornstein sind in langen Reihen Öfen mit tunnelähnlichen
Öffnungen angeordnet, in denen die Ziegel gebrannt werden.
Arbeiter mauern kunstvoll die Wände für neue Brennöfen. Sie
stehen in den Öfen und mauern sich ein. Der älteste von ihnen
ist, wie er mir mit den Fingern zeigt, schon dreiundachtzig Jahre
alt: Milan Kotiž, ein Zigeuner, der seinen blauen Stoffhut so
weit ins Gesicht gezogen hat, dass ihm die Haarbüschel anschei-

Milan Kotiž in der Ziegelei

nend aus den Ohren wachsen. Umgerechnet verdient er mit seiner schwierigen Arbeit 50 Euro im Monat.

Wenig später werde ich zusammen mit einem schwarzen Schwein auf einem Pferdefuhrwerk durch Tornjoš gefahren. Ich hatte in einem Bäckerladen nach einer Unterkunft gefragt. Die Verkäuferin schüttelte bedauernd den Kopf. Als ich immer trauriger guckte, rief sie ihren Mann an, der viele Jahre in einer Maschinenfabrik bei Bielefeld gearbeitet hat.

Er kommt auf einem Fahrrad, schaut mich prüfend an und sagt nur: »Gut is! Ich bin Ferencz.« Ich solle nicht allein durch das Dorf gehen, rät er mir. »Es gibt hier Zigeuner, die Fremde bestehlen. Diese Zigeuner! Diese Schweine!« Ein Zigeuner habe ihm, als er sein Auto reparierte, das Autoradio geklaut.

»War es wirklich ein Zigeuner?«

»Ja, man hat ihn anschließend erwischt.«

»Und ins Gefängnis gebracht?«

»Nein, wir haben dem Zigeuner einfach in die Schnauze gehauen.«

Obwohl ich ihm versichere, dass ich schon Hunderte Kilometer durch das Land gelaufen bin, ohne dass mich ein Zigeuner überfallen hat, hält er das Fuhrwerk eines Nachbarn an. Der kutschiert auf einem gummibereiften Wägelchen ein dickes schwarzes Schwein.

»Setz dich zu ihm auf den Bock«, sagt Ferencz.

Ich steige auf. Das Pferd trabt, und Ferencz radelt brav neben uns her.

Sein Häuschen steht nicht an der Hauptstraße. Wir müssen zuerst fünfzig Meter durch einen sehr schmalen Garten laufen. Sein Stolz ist ein hoher, schon rindenrissiger Birnbaum.

»Der Baum trägt, weil er so alt ist, immer nur aller zwei Jahre, aber der Birnenschnaps ist gut!« Bevor er mich in sein Haus bittet, reicht er ein Glas zur Begrüßung. Der Obstler schmeckt aromatisch und ist mild.

»Williams Christ?«

Ferencz nickt.

Meine »Kutsche« mit Pferd und Schwein

Der kleine Mann, der zu den Sandalen schwarze Socken und zum weißen T-Shirt hellgraue, bis zu den Knien reichende Turnhosen trägt, schiebt den Stoffvorhang an der offenen Haustür zur Seite. Die zwei Räume, einer ist das Schlaf- und Fernsehzimmer, der andere dient als Küche und Esszimmer, sind so winzig, dass ich nicht weiß, wo ich meine Kraxe abstellen soll. Auf einer Fototapete über der Schlafcouch geht die Sonne hinter Herbstlaub, See und Bergen golden unter. Ein zweites Sofa, Tisch, Stühle, Fernsehapparat und mit Fuchsfellen belegte Sessel füllen die Stube. Die Küche ist nur ein schmaler Gang, in dem Gläser, Töpfe, Blechbüchsen, Gewürze und Küchenbretter auf dem Tisch, in den Regalen und auf dem Fußboden stehen.

Im Hof scharren Hühner, Gänse und Truthennen zwischen Möbelteilen, Lumpen, Ziegelresten, Ästen und dem aus Brettern gebauten Plumpsklo. In einem Maschendrahtverhau stehen zwei braune Ziegen. Als der beleibte Hausherr eine Schale mit Maiskörnern holt und sie über den Zaun reicht, sind die Ziegen, die nun akrobatisch auf den Hinterbeinen stehen, größer als der Mann.

Vor fünf Jahren konnte er sich noch zwanzig Ziegen halten. Aber in der Gluthitze der letzten Sommer verdorrte das Gras, er musste Futter zukaufen und hat die restlichen Ziegen geschlachtet. An Fleisch und Eiern, sagt er, mangelt es ihm und seiner Frau nicht, auch nicht an Kartoffeln, Mais, Tomaten, Pflaumen und Äpfeln aus dem Garten. Seine Frau verdient als Verkäuferin im Bäckerladen im Monat 80 Euro und er in der Maschinenfabrik noch etwas mehr.

»In den Städten dagegen, in denen die Serben, die Schweine, wohnen, sind viele Leute sehr arm und hängen sich deshalb auf.«

Übersehen habe ich im Hof den angebundenen Hund, der noch nicht ein einziges Mal gebellt hat. »Ein guter Jagdhund.« Ferencz ist Jäger. Doch wenn er einen Hasen im Wald schießen will, muss er 6 Euro zahlen.

»An die Waldbesitzer, die Serben, die Schweine. Was früher Staat war, kaufen jetzt Serben. Auch die große Ziegelfabrik vor dem Ort gehört einem Serben.«

Im Haus trinken wir noch einen Selbstgebrannten.

»Wir Ungarn können feinen Schnaps machen, die Serben dagegen ...«

Dieser Satz ist der Beginn des Monologes von Ferencz Kern, der 1958 in Jugoslawien geboren wurde und jetzt als Serbe mit ungarischer Nationalität in Serbien lebt.

»Ich bin ein im serbischen Senta geborener Ungar. Doch wenn ich meine Verwandten in Budapest besuchen will, kann ich nicht mit meinem Pass nach Ungarn fahren. Ich, ein Ungar, muss viele Papiere ausfüllen und vor der ungarischen Botschaft lange warten, ob ich fahren darf oder nicht. Ein Kroate, ein Deutscher, ein Franzmann, sogar ein Schwarzer aus Afrika muss nur den Pass an der Grenze zeigen. Und unser ungarischer Regierungschef, der von seiner Mutter denselben Vornamen wie ich von meiner Mutter erhalten hat, nämlich Ferencz, verhinderte vor zwei Jahren mit der Volksbefragung in Ungarn, dass wir ausländischen Ungarn unsere ungarische Staatsbürgerschaft wiedererhalten. Am besten war mein Leben in Deutschland und das Leben bei Tito. Unter Tito war ich Jugoslawe und konnte in jedes Land reisen. Mit den Zigeunern, den Schweinen, das war auch gut bei Tito. Wenn ein Polizist einen Zigeuner, dieses Schwein, auf der Straße traf, fragte er: ›Was hast du gearbeitet?‹ Und wenn der Zigeuner, das Schwein, mit der Schulter zuckte, schickte man ihn sofort zur Strafarbeit. Hitler hätte es noch ein Jahr länger machen sollen, dann wäre die Sache mit den Zigeunern, diesen Schweinen, erledigt gewesen. Was er mit den Juden gemacht hat, das war schlecht, aber die Zigeuner …«

An der Küchenwand hängen in Holztafeln gebrannte deutsche Sprüche: »Herr, segne dieses Haus und alle, die gehen ein und aus.« Auf einem Schränkchen steht ein alter Kalender der Eisenwerke Baumgarte in Westfalen. Seit dreißig Jahren hat Ferencz am 31. Dezember die neue Jahreszahl darübergeschrieben. Daneben hängen sechs große braune, mit Löwen und orientalischen Mustern verzierte Messingteller. »Diese Teller habe ich aus dem Irak mitgebracht. Fünfzig Kilometer von Bagdad entfernt bauten wir damals zusammen mit amerikanischen Monteuren eine Maschinenfabrik. Jetzt haben die Amerikaner sie bestimmt mit ihren Bomben kaputtgemacht, erst aufgebaut und dann zerschossen. Und nun für Dollars wieder aufbauen! Diese Amerikaner! Aber sie haben dem Kosovo im Krieg gegen die Serben mit Bomben geholfen. Und nun ist Serbien endlich klein. Auf Serbien kann man nicht stolz sein. Wir werden hier alles tun, was Amerika oder die EU von uns verlangt, damit Serbien auch in die EU aufgenommen wird. Wir sind jetzt Menschen zweiter Klasse geworden. Durch Arbeit kann man hier nicht reich werden. Man muss betrügen, um reich zu werden. Ich habe, weil ich Deutsch spreche, das Privileg, dass ich weggehen kann, denn ich möchte nicht immer in Serbien leben. Lieber noch in Afrika. Dort weiß man: Es gibt wenig zu essen, weil der Boden karg ist und Regen fehlt. Aber hier: Überall schwarze Erde, gut bestellte Felder, und trotzdem müssen so viele Menschen bei den Serben, diesen Schweinen, in Armut leben.«

Sein Monolog wird vom Geschnatter der Gänse unterbrochen. Vor der Haustür steht ein schwarzhaariger dunkelhäutiger Mann in einem verwaschenen, früher wohl roten Hemd. Ferencz geht hinaus, drückt dem Mann Schaufel und Besen in die Hand und zeigt auf Hof und Stall. Der Dunkelhäutige holt sich eine Schubkarre, beginnt, den Stall auszumisten. Später trägt er Geäst an den Zaun.

Ich frage Ferencz, wer der Mann ist. Doch er antwortet nicht, er sagt nur: »Meine Gänse, die melden mir alles, jeden, der auf den Hof kommt. In der serbischen Bild-Zeitung habe ich gelesen, dass die Grenze in der DDR früher auch von speziell abgerichteten Gänsen bewacht worden ist. Gänse sind hellhöriger als die Hunde.«

Ich frage noch einmal nach dem Mann. »Ein Zigeuner?«

»Ja, der einzige gute Zigeuner im Dorf. Er arbeitet manchmal bei mir, und ich gebe ihm Schnaps dafür. Früher waren hier wenig Zigeuner, diese Schweine, jetzt flüchten sie vor den Serben, die ihnen im Süden den Hals abschneiden, zu uns in den Norden. Ich musste für die Serben im Krieg gegen Kroatien auch als Ungar an die Front. Aber ich war nur Feldpolizist.«

Seine Frau kommt aus dem Bäckerladen. Sie hat kastanienrot gefärbtes Haar und trägt eine blaue Bluse, die auf der linken Seite mit dicken weißen Streifen und auf der rechten Seite mit dicken weißen Punkten gemustert ist. Sie sucht auf dem Tisch einen Platz, wo sie uns eine Zuckermelone und eine Honigmelone aufschneiden kann. Dann fragt sie, wo ich herkomme, wie mir Serbien gefällt und ob mir das weiße serbische Brot schmeckt.

Ferencz weist sie zurecht. Sie müsse nicht wie eine Gans schnattern und solle mich nicht unaufgefordert ansprechen. Zu mir gewandt: »Eine Frau darf zwar alles essen, aber nicht alles wissen. Mein größter Lebensfehler: Ich habe in meiner guten Zeit als Maschinenschlosser in Deutschland 1979 einmal auf eine Frau, meine Exfrau, gehört. Sie wollte zurück nach Jugoslawien, und ich bin mitgegangen. Leider. Und als wir ein Jahr wieder zu Hause waren, hat sie mich verlassen.«

Damit endet sein Monolog. Um 21 Uhr legt sich zuerst seine Frau auf das schmale Sofa vor Sonnenuntergang, Herbstlaub, See und Bergen. Nachdem er sich dazugelegt hat, kann sie sich nicht mehr umdrehen. Ich schlafe auf dem zweiten Sofa. Am Morgen weckt mich Ferencz um halb sechs. Er ist schon um 5 Uhr aufgestanden, hat das Viehzeug gefüttert, sich rasiert und eine orangefarbene Kombination angezogen. Nun sieht er wie ein Fabrikarbeiter aus und drängt die Frau, dass sie sich beeilt.

»Pünktlichkeit ist das Wichtigste im Leben eines Arbeiters. Das habe ich in den acht Jahren in Deutschland zuerst gelernt. Doch ich gehe auch in Serbien jeden Morgen frisch rasiert und auf die Minute Punkt 6 Uhr aus dem Haus«, sagt er und wünscht mir einen guten Weg.

So früh habe ich noch nie auf einem Friedhof Rast gemacht. Kurz nach 6 Uhr, es regnet, sitze ich unter dem Vordach der Leichenhalle am Ortsausgang von Tornjoš und packe Brot und Käse aus. Bis nach Senta sind es nur noch zwanzig Kilometer, und ich hoffe, dass ich in Senta, das auf der Landkarte als große Stadt eingezeichnet ist, endlich eine Pension oder ein Hotel finde. Dann könnte ich mir ein Bad einlassen, meine vom Straßendreck schwarzen Füße waschen und eincremen, Wein kaufen und mich ans Ufer des zweitlängsten durch Serbien fließenden Stromes, der Tisa, setzen. Noch aber regnet es, meine Plane ist undicht, das Wasser rinnt mir ins Genick, und ich verfluche wieder die Idee, dass ich wie ein Schneider in Harkány losgelaufen bin. Ich sollte umkehren. Doch an der Straße nach Senta werde ich immerzu an den mich segnenden Mönch in der Wallfahrtskirche von Máriagyűd erinnert. Der Wegrand ist von in Serie gefertigten Jesusfiguren gesäumt. Sie sehen aus, als müssten sie mühevoll das Wachstum von Mais und den kilometerweit zartrosa blühenden Tabakpflanzen befördern. Ihr Gesicht ist schmerzverzerrt und der knabenhafte Körper des immer auf einem Steinsockel stehenden Jesus mit Silberbronze bemalt.

Nur an den Füßen wechselt manchmal die Dekoration von leeren Milchtüten zu Zigarettenschachteln und von Cracker-Papier zu goldenen Snack-Beuteln.

Zwischen der Asphaltdecke und dem Straßengraben ist die Spur des Weizens hier so dick, dass ich im Regen wie auf einem Schwamm laufe. Die noch nicht in den Teer eingebrannten Kadaver von toten schwarzen Hunden weichen wieder auf. Ein schwarz-weißer Hund, dem die Hinterbeine fehlen und um den die meisten PKW herumkurven, ist wahrscheinlich erst vor wenigen Tagen überfahren worden. Sein Maul steht offen, Würmer zerfressen den Kopf. Obwohl ich auf meiner Tour nichts mehr verfluche als Hunde, tut er mir, im Angesicht des Gekreuzigten, leid. Ich möchte ihn mit einem Stock in den Straßengraben schieben, doch ich finde keinen Stock und habe damit Gott sei Dank eine Ausrede. Ich lasse ihn liegen.

Die Straße ist frisch mit Teersplitt belegt, und die weißen Seitenstreifen, die die Fahrbahn begrenzen sollen, fehlen noch. Zwar beachtet kein Autofahrer diese Schutzlinie für Fußgänger und Radfahrer, heute aber bremst sogar ein großer LKW mit Hänger, der aus der Ukraine kommt, und fährt vorsichtig um mich herum. Ich schaue ihm lange wie beim Abschied eines guten Freundes hinterher.

Vielleicht fünf Kilometer vor Senta stehen vier kaputte Häuser. Einige Fenster sind zugemauert oder mit Brettern vernagelt. Die Häuser werden scheinbar nur noch durch die Kabel von vier neuen Fernsehschüsseln zusammengehalten. Aus einem Schuppen vor den Häusern kommt ein junger Mann in fleckenloser weißer, langer Hose, Ledersandalen und einem roten Shirt. Er ist frisch frisiert und rasiert. Als er mich begrüßt, rieche ich ein aufdringliches Parfüm. Er versucht Autos anzuhalten. Auch er will nach Senta. Dort würde heute im Hotel Royal und in einigen Sälen der Stadt das »Šahovskifestival« beginnen. Ich befürchte, dass bei einem Festival wahrscheinlich alle Hotels und Pensionen belegt sein werden, und begrabe meinen Traum auf ein Zimmer mit Bad.

Ein Linienbus kommt. Der junge Mann winkt, und der voll-besetzte Bus hält auf freier Strecke. Er steigt ein und bedeutet mir mitzukommen. Nein, ich laufe im Regen weiter.

Nach einer Stunde erreiche ich Senta. Am ersten Hoftor wird mit einem Plakat zu einer Lady-Night eingeladen, und auf Zet-teln werden Gänseküken zum Kauf angeboten. Die Regenrin-nen der Häuser enden nicht in der unterirdischen Kanalisation, sondern reichen in Dachhöhe geradeaus über die Bürgersteige bis zur Fahrstraße, wo das Wasser aus zwei bis drei Metern Höhe herunterplätschert. Einige Rinnen enden schon mitten über dem Fußweg. Ich merke es zu spät.

Als ich in Senta vor dem ehrwürdigen »Royal«, dem »König-lichen Hotel«, stehe und an mir verdrecktem Landstreicher herunterblicke, beschließe ich, mich – um vielleicht trotz Fes-tival noch ein Zimmer zu ergattern – zum ersten Mal »stadt-fein« zu machen. Das heißt, ich ziehe ein frisches T-Shirt an und verberge meine schwarzen Füße unter grauen Socken. Die kurze Hose lasse ich an, denn Engländer laufen in aller Welt in kur-zen Hosen herum. Ich habe mir vorgenommen, am Empfang nicht wie sonst in den Dörfern freundschaftlich mit ein paar serbischen Worten um Sympathie zu buhlen, sondern als Eng-lisch sprechender Mann von Welt aufzutreten.

Es scheint zu gelingen, die jungen Leute hinter dem gold-verzierten Tresen sind beeindruckt von meinen englischen Bro-cken. Sie finden sogar noch ein leeres Zimmer. »For forty Euro, Mister.«

Ich darauf mit sehr streng kontrollierendem Blick: »Please, give me the pricelist with the office stamp of the city.«

Sie beginnen zu suchen. Bevor sie die Liste finden, sagt einer der jungen Schlipsträger, dass ich auch ein Zimmer für 20 Euro bekommen kann.

Eine hübsche, gut gewachsene Frau steigt, ihren Po schwin-gend, vor mir die königliche breite Treppe hinauf und bringt mich in mein Zimmer. Einen Moment lang denke ich, dass ...

Doch ich gebe ihr nur dankend einen Euro. Sie geht lächelnd und ihren Po schwingend den Gang zurück.

Das Zimmer ist sehr klein. Ein Stuhl, ein Tisch, zwei Betten und eine dunkle, wie ein Klavier aussehende Kommode stehen darin. Der Rollladen vor der Balkontür, die bestimmt wegen Einsturzgefahr des Balkons zugenagelt worden ist, hängt schief auf halber Höhe. An der Wand klebt unübersehbar ein ausführliches Inventarverzeichnis: Lampen 2, Seifendose 1, Fenster 1, Badematte keine, Hotelinformation 1, Hygienebeutel 1, Vase keine, Bild 1 ... Auf dem Bild sind lediglich zwei an dünnen Schnüren emporsteigende winzige drachenähnliche Gebilde zu sehen. Damit man es wahrnimmt, ist es goldgerahmt.

Doch das interessiert mich im Moment nicht. Nur eines ist wichtig: Im Bad steht eine Badewanne! Ich liege eine Stunde darin und fülle mir immerzu warmes Wasser nach. Shampoo gibt es keins. Aber Kernseife. Als ich das Wasser endlich abgelassen habe, klebt an der Wanne – das habe ich im Zeitalter der chemischen Badezusätze lange nicht mehr gesehen – ein hässlicher fettiger, hartnäckiger schwarzer Rand. Ich beseitige ihn mit Unmengen von Klopapier. Dann gehe ich glückstrahlend, sauber und gutriechend hinunter in die Hotelhalle. In den dicken Ledersesseln sitzen meist dicke Männer, rauchen Zigaretten, trinken Bier und schauen Fernsehen. Ich bestelle mir einen roten Wein und versinke – o Glückseligkeit – ebenfalls in einem der weichen Sessel. So könnte es bleiben, denke ich.

Aber es bleibt nicht so, denn plötzlich werden die Männer in den Sesseln unruhig, einer springt sogar auf, ballt beide Fäuste und schreit. Mein Nachbar weist auf das Fernsehbild und sagt: »Karadžić, kaputt!« Die Nachrichtensendung des serbischen Fernsehens zeigt einen Mann mit weißem Vollbart, der die Augen hinter einer großen Brille verbirgt.

»Karadžić verhaftet?«

Mein Nachbar nickt. Nach dreizehn Jahren im Untergrund ist Radovan Karadžić verhaftet worden. Der Serbenführer in Bosnien, soll für das Massaker an 8 000 männlichen Muslimen in

Srebrenica verantwortlich sein und die Vertreibung von Frauen und Kindern angeordnet haben. Seitdem wird er vom UN-Kriegsverbrechertribunal in Den Haag gesucht. Auf seinen Kopf setzte das USA-Außenministerium eine Belohnung von über drei Millionen Euro. Ich höre das Wort Kikinda heraus. Dort werde ich in zehn Tagen sein.

Nein, berichtigt mein Nachbar, er ist nicht in Kikinda verhaftet worden. Dort hat er unerkannt einen seiner letzten Vorträge über Naturheilkunde gehalten.

Die Hotelhalle füllt sich. Man schreit »Verräter« und »Freiheit für Karadžić«, »Tod der NATO!« Die Männer streiten sich, wer ihn jahrelang versteckt hat, ob die Regierung seinen Aufenthaltsort vielleicht längst gekannt und wer die drei Millionen Euro kassiert hat.

Ich gehe hinaus. Im Vorraum des Hotels hängt ein Plakat: »12. Šahovskifestival«. Pfeile an der Wand zeigen, wo das Festival stattfindet. Ich laufe an der Küche vorbei. Die Pfeile enden vor einem Tanzsaal. Es riecht penetrant nach Schweiß. An die hundert Männer und drei Frauen sitzen, den Kopf aufgestützt, tief über die Tische gebeugt. Sie spielen Schach. Am Eingang haben sich die Kampfrichter und Organisatoren der besseren Übersicht wegen auf einer kleinen Bühne postiert. Sprechen, so mahnen Schilder, sprechen ist streng verboten.

Der Chefadministrator, der zwischendurch auf seinem Handy Hasen und Füchse erschießt, erklärt mir, dass wir uns leise unterhalten könnten. Es ist das zwölfte internationale Sentaer Schachfestival. In diesem Jahr kämpfen Spieler aus dreizehn Nationen – unter ihnen Serben, Kroaten, Ungarn, Rumänen und auch Deutsche – gegeneinander. Sechs Großmeister spielen mit, zwei davon sind Deutsche. Er zeigt mir die beiden deutschen Großmeister. Sie sitzen mit anderen pausierenden Spielern auf der Terrasse.

Die beiden Männer sehen mit ihren engstehenden Augen und der großen Nase nicht sehr deutsch aus. Ich spreche sie froh und redselig an und stelle mich mit einem Wortschwall vor.

Sie bitten mich, langsam zu reden. »Wir sind Serben! Serben, die in Deutschland für deutsche Bundesligavereine um die deutsche Mannschaftsmeisterschaft im Schach spielen. Professionell.« Als ich nicht gleich kapiere, fügen sie hinzu: »Für Geld.«

Slobodan Martinović, der ältere der beiden Großmeister, ist 63. Er trägt eine modische khakifarbene Weste. Großmeister Vladimir Kostić dagegen ist erst 55, wirkt aber trotz seines bunt gestreiften Polohemdes älter als sein Kollege. Sofort bestellt er für uns beide einen großen Schnaps.

Ich sage: »Schach und dazu Schnaps, der die Gehirnzellen abtötet?«

Slobodan lacht. »Vladimir trinkt gern. Er hat so viele Gehirnzellen, dass ihm seine restlichen immer noch zum Sieg ausreichen.«

Vladimir: »Wenn man wie ich ein Leben lang nur Schach gespielt hat und nicht wie du zwischendurch nutzloses Zeug studiert hat, reichen sie allemal.«

Slobodan hatte Geschichte studiert, aber das Studium abgebrochen, um berufsmäßig Schach zu spielen. Er wurde von einem Manager der Bundesligamannschaft von Sankt Ingbert bei einem Turnier im französischen Metz abgeworben. Und Vladimir spielt für München-Südost.

»Es gibt, Gott sei Dank, keine Begrenzung, wie viel Ausländer in einer deutschen Bundesligamannschaft an den Brettern sitzen dürfen.«

»Leben Sie in München?«

»Nein, wir sind doch nur Profi-Schachspieler. Wir wohnen und trainieren in Serbien und fahren an den Wochenenden zu den Spielen nach Deutschland.«

»Und was verdienen Sie als Schachprofis?«

»Nicht ganz so viel wie ein serbischer Fußballstar, der in Deutschland spielt.«

»Also wie viel?«

»Wir bekommen rund 400 Euro für ein Spiel. Aber da geht schon ein Teil für das Fahrgeld drauf.«

Natürlich sei das keine besonders hohe Gage für einen Schachgroßmeister. »Aber in Deutschland ist Schach kein Volkssport wie in Serbien, und Schach ist auch kein im Fernsehen zu vermarktendes Event. Es ist nicht spannend, sich Denken anzuschauen.« Trotzdem würde sich das Schachspielen im Ausland lohnen. Sie bekommen für die Wettkämpfe problemlos ein Visum nach Deutschland. Sogar im Kosovo-Krieg, als die Bundesdeutschen im NATO-Verband Serbien bombardierten, kämpften die beiden serbischen Großmeister in Deutschland für ihre deutschen Mannschaften.

»Und keine Beschimpfungen?«

»Nein, fast niemand sprach in Deutschland über diesen Krieg. Nur eine Zahnärztin sagte, dass sie immer für die Schwachen, also für den Kosovo, ist.«

Ich frage, wie sie über die Verhaftung von Karadžić denken.

Slobodan meint, dass die Auslieferung dem Selbstbewusstsein und der Ehre der Serben schadet. »Aber das ist nun einmal der Preis, den wir zahlen müssen, um in die EU aufgenommen zu werden.«

Weiter sagen sie nichts dazu. Sie müssen zum nächsten Spiel in den Saal. Vladimir bestellt uns vorher noch einen großen Schnaps.

Ich wünsche viel Glück.

Nein, sagen sie, dieser Spruch passe hier nicht. »Schach ist doch kein Glücksspiel. Man sagt nur: Ich wünsche ein gutes Spiel.«

Ich laufe durch die Stadt und erkunde dabei den Weg meiner morgigen Tour über die Tisa nach Čoka. Ich werde den Weg nicht verfehlen können, denn Senta endet am Ufer. Die Tisa ist hier bestimmt einhundert Meter breit. Über den Fluss führt nur eine auf zwei dicken Pfeilern ruhende Brücke.

Als ich vom Fluss zum Hotel zurückgehe, verlaufe ich mich und frage einen jungen Mann, der eine viel zu große Jacke, eine viel zu lange Hose und ein viel zu weites T-Shirt anhat, nach dem Weg.

Er erzählt mir sofort auf Englisch, dass er am Gymnasium lernt, im ungarischen Újszász wohnt, István Kovács heißt und hierhergekommen ist, um am Schachfestival teilzunehmen. Er gehört zu den über 200 Nachwuchsspielern, die in einer separaten Halle spielen. Jetzt will er die Meister im »Royal« beobachten. Später möchte er Schach als Denktraining nutzen, aber nie zum Beruf machen. Er will Mathematik und Physik studieren und Atomphysiker werden.

»Ich werde in Ungarn und Serbien Atomkraftwerke bauen.«

»Trotz Tschernobyl?«

»Tschernobyl war früher. Ich werde Atomkraftwerke konstruieren, die absolut sicher sind.«

Ich frage den 17-jährigen künftigen Atomphysiker nach Karadžić. »Es ist gut, dass man ihn verhaftet hat und nun verurteilen wird. Aber weshalb verlangt das Ausland so etwas nur von Serbien? In Afrika, in Asien, überall laufen solche Leute wie Karadžić noch frei umher. Doch dort stören sie weder die USA noch die EU.«

Am Hotel strömen inzwischen Hunderte junge Leute vorbei. Die meisten sind schwarz gekleidet. Sie biegen links in den Tunnel eines Erdwalls ein, der die Stadt von einem Parkgelände trennt. Im Tunnel schreien und johlen sie wie kleine Kinder, die ihr Echo hören wollen. Im Park wird es heute Nacht ein Rockfestival geben.

Ich gehe zeitig schlafen. Gegen 22 Uhr beginnt der musikalische Höllenlärm der Rockgruppen und der DJs. Im Park hören die Fans nur die Musik der Gruppe, vor der sie stehen. Ich höre alle Gruppen gleichzeitig. Mein in der Inventarliste aufgeführtes, aber nicht ordentlich zu schließendes Fenster befindet sich auf der Parkseite. Die Jalousie klemmt, ich kann sie nicht herunterlassen. Also hänge ich meinen Schlafsack als Lärmschutz vor das Fenster, trinke den Rest meines Rotweines gleich aus der Flasche und schlafe wieder ein. Um 3 Uhr wache ich schweißnass auf. Ich könnte den medizinischen Nachweis erbringen, dass monotones Bum-Bum-Bum in den tiefsten Ton-

lagen auch im Schlaf zu Herzbeklemmung führt. Um einem In-
farkt vorzubeugen, nehme ich die Matratze, lege sie draußen auf
den hell erleuchteten Hotelgang und versuche dort zu schlafen.
Wenig später erwache ich aus meinem Dämmerzustand, weil
das Licht im Gang verlischt. Es erlischt im gesamten Hotel und
in den Häusern ringsum. Und schlagartig endet auch der musikalische Höllenlärm.

Ich räume die Matratze und mein Bettzeug aus dem Gang
wieder in das kleine Zimmer.

Am Morgen brennt das Licht.

In der Hotelhalle hängen die Ergebnisse des internationalen
Schachturniers. Großmeister Slobodan wurde Zweiter, Großmeister Vladimir dagegen nur Achtzehnter. Vielleicht hatte er
doch einen Schnaps zu viel oder einen zu wenig getrunken.

Von serbischen Eltern, die zwei ungarische Kinder
vor dem Waisenhaus bewahrten, einer großflächigen
Vojvodina-Wahlwerbung im Maisfeld und
einem Donauschwaben, der Reifen verbrennt
und das Eis vom Himmel schießt

Als ich über die lange Brücke der Tisa gehe, beginnt es zu regnen. Ich will mir die weite dünne Nylonplane umhängen. Doch
sie gleichzeitig über Kopf, Schultern, Arme und den Rucksack
zu ziehen erfordert eine akrobatische Übung. Ich knie nieder
und versuche, die Plane, die sich immer wieder an dem hohen
Rucksack verheddert, über mich zu ziehen. Dabei fällt mir die
Brille herunter, und der Bügel zerbricht. Wütend zerre ich an
dem Umhang, endlich reicht er mir von Kopf bis Po, und ich
erhebe mich. Fünf Minuten später hört es auf, zu regnen, und
ich verfluche den Umhang, denn nun muss ich, um die Landkarte zu erkennen, die einbügelige Brille auf der Nase festhal-
ten. Doch später, im Gleichmaß der Schritte – ich habe mir

angewöhnt, im Takt Gedanken aufzusagen (»Noch zwölf Kilometer ... noch zwölf Kilometer ... noch zwölf Kilometer« oder »Gleich gibt's Brot ... gleich gibt's Brot ... gleich gibt's Brot ...«) –, wiederhole ich entschuldigend: »Aber nützlich ist er ... aber nützlich ist er ... aber nützlich ist er ...«

Durch Čoka gehe ich sehr schnell, denn ich will ohne Umwege auf die Landstraße in Richtung Banatski Manastir gelangen. In einem Garten an der Hauptstraße wachsen im Land der blauen Pflaumen auch gelbe Renekloden. Ich pflücke mir einige von den Ästen, die über den Gartenzaun reichen. Als ich mir die erste in den Mund stecke, kommt aus dem Gartentor ein hagerer Mann in blauer Arbeitsjacke und schiebt ein Fahrrad, dessen beide Reifen platt sind. So, als ob ich mich für das Renekloden-Stehlen entschuldigen möchte, sage ich betont freundlich: »Jó napot – Guten Tag.«

Er schaut mich böse an und erwidert, dass ich nicht in Ungarn, sondern in Serbien bin und man hier mit »Dobor dan« grüßt. Ich verbessere mich, zeige dann bedauernd auf seinen kaputten Reifen und das gegenüberliegende Firmenschild »Vulkanicär« und frage auf Serbisch nach dem Weg ins nächste Dorf Banatski Manastir.

Empfang am Ortseingang

Er sagt: »Nach 100 Metern links, dann immer geradeaus.« Auf den Felgen holpernd, fährt er davon. Ich laufe 100 Meter, dann links und immer geradeaus. Nach zehn Kilometern, also in reichlich zwei Stunden, werde ich Banatski Manastir erreichen. Die Straße ist breiter, es fahren sehr viel mehr Autos, als ich angenommen habe, und schon nach einer Stunde sehe ich in der Ferne, was eigentlich nicht möglich ist, Banatski Manastir. Als ich das Ortseingangsschild erreicht habe lese ich: »Szanád«.

Ich schaue auf die Karte. Der Mann hat mich in die falsche Richtung geschickt. Ich muss noch einmal nach Čoka zurück. Die Renekloden, der falsche Gruß und meine Bemerkung über die Vulkanisierwerkstatt kosten mich zwölf Kilometer.

Nach drei Stunden bin ich in Čoka wieder am »Vulkanicär«-Schild. Ich muss nach Banatski Manastir weder nach links noch nach rechts abbiegen, sondern immer geradeaus laufen. Als ich, wütend auf mich, im Eiltempo aus Čoka marschiere, kommt aus einem Mini-Laden, über dem mit kräftigen farbigen Buchstaben »Banatski Biser« steht, eine Frau über die Straße gerannt und drückt mir eine Flasche in die Hand. Sie hat mich, sagt sie, heute Morgen schon in Senta gesehen und möchte mir für meinen Weg noch Saft mitgeben. »Und Brot – haben Sie Brot?«

Ich zeige ihr das Brot aus meinem Umhängesack.

»Aber Sie haben keine Hörnchen.« Sie rennt in den Laden und holt mir sechs frische Salzhörnchen. Dušica Božin wird noch keine dreißig sein, sie hat den Laden erst vor drei Wochen gemietet. Zuvor war sie Verkäuferin in einem Supermarkt.

Dort habe sie nie etwas verschenken dürfen. Doch jetzt gehöre alles ihr, hier könne sie verschenken, was sie möchte! Sie lacht und freut sich. Über der Oberlippe und über den Brauen wachsen ihr kleine Hasenfellflecken. Für mich ist sie trotzdem sehr schön.

Das erste Salzhörnchen teile ich mir am Friedhof mit einem nicht bellenden, schwanzwedelnden Dackel. Eine Frau, die

Der Laden von Dušica Božin

einem Saft und Hörnchen schenkt, ein Hund, der einen nicht ankläfft, und plötzlich ist die Welt in Ordnung und der Rucksack scheinbar leichter. Und ich bilde mir ein, dass die geruchlosen Sonnenblumen, die auf den kilometerlangen Feldern ihre Köpfe nach der inzwischen wieder scheinenden Sonne drehen, duften.

Neben dem Sonnenblumenfeld läuft das Sickerwasser der Straße in einen tiefen, mit Schilf bewachsenen Graben, in dem Plasteflaschen, Papier, Blechbüchsen und anderer Zivilisationsmüll liegen. Eine Frau in einem roten Anorak schiebt ihr blaues Fahrrad auf dem Damm neben dem Graben. Ab und an bleibt sie stehen, stochert mit einem Stock in dem sumpfigen Wasser, bückt sich, hebt etwas auf und wirft es in einen weißen Eimer, der am Lenker ihres Fahrrades hängt. Ich vermute, dass sie im Auftrag der Stadt den Unrat einsammelt.

Doch in ihrem Eimer liegt kein Müll. In dem weißen Eimer kriechen Hunderte ordinäre graufleischige und braune Häuser tragende Wegschnecken. Seit heute Morgen hat sie etwa drei Kilogramm davon gesammelt. »Gutes Protein«, sagt sie. Man muss die Schnecken in Salzwasser kochen. Sie verkauft das Kilo für

Wahlwerbung im Mais

umgerechnet 25 Cent. Ich habe nur einmal, allerdings für teures Geld, in einem vornehmen Restaurant Weinbergschnecken probiert. Aber ich habe noch nie gehört, dass auch die gemeinen Wegschnecken von Menschen gegessen werden.

An der fast autoleeren Nebenstraße nach Banatski Manastir steht kein einziges Gehöft. Nur einmal werden die Mais-, Sonnenblumen- und Tabakfelder von einem Gewächshauskomplex unterbrochen. In vielleicht 300 Meter langen Folienzelten wächst der aromatische spitze gelbe Paprika. Kein Mensch bewacht die Anlage. Die Tore sind mit Eisenketten verschlossen und die Zelte mit Stacheldraht umzäunt. Doch vor dem Stacheldraht hat man Blumen, hohe Stockrosen, gepflanzt. Blumen und Stacheldraht ...

Die Straße macht auf den elf Kilometern zwischen Čoka und Banatski Manastir nicht eine Kurve. Wie mit dem Lineal gezogen durchschneidet sie die Ebene. Die Autos, die vorbeifahren, sehe ich noch nach Minuten als winzige lausgroße Punkte am Horizont. Manchmal taucht in der Ferne wie eine Fata Morgana ein Kirchturm neben der Straße auf. Aber es sind nur die

143

aus zwei Stämmen errichteten, spitz nach oben zulaufenden Strommasten, die sich hintereinander stehend scheinbar zu einem Kirchturm zusammenschieben. Den ersten Menschen treffe ich nach zwei Stunden. Er erntet Mais. Hinter ihm, mitten im Maisfeld, ist auf einem metergroßen Wahlplakat das Porträt eines Schönlings mit weißem Hemd und rotem Schlips zu sehen: »Mr Igor Kurjački. Vojvodina je snaga Srbije! – Die Vojvodina ist die Stärke Serbiens!«

Den Bauern interessiert die Wahlwerbung nicht. Alle Politiker seien schlecht, sagt er. Sie würden viel versprechen, aber nichts halten.

Banatski Manastir ist nur noch zwei Kilometer entfernt. Der Bauer verkündet stolz, dass im Ort heute ein großes Festival beginnt.

Ich möchte es nicht glauben, aber am Dorfeingang weisen Pappschilder den Weg zum Festival der ungarischen Kultur, und in der Ortsmitte hat man eine Zeltstadt aufgebaut.

Im größten Zelt fiedelt ein Zigeuner auf der Geige, und ein Cellist streicht die »Großmutter«. Viele zwölf- bis vierzehnjährige Mädchen in langen bunten Röcken und wenige jeanstragende Jungen stehen wie in der Tanzstunde ordentlich in Reih und Glied. Eine Tanzlehrerin und ein Lehrer klatschen rhythmisch in die Hände, schreiten, drehen sich und hüpfen zu der Folkloremusik.

Eine Leiterin, die sonst als Kindergärtnerin arbeitet, erzählt, dass bei dem Festival mehr als hundert ungarische Schüler aus der Vojvodina mitmachen.

»Sie schlafen in Zelten und lernen in einer Woche die alten ungarischen Tänze und Lieder.«

Ich frage, ob noch ein Schlafplatz frei ist. Sie bringt mich zu einem leeren Dreimannzelt. Als ich meinen Schlafsack aus dem Rucksack geholt habe, kommt der Cheforganisator des Festivals. Er entschuldigt sich wortreich. Es sei leider nicht möglich, dass ich, ein Fremder, hier im Camp der Kinder übernachte. Ich packe den Schlafsack wieder ein.

Im Schatten

Gegenüber vom Festivalplatz sitzen drei alte Männer und eine alte Frau auf der Bank. Sie beobachten das Geschehen. Eine zweite Frau trägt einen Stuhl neben die Bank. Nun sind es also fünf. Schließlich gesellt sich noch eine dritte, etwas jüngere Frau dazu. Ich frage die sechs, ob mir jemand mit einer Unterkunft helfen könnte.

Langes und lautes Palaver. Dann Kopfschütteln. Ein Mädchen im Teenageralter mit langen braunen, zu einem Pferdeschwanz gebundenen Haaren zieht die zuletzt gekommene Frau zur Seite, redet auf sie ein, bis sie schließlich nickt. Mutter und Tochter gehen voran, und ich laufe wortlos hinterher. Fast am Ende der Dorfstraße befindet sich ihr Hof. Der Bauer, sehr hager, mit schütterem Haar und Geheimratsecken, sieht nicht wie ein Landwirt, sondern wie ein Post- oder Bankangestellter aus. Ich kann in einer Abstellkammer neben dem Getreidelager schlafen, in dem an die zwanzig Säcke mit duftendem Weizen stehen. Abgestellt sind ein alter, weiß emaillierter Küchenofen, ein neuer, nicht angeschlossener Gasherd, ein Melkschemel, auf dem unter einem Wasserhahn eine rote Plasteschüssel steht, und viele Kartons mit Puppen, Teddybären und anderem Kinderspielzeug.

Als ich mich hinlegen will, sagt der Mann, dass ich zuerst schauen, trinken, essen und über meine Reise erzählen soll. Er führt mich an den »steinernen Tisch«, der im Hof unter einem weißen, schattenspendenden Stoffdach steht. Am Tisch sitzen das Mädchen, die Mutter und ein Junge mit einem schmalen, schönen, offenen Gesicht. Der Mann stellt mir seine Familie vor: »Ilonka.« Sie steht auf und lächelt. »Tibór.« Der Junge bleibt sitzen, aber nickt freundlich. Die Frau, ihre zwei Kinder sehen ihr überhaupt nicht ähnlich, heißt Milka. Ihr Name ist in den Tisch geritzt. Der Mann hat die bestimmt zwanzig Zentimeter dicke Betonplatte selbst gegossen und das Datum (10.5.08) und den Namen seiner Frau hineingeschrieben.

Während der Mann und ich Schnaps und die Mutter Saft trinken, stehen die Kinder wie auf ein geheimes Zeichen gleichzeitig auf. Das Mädchen beginnt die Gemüsebeete zu hacken, der Junge mistet den Stall aus. Der Mann und seine Frau haben bis 1998 in einer Pastetenfabrik gearbeitet. Als die Fabrik geschlossen wurde, kauften sie den Hof. Später zeigt mir der Mann mit dem Sohn den Stall und die fünf braun- und schwarzgefleckten Kühe. Die Augen des Jungen leuchten. Tibór wird später Fleischer werden, um das Vieh vom Vater zu schlachten. In der Küche hat die Tochter inzwischen Scheiben von selbstgeräuchertem Schinken und Käse abgeschnitten, Tomaten und Gurken gewaschen und Eier gebraten. Sie will nach der Schule Köchin werden.

Der Küche ist so klein, dass nur drei Stühle am Tisch stehen können. Der Vater bietet mir einen Platz an, dann setzt er sich und zum Schluss setzt sich auch der Sohn. Ilonka und die Mutter warten auf dem Sofa. Ich will aufstehen, doch der Mann drückt mich sanft, aber bestimmt auf den Stuhl. Er erklärt, dass in manchen serbischen Bauernfamilien zuerst die Männer essen und anschließend die Frauen. Weder er noch der immer freundlich dreinschauende Sohn wirken wie Machos. Während wir essen, suchen Mutter und Tochter Stoffreste, aus denen die Mutter für Ilonka ein Kleid nähen will.

Ich frage, ob sie noch mehr Kinder haben.

»Ja, die große Tochter arbeitet in einem Hotel in Kikinda, und der Sohn ist bei Radio Belgrad beschäftigt.«

Nach dem Essen räumt Ilonka ab und spült das Geschirr. Der Vater bekommt sein abendliches Bier und sein abendliches Fernsehen, ich bekomme einen Schnaps und Fernsehen, die Kinder Saft und Fernsehen, und die Frau holt das Album mit den Familienbildern. Sie zeigt mir die Babyfotos und Hochzeitsbilder der Tochter und die Baby-, Schul- und Berufsbilder des Sohnes. Von Tibór und Ilonka gibt es keine Babybilder. Beide sind zum erstenmal als Schüler unter einem Nussbaum fotografiert. »Damals waren wir gerade ein Jahr bei Mama und Papa«, sagt Ilonka.

Ich verstehe das nicht, und ich verstehe auch nicht, dass der große Sohn und die große Tochter, wie die Mutter sagt, Serben sind, aber Ilonka und Tibór Ungarn.

Als Ilonka und Tibór sechs Jahre alt waren, haben ihre ungarischen Eltern über Nacht das Dorf und die zwei Kinder verlassen. Drei Tage später, es gab keine Verwandten, und die Eltern blieben spurlos verschwunden, wollte die serbische Polizei die zwei Waisen in ein Kinderheim bringen. Da sagten die serbischen Nachbarn Milka und Petar Stojanović den Polizisten: »Wir nehmen sie zu uns.« Seitdem haben sie vier Kinder. Zwei serbische und zwei ungarische.

In dieser Nacht schlafe ich nicht nur wegen des duftenden Weizens traumlos gut und tief. Als ich am Morgen aufstehe, sind die Tiere schon versorgt, und Tibór und der Vater reparieren eine alte deutsche Strohhäckselmaschine. Der Hausherr hat gewartet, bis der Gast aufsteht, um mit ihm gemeinsam zu frühstücken. In der Küche stehen Joghurt und warme Piroggen auf dem Tisch. Doch zuerst gibt es einen Espresso und einen Schnaps. Wir essen schweigend und langsam, wie Freunde, die vor einer langen Trennung den Abschied hinauszögern wollen. Petar Stojanović lädt mich ein, mit meiner Familie wiederzukommen und ein oder zwei Wochen bei ihnen zu bleiben. Vor dem weit geöffneten Hoftor machen wir ein Erinnerungsfoto

Familie Stojanović – einer fehlt immer auf dem Foto

für das Familienalbum. Erst fotografiere ich die vier, dann Tibór mich mit Vater, Mutter und Schwester. Und dann macht Ilonka noch ein Bild von uns. Einer fehlt immer, denn die Technik des Selbstauslösens beherrsche ich nicht.

Nachdem ich fünf Minuten auf der Dorfstraße entlanggelaufen bin, kommt Ilonka hinterhergerannt. Ich hatte ein Handtuch liegengelassen.

Auf dem Festivalplatz drängeln sich die ungarischen Kinder an der Frühstücksausgabe. Die Kindergärtnerin freut sich, dass ich im Dorf noch eine Unterkunft gefunden habe. Ich frage, ob auch serbische Kinder an dem Feriencamp teilnehmen und die Lieder und Tänze ihrer ungarischen Klassenkameraden kennenlernen würden.

Nein, sagt sie, serbische Kinder wollen weder ungarisch sprechen noch ungarisch singen oder gar ungarisch tanzen.

»Die ungarischen Serben sollen ihre Traditionen von klein auf bewahren. Dann kann sich später nichts vermischen.«

Heute werde ich bis nach Mokrin nur dreizehn Kilometer laufen. Ich hoffe, dass die 13 keine Unglückszahl wird. Doch die

Sonne scheint, es fahren nur wenige Trucks, und ich muss unterwegs durch kein Dorf mit kläffenden Hunden. Kurz vor Mokrin, ich marschiere an einem halbfertigen, in spanischer Felssteinbauweise mit Glocke im Giebelturm errichteten Restaurant vorbei, stoppt ein Polizeiauto neben mir. Der Uniformierte steigt nicht aus, lässt nur die Scheibe herunter und verlangt meinen Pass. Während er mich befragt, wo ich in Serbien übernachtet habe, lässt er den Motor laufen und bläst mir im Vollgefühl seiner Macht die Abgase in das Gesicht.

Ich soll mit Namen, Adressen und Quittungen meine Unterkünfte in Serbien nachweisen. Wenn ich das nicht könnte, müsste er das Polizeirevier in Kikinda informieren. Es wäre allerdings möglich, die Strafe gleich bei ihm zu bezahlen. Bevor er eine Summe genannt hat, gebe ich ihm 10 Euro. Er legt grüßend zwei Finger an die Mütze und fährt davon.

In Mokrin stehen zwei Kirchen, aber ich finde weder einen serbischen noch einen katholischen Pfarrer, der sie mir für eine Übernachtung aufschließt. Stattdessen entdecke ich ein Kulturhaus und im Kulturhaus eine Bibliothek, die bis 17 Uhr geöffnet hat. Die Bibliothekarin Darinka Maljugić ist füllig, und ihr kleiner Sohn, der mit Buntstiften malt, ähnelt ihr. Sie spricht Russisch und berichtet, dass monatlich 300 Leser die Bibliothek besuchen. 8000 Bücher stehen in den Regalen. Sie hat Landwirtin gelernt und vor dreizehn Jahren – damals war sie zweiundzwanzig – die Stelle als Bibliothekarin erhalten. Sie verdient 250 Euro. Ihr Mann arbeitet in der Schokoladenwaffelfabrik in Kikinda. »Er bringt oft den Ausschuss mit. Man sieht es uns ja an.«

Stolz erzählt sie, dass vor 74 Jahren der berühmte serbische Poet Miroslaw Antić in Mokrin geboren wurde.

»Mein Sohn heißt zum Andenken an ihn auch Miroslaw.«

Sie ruft einen Donauschwaben an. »Josef Frank ist einer von den wenigen noch in Mokrin lebenden Deutschen. Vielleicht können Sie bei ihm schlafen.«

Wir warten auf ihn und futtern Schokoladenwaffeln.

Josef Frank ist einen halben Kopf kleiner als die Bibliotheka-rin. Der 59-Jährige sieht mit seinem leicht befleckten weißen Pulli und schwarzen Fingernägeln nach Arbeit aus und wirkt mit dem dicken Bauch und dem runden Gesicht auf den ersten Blick sehr gemütlich.

Während wir zu seinem Haus laufen, erklärt er mir, dass er, um zu schlafen, nicht wie ich erst ein Bett suchen muss. In der Armee hätte er gelernt, nachts beim Marschieren zu schlafen. Es ging immer geradeaus, immer im selben Tempo und immer im Gleichschritt. Er hat geschlafen und dabei den Granatwerfer auf der Schulter getragen. Wenn sie ankamen, legten sich alle in die Betten und schliefen sofort ein. Nur er sei nicht mehr müde ge-wesen.

In seiner Straße zeigt er mir eingefallene Zäune und Schlag-löcher. »In den serbischen Dörfern, in denen noch mehr Deit-sche lewe, schauts ordentlicher aus. Eben deitsch.«

Er sei allerdings kein echter »Deitscher«, sondern ein »Schwob«. Sein schwäbischer Urgroßvater Franz Höfler ist 1821 im früher deutschen Nakodorf (heute Nakovo) bei Kikinda geboren und hatte zwölf Kinder.

Als wir im Haus angekommen sind, geht seine 30-jährige Tochter gerade aus dem Haus. »Sie arweit bis drei Uhr in de Nacht im Restaurant.« Ihre zwei Kinder, ein siebenjähriges blondes, puppenhaft zierliches Mädchen und ein älterer Junge mit bemerkenswert abstehenden Segelohren, sitzen vor dem Computer und erschießen reihenweise Polizisten von hinten.

Maria, die 52-jährige Frau von Josef Frank, sitzt mit zwei an-deren Frauen am Tisch und raucht. Sie hat ein schmales Gesicht und streng blickende Augen. Wenn sie ihren Mann mit lauter, kehliger Stimme anspricht, zuckt er manchmal zusammen. Ihre Nase ist nicht besonders spitz und nicht übermäßig lang, aber sie setzt wie ein Vogelschnabel sehr weit oben an der Stirn an. Mich beachtet sie nach der Begrüßung nicht mehr.

Josef schenkt einen selbstgebrannten 60%igen Quitten-schnaps ein. Ich möchte ein Glas Leitungswasser dazu trinken, doch Josef schüttet es sofort wieder aus. Das Wasser würde nach »Gasolin« schmecken, denn zwischen Mokrin und Kikinda fördere man Erdöl. Nach dem Schnaps präsentiert er mir stolz seinen Fernseher, mit dem er Programme aus Schweden, aus den USA, aus Deutschland und sogar aus Ägypten empfängt. Am Bildschirm kann er auch Aktienkurse an der New Yorker Börse und den Wechselkurs abrufen. Heute ist ein Euro reichlich achtzig Dinar wert.

»Ich muss als Koafmann die aktuellen Umrechnungen aufs Komma genau kennen.«

Ich frage, womit er handelt.

»Mit allem.«

Er setzt seine Brille auf, die ihm sofort bis zur Nasenspitze herunterrutscht.

»Und wo haben Sie Ihren Laden?«

»Dor im Haus.«

»Und wann öffnen Sie ihn?«

»Des Gschäft ist immer uf.«

Josef Frank nimmt mich wie ein Kind an die Hand und geht mit mir in das Kellergeschoss. Er öffnet eine Tür, und ich bleibe erstarrt an der Schwelle stehen. Auf langen Tischen, in Regalen, auf dem Fußboden und in Schränken sind neue und gebrauchte Dinge gestapelt: Skatspiele, Äxte, Telefone, Nähgarn, Töpfe, Kabel, Einweggläser, Stethoskope, Propangasbrenner, Messer, Pflaster, Radfelgen, Reifen ...

Er genießt meine Sprachlosigkeit und sagt, dass er von mindestens hundert Artikeln die Preise, die er dafür bezahlt hat, aus dem Kopf kennt. Hier im Laden und auf Märkten verkauft er alles um dreißig Prozent teurer.

In einer kleinen Werkstatt, in der Schrauben und Haargummis, Nägel, Drähte und Bohrer kreuz und quer zwischen Hämmern und Schraubenziehern liegen, baut er kleine Blitzableiter und verwandelt billige chinesische Kabel in teurere serbische Verlängerungsschnüre. Im größten Keller hat er Traktor- und LKW-Reifen gestapelt. Manche sind schon in kleine Stücke zerschnitten. »Mer muss se erscht iwerm Feier heiß mache, dann kann mer se mit der Axt kleen hacke.«

»Wozu?«

Statt auf meine Frage zu antworten, erklärt er, dass er erst mit dem Handel begonnen hat, als er arbeitslos wurde. »Devor han ich in meim Leewe anständig gearweit und gelernt.« Das Lernen sei schwer gewesen, denn seine Mutter wollte, dass er keine serbische Schule, sondern eine ungarische besuchte. Dazu musste er von zu Hause weggehen. Er hielt es aber nur ein Jahr in der Fremde aus und lernte danach sieben Jahre zu Hause in einer serbischen Schule. Nebenbei hütete er, für Brot oder Geld, bei den Nachbarn Gänse, Schafe und Kühe. Nach der Schule konnte er keinen Beruf erlernen. »Wer ke Geld hat, muss a jed Arwet annehme.« Bei einem Elektromeister half er im Winter, Motoren zu wickeln. Von dem verdienten Geld kaufte er sich Fachbücher und lernte die Grundkenntnisse der Radiotechnik. Schließlich arbeitete er fast zwanzig Jahre als Traktorist in einer landwirtschaftlichen Genossenschaft an der Grenze zwischen dem pro-westlichen Jugoslawien und dem sozialistischen Rumänien.

»Die rumänische Grenzsoldate sin uf de Pfeer an de Grenz geried. Ich han ne unsre Zigarettle zugschteckt, weil unsre Zigarettle ware besser wie die eere. Un sie han mir Wurscht defor gegeben, weil in unsrem Worscht wor nor wenig Fleisch und dafier Sojamehl und anres Zeich.«

Manchmal traf er auch Rumänen, die über die Grenze aus Ceaușescu-Rumänien geflüchtet waren. Sie wurden zuerst vierzehn Tage in Kikinda eingesperrt und dann nach Belgrad gebracht. Von Belgrad aus konnten sie in den Westen fahren.

Viele Jugoslawen brachten damals westliche Markenartikel nach Rumänien. Dafür tankten sie billiges sozialistisches Benzin und aßen für wenig Geld in den Restaurants.

An dem Tag, als Ceaușescu verhaftet wurde, war er noch einmal im rumänischen Temeswar. In Temeswar hatte eine Woche zuvor die rumänische Revolution begonnen. »Ich han die zerschossene schwarze Finstre gesien.«

Nach der Ladenbesichtigung klingelt das Telefon. Als er auf-
gelegt hat, sagt Josef, dass es heute nicht regnen und auch keinen Hagel geben wird.

Ich frage lachend, ob er mit einer meteorologischen Station
telefoniert.

»Ja, die Wetterleut saan mer immer um 10, um 16 und um
19 Uhr, wies Wetter werd.« Manchmal rufen sie auch nachts an.
»Dann muss ich in der Nacht naus und die Kanonen in die
Schloosewolken – Hagelwolken – schieße. Ich schieß hier das
Eis vom Himmel.«

Ich muss lachen und spotte: »Beim Marschieren schlafen, aber
das Eis vom Himmel schießen wollen.«

Er sagt empört, dass er nicht lügt und von April bis Oktober
für das Abfeuern der Wetterraketen 600 Euro erhält. Dafür
muss er, wenn die Einsatzzentrale anruft, zur Abschussrampe
fahren. Im letzten Vierteljahr waren es fünfzehn Mal.

»Awer wann de Flieger owe am Himmel sin, derf ich net
schieße, und dann mache die Schloose die Tuwak- und Paradeis-
felder – Tomatenfelder – kaputt.«

Als ich immer noch an der Wahrheit seiner Worte zweifele,
nimmt er mich wieder wie ein Kind an die Hand und zieht mich
die Treppe zu seinem Arbeitszimmer hinauf. Er schaltet den
Computer an und will mir die Fotos seiner Raketenstation am
Ortsrand von Mokrin zeigen. Aber zuerst gibt es Fotos von
Klassenkameraden und Jugendfreunden zu sehen. »Der ist
schon gstorb, und der ist a tot, und der ist a schon gstorb. Zehn,
die wo schon gstorb sind.«

Irgendwann findet er im Computer auch die Fotos der »Raketenstation«, die aus zwei Schutzhäuschen und mehreren
Abschussrampen besteht.

Wenn sich eine Wetterfront mit Hagel nähert, ruft die Zentrale an und schickt einen LKW mit Raketen nach Mokrin. Josef lädt die Abschussrampe, dann zündet er die Raketen wie ein
Sprengmeister, indem er erst den Zündgenerator kurbelt, dann
auf die Sprengtaste drückt und sehr schnell in die Schutzhütte

geht. Zielen muss er nicht, die Raketen werden per Computer von der Zentrale in die Wolke gelenkt.

»Ich muss se nuor bis 8000 Meter nuf schieße.«

Er nimmt mich wieder an die Hand, um mir ganz oben im Haus noch etwas Seltsameres als die Fotos von seiner Raketenstation zu zeigen.

»Mei Hexenbodn.«

Wir klettern bis in den Giebel des Hauses. Wahrscheinlich können hier oben nur Vampire leben, Geister spuken oder Hexen ihr Unwesen treiben. Jeder Winkel des Bodens ist mit meterlangen Spinnenweben verhängt. Wenn ich huste, bewegen sie sich gespenstisch, und sobald ich einen Schritt nach vorn mache, wickeln sie sich um den Körper. Weil viele Spinnenweben oft schon zu Schnüren verflochten sind und dicht hintereinan-

Josef Frank auf seinem Hexenboden

154

der und übereinander hängen, kann ich nur einen eingesponnenen Fernseher, der nahe bei der Treppe steht, erkennen. Er hat sogar einen Strom- und Kabelanschluss. Josef schaltet ihn an und dreht die Zimmerantenne, bis das Bild scharf wird. Ich frage ihn nicht, wer auf dem Hexenboden fernsieht. Vielleicht die Tauben, die eine Schneise durch die Spinnenweben geflogen haben. Für sie hat Josef eine Zeituhr gebaut, die das Licht anschaltet, das sie nachts vor den Mardern schützt

Ich mag nicht mehr oben bleiben. Im Hinuntersteigen versuche ich die Spinnenweben aus dem Haar zu zupfen, aber Josef tröstet mich, dass sie in meinen grauen Haaren nicht zu sehen sind. In der Stube sagt er, dass ich die Tür gut schließen soll. »Die Micke komme sonst rein.« An einem einen halben Meter langen, mit zähflüssigem Leim getränkten Fliegenfänger, der über dem Tisch hängt, hat er schon an die hundert Fliegen, die er »Micken« nennt, gefangen.

Seine Frau Maria hat Fische gebraten. Fisch muss man eigentlich in allen Monaten ohne »R«, also auch im Juli, meiden, sagt Josef. »Do stinkt 'r. Awer der Fisch ist frisch aus de Theiß und stinkt net.«

Maria mit dem strengen Blick hat mit mir noch kein Wort geredet.

»Maria ist e gut Serwin«, sagt Josef.

Ich frage, ob er mit ihr schon über die Verhaftung von Karadžić gesprochen hat.

Nein, sagt er. Er werde sie einen Teufel danach fragen.

Da frage ich sie: »Dobro ili nije dobro? – Gut oder nicht gut?« Sie beginnt sofort zu fluchen und zu schreien, und Josef kann mir nur Bruchstücke ihrer Rede übersetzen.

Karadžić habe das Land der bosnischen Serben gegen die bosnischen Muslime verteidigt, die Jugoslawien wie die Kroaten und die Kosovo-Albaner zerstückelt haben. »Was machst du«, sagt sie, »wenn du e großes Feld hast und eener kommt und will dir e Stick davon weghole? Du schloast im ins Maul. So ist es in der ganz Welt.«

155

Sie steht auf und geht. Josef sagt verlegen, sie rede manchmal streng, weil sie eine serbische Nationalistin sei, aber sonst wäre sie eine gute Frau. Der Nachbar von Josef hat einen Bruder in Bosnien. Als der Krieg dort begann, kam der Bruder hierher. Doch nachdem sein Geld alle war, sagte der Nachbar zu seinem Bruder: Du kannst nicht mehr bei uns bleiben! »Da han mei Weib und ich ihn ohne Geld bei uns ufgenomm. Sie ist ke beeses Weib.«

Er gießt uns noch einen Quittenschnaps ein, dann nimmt er mich wieder an der Hand und sagt: »Komm, Pflaume esse.« Das heißt soviel wie: »Ich well dir a mei Gaarte zeige.«

Vor der Haustür wachsen Palmen in großen Töpfen. Die stellt er im Winter ins Haus, denn auch in Serbien sinkt das Thermometer manchmal bis unter minus zwanzig Grad. Die Weinstöcke umwickelt er nur mit Papier. Aus Ablegern und Samen züchtet er Bäume und Pflanzen, und die wilden Pflaumenbäume veredelt er. Auf einem Beet wachsen zwanzig neue Nussbäume.

Für chemischen Dünger und Pflanzen fehlt ihm das Geld. »Mir hole nor, was de Herr uns gebt, und mir sind dankbar for alles, was er wachse losst.«

In seinem Garten entdecke ich keinen unbestellten Fleck. Um Acker zu gewinnen, müsste man jedoch nur die »Altlasten«, zum Beispiel den auf dem Boden liegenden, einige Meter langen Ölbohrturm, beseitigen. Josef protestiert. Den braucht er noch für Motorersatzteile.

In einer Ecke hinter dem Schuppen stehen in drei Reihen an die hundert übereinandergestapelte Radio- und Fernsehgeräte. Aus den vielen kaputten, erklärt er stolz, könnte er wahrscheinlich noch drei oder vier basteln, die funktionieren, oder wenigstens die Bildröhren oder die Gehäuse wiederverwenden.

Unter einem Baum türmt sich ein Haufen mit Traktor- und Autoreifen. Eine kleine Sondermülldeponie? Er schnippt mit den Fingern und sagt lachend: »Der Gummi moschiert im Winter, damits drinne warm werd.«

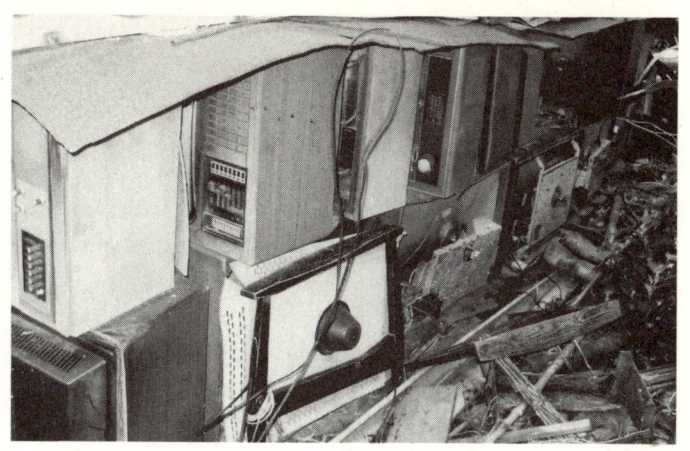

In Josef Franks Garten

Er zerhackt die Reifen und verbrennt sie Stück für Stück im Ofen. Das Ofenrohr aus dünnem Blech hat er so verlegt, dass es durch viele Zimmer geht, bevor es im Schornsteinschacht endet. »Des Owerohr macht aa warm.«

Er ziert sich, als ich ihm Geld für die Übernachtung gebe. Schließlich legt er es in ein dickes Buch. »Do ist des Geld drin, des ich im Summer for Eisschießen, Paradeisverkaafen und ufm Markt verdien. Mir leen alles for de Winter zuruck und kaafen uns von dem Geld e Schwein zum Schlachte.«

Seine Frau Maria ist in der Zwischenzeit wie jeden Abend zu einer alleinstehenden alten Frau gegangen. Sie wäscht für sie und kocht für sie und schläft bei ihr.

»Dafor erbt se nor ehrem Tod des Haus.«

Als es dunkel geworden ist, ruft er die zwei Enkel und sagt zu mir: »Kommscht naus und schau moa, wie de Blume sich ufmoache.«

Neben dem Gartentor stehen zwei Büsche mit vielen geschlossenen gelben Blüten. Die Enkel rennen um die Sträucher und zeigen mir das Wunder: Je dunkler es draußen wird, um so mehr Knospen öffnen sich in Zeitlupe zu großen gelben, duftenden Blüten.

»Am Taach schlofe se. In der Nacht gehen se uf«, sagt Josef Frank.

Beim Marsch schlafen, Eis vom Himmel schießen, Hexengespinste auf dem Boden, Gummiheizung im Keller und Blumen, die sich nachts öffnen.

»Ja, bei Joschi – Josef – ist de Teiwel los. De Teiwel, saat mer, hat e rotes Jackl und griene Hose. Gsien han ichn noch net. Awer er muss tor sin.«

Nur einige der kleinen Knospen bleiben noch geschlossen. »Die sin wie junge Weiwer, die sich noch net traue, in de Nacht die Been ausnaner zu mache«, sagt Josef lachend.

Ich schaue besorgt zu den Kindern.

»Ke Angst, die verstahn ke Deitsch mee.« In einigen Jahren würde im Banat niemand mehr deutsch sprechen.

»De Terke wore bis 1850 a tor, und viel Leit rede a Terkisch. Awer heit red in Serwien ke Mensch me Terkisch. So wird es auch mit Deitsch werden.«

Nach dem allabendlichen Ritual müssen die Kinder noch nicht ins Bett. Sie spielen am Computer Banküberfall.

Am Morgen serviert mir Josef Schinken und Wurst und stippt gekochte Kartoffeln aus seinem Garten in eine Soße aus Öl, Paprika und Salz. Dazu trinken wir warme Milch mit sehr viel Zucker. Er wünscht mir einen guten Weg bis Kikinda. Ich solle, wenn ich sie sehe, Hilda Banski grüßen, sie sei die Mutter vom Deutschen Verein.

Früher war Josef Mitglied im Deutschen Verein. Damals vermittelte der Verein auch noch Saisonarbeit in Konservenfabriken, bei der Gurkenernte oder der Weinlese in Deutschland. Welchen Job man bekam, wusste man vorher nicht, aber es war eine Arbeit in Deutschland! Josef hatte seinen Antrag schon ausgefüllt und abgegeben. Es war alles klar für die Arbeit in Deutschland. Doch man schrieb leider das Jahr 1996. Die NATO hatte den Krieg gegen Jugoslawien begonnen.

»Und der Deitsch Verein het danoch aa ke Arweit mer for de Deitsche aus Serwien in Deutschland organisiere kenne.«

Förderturm am Maisfeld

Er ist kein Mitglied mehr »Ich schau mer nor noch im Internet an, was se in Kikında mache. Am Computer ist es billicher, als wie des Geld for de Busfahrt uf Kikinda.«

Er läuft mit mir noch ein Stück auf der Straße. Beim Abschied sagt er, dass wir uns, wenn ich wieder in Deutschland bin, von Angesicht zu Angesicht sehen könnten. Über seinem Computer hat er eine Kamera installiert. Ich verrate nicht, dass ich kein Internet besitze.

An seiner Raketenabschussrampe komme ich nicht vorbei. Aber ich sehe viele kleine Bohrtürme, deren Pumpen unermüdlich arbeiten und das Öl in dicken Leitungen über die Felder bis zu einer Raffinerie schicken.

Heute laufe ich sehr schnell und freue mich, denn zum ersten Mal werde ich bei meiner Ankunft in einem Ort erwartet! Man wird mir eine Unterkunft besorgen, und ich werde mit den Leuten vom Deutschen Verein deutsch sprechen können.

Von einer Dame, die ich besser mit Handkuss begrüßt
hätte, einer Schauspielerin, die Liebeslieder sang,
als die NATO-Bomben in Kikinda detonierten, und
einem Protokoll über die Leiden von Unschuldigen

Am Ortsschild von Kikinda hängt das Wahrzeichen der Stadt:
Ein gepanzerter Arm hält einen Speer, auf dessen Spitze ein Tür-
kenkopf spießt.

Zuerst suche ich einen Friseur. Ein vollbärtiger Mann zeigt
mir den Weg zu einem »frizer«, in dem zwei vielleicht fünfzig-
jährige Frauen auf Kunden warten. Ich finde, dass beide selbst
einmal zum Friseur gehen sollten. Die eine hat ihre strähnigen
dunkelblonden Haare nur rechts und links vom Mittelscheitel
zur Seite gekämmt, die zweite, ebenfalls ohne Wellen und Lo-
cken, hat sie wenigstens kastanienbraun gefärbt. Sie trägt im
Gegensatz zu ihrer Kollegin, die einen kurzen Kittel anhat,
einen bis unter die Knie reichenden und ist, wie ich später erfahre, die Chefin. Mit mir hat noch ein sehr groß gewachsener
Mann den Laden betreten. Wahrscheinlich gehört er zu den
Stammkunden, denn er stellt am Kofferradio die englische
Rockmusik ab und serbische Folklore ein. Obwohl die Frau seinen Stuhl bis zur letzten Windung des Drehbeines herunter-
schraubt, muss sie sich, um seinen üppigen Haarschopf schneiden zu können, auf die Zehenspitzen stellen. Der Mann ist
bestimmt über zwei Meter groß.

Die Frage der Chefin, welche Frisur ich bevorzuge, kann ich
ihr weder mit Worten noch mit Handzeichen beantworten.
Aber als ich, während sie meine Haare mit der Maschine radi-
kal kürzt, das Stichwort »Karadžić« sage, funktioniert die Kom-
munikation. Die Dunkelblonde krempelt die Ärmel ihres Kit-
tels hoch, schlägt sich auf die Muskeln des Oberarmes und sagt,
dass Karadžić ein starker Mann ist, ein Mann, der Serbien wie
ein Mann verteidigt hat. Und dass er nicht wie die heutigen ser-

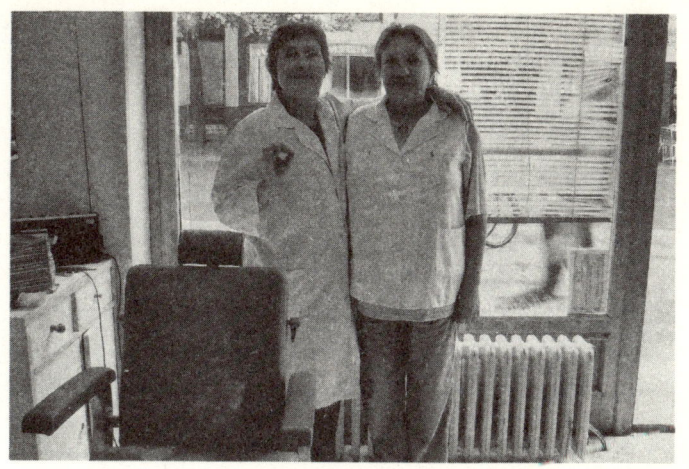

Beim Friseur

bischen Führer – sie spuckt in das Waschbecken, vor dem der große Mann sitzt – Serbien verraten hat. Der Mann schweigt dazu.

Als ich kurzgeschoren bin, fragt die Chefin, ob ich auch rasiert werden möchte. Sie klappt das schmalschneidige lange Messer auf und schärft es am glatten Leder, das neben dem Spiegel hängt.

»Nein!«, sage ich rasch. In Ägypten hatte ich einmal ja gesagt. Mit Grauen erinnere ich mich, dass damals der Friseur, ohne einen Blick auf meinen Hals zu werfen, mit dem Messer an meiner Gurgel entlangstreifte, dabei nach draußen schaute und sich mit den Vorübergehenden unterhielt.

Als ich mich verabschieden will, beginnt es in Strömen zu regnen. Die Chefin schlägt vor, dass der große Mann und ich hier warten. Sie kocht Kaffee und schneidet uns Äpfel auf. Dann bittet sie, dass ich sie mit dem großen Mann fotografiere. Doch er weigert sich. Er ist Mathematikprofessor der Universität und ein bekannter Basketballspieler. Aber schließlich macht er lächelnd ein Foto von den zwei Frauen, die mich in die Mitte nehmen.

Von einer Telefonzelle rufe ich beim Deutschen Verein an. Eine Frau sagt, dass sie ein Zimmer in der Pension »Weiße Villa« bestellt hat. Dort könnte ich ausruhen, und danach würden sie, Hilda Banski und der Vereinsvorsitzende Alexander Konečny, in das Restaurant kommen.

Ich schneide mich beim Rasieren und dusche sehr lange. Danach wasche ich Socken, Slips und T-Shirts und hänge sie, weil ich weder Klammern noch eine Leine besitze, zum Trocknen auf die Zweige einer erst mannshohen Tanne, die im Hof der Pension wächst.

Mir geht es gut.

Weil in dem kleinen Restaurant der Pension außer mir nur drei Leute sitzen, kommen Hilda Banski und Alexander Konečny, ohne sich umblicken zu müssen, schnurstracks an meinen Tisch. Ich stehe auf, schaue die Frau an und denke, dass es klug war, vor der Begegnung zum Friseur zu gehen. Hilda Banski ähnelt einer feinen englischen Dame. Ihr sorgsam gekämmtes braunes Haar hat sie in gleichmäßige Wellen gelegt. Zu einer weißen, mit Spitze verzierten Bluse trägt sie eine dünne Jacke und eine Perlenkette. In der linken Hand hält sie ein taschentuchgroßes, mit winzigen Kristallen besetztes Handtäschchen. Ich reiche der vielleicht 65-jährigen Dame artig die Hand und deute eine Verbeugung an. Ein Handkuss wäre angemessener, denke ich, aber da umarmt mich schon der Mann. Er ist sportlich-elegant gekleidet, trägt hellblaue Jeans und ein olivgrünes Marken-Shirt, das gut zu seinen weißen Haaren passt. Er ist schlank, aber muskulös, ich schätze ihn auf sechzig.

»O nein, er ist schon zweiundsiebzig«, sagt Hilda Banski. Und errötet.

Als müsste sie mir das Erröten erklären, sagt sie lächelnd: »Wir sind auf eine Schule gegangen, er war fünf Klassen über mir. Und ich habe mich schrecklich in ihn verliebt. Immer spielte ich mit seiner Schwester, um ihn sehen zu können. Doch er hat es nicht bemerkt ...«

Sie strahlt ihn aus blauen Augen an. Und errötet wieder.

Große Wäsche in der Pension

Das Eis ist gebrochen, und der Mann erzählt mir von der Liebe, das heißt von der Liebe seiner Mutter. »Sie hat als Mädchen eine Klosterschule in Graz besucht und war streng katholisch erzogen worden. Als sie wieder zu Hause war, verliebte sie sich in einen evangelischen Slowenen, dessen Bruder ein Pfarrer war. Ihre Eltern waren dagegen, dass sie, eine deutschstämmige Katholikin, einen evangelischen Slowenen heiratet. Da drohte sie: ›Wenn ich ihn nicht bekomme, gehe ich in ein Kloster!‹ Sie durften heiraten, aber er musste zuvor unterschreiben, dass die Kinder katholisch erzogen werden. Das war 1935. Als Kind bin ich – ein slowenisch, deutsch-ungarisches, katholisches Kind – sonntags um 8 Uhr erst in den katholischen und um 10 Uhr in den evangelischen Gottesdienst gegangen.

Wissen Sie, bei uns im Banat sind immer viele Menschen in einem Menschen.«

Sein deutscher Großvater war ein wenig Serbe und ein wenig Ungar. »Aber weil er als Händler mit seinen Waren von Ort zu Ort zog, musste er, wie er sagte, immer auch ein bisschen Zigeuner und ein bisschen Rumäne sein.«

Nach dem Krieg floh der Großvater als Deutscher vor den Tito-Partisanen mit Pferd und Wagen und seinen letzten Waren nach Graz. Seine Mutter musste nicht fliehen. Sie war durch die Heirat Slowenin geworden.

1950 starb ihr Mann. »Die Mutter blieb mit uns drei Kindern allein, und ich war plötzlich, dreizehnjährig, der Mann im Haus. Sie, eine kleine Buchhalterin, hat uns mit selbst angebauten Kartoffeln, mit Hühnern, Tauben und einem Schwein, dessen Stall ich ausmisten musste, durchgebracht. Und wir drei Kinder konnten alle studieren.«

Alexander wurde Elektroingenieur. Er hat den größten Betrieb von Kikinda, die Eisengießerei, mit aufgebaut. »Von den 40000 Einwohnern der Stadt hatten dort 6000 eine gute Arbeit. Wir waren Zulieferer für Opel und Renault.«

Hilda Banski

»Und heute?«

Er winkt wortlos ab.

Später hat er dann auch in Tansania gearbeitet. »Ich arbeitete dort, wie das in Jugoslawien ja normal war, mit Bosniern und Slowenen zusammen. Wir waren eine gute Truppe. Doch 1990 – von einem Tag auf den anderen – sprachen die Slowenier mit mir nicht mehr Serbisch. Kein Wort Serbisch! Wir Jugoslawen hatten in Afrika, in der Fremde, weitab von der Heimat plötzlich keine gemeinsame Sprache mehr!«

Er spricht so laut, dass am Nachbartisch eine schwarzhaarige Frau mit goldenen Ohrringen und ein schnauzbärtiger lachender Mann ihr Gespräch unterbrechen und lauschen. Ob sie Deutsch verstehen?

Alexander erklärt: »Ich verurteile alle jugoslawischen Politiker, gleich ob es serbische, kroatische, bosnische oder welche auch immer sind, die Jugoslawien zerstückelt haben. Nur als sie, um in ihrem neuen Kleinstaat regieren zu können, das Land von innen zerstört hatten, konnte man es auch von außen zerstören. Ich war früher oft in Bosnien und habe dort keine Feindschaft zwischen den orthodoxen Serben, den muslimischen Bosniern und den katholischen Kroaten erlebt. Erst nachdem die alten serbischen kommunistischen Führer das serbische Volk zum serbischen Nationalismus und die alten bosnischen kommunistischen Führer das bosnische Volk zu einem neuen bosnischen Nationalismus aufgehetzt hatten, konnte der Krieg zwischen Serbien und Bosnien-Herzegowina beginnen. Zehntausende Jugoslawen wurden getötet, und unzählige jugoslawische Familien auseinandergerissen. Die serbischen Frauen flohen nach Serbien, die bosnischen Männer blieben in Sarajevo, und ihre serbisch-bosnischen Kinder wurden aufgeteilt.«

Hilda Banski, die bisher geschwiegen hat, hebt den Kopf, nickt und sagt, als spräche sie mit sich selbst: »Ja, die Kinder!«

Alexander hat Gordana, eine orthodoxe Serbin, geheiratet. »Mit ihr rede ich serbisch, mit Hilda und anderen Freunden ungarisch oder deutsch.«

Hilda nickt wieder. »Wenn ich dich anrufe, weiß ich immer, ob deine Frau zu Hause ist. Wenn du allein bist, sprichst du deutsch, wenn sie dabei ist, sprichst du serbisch mit mir.«

Alexander hat zwei Söhne. »Der jüngere ist einunddreißig, der ältere schon vierzig Jahre alt. Beide sind Computerspezialisten. Der Jüngere ist verheiratet, vielleicht bekomme ich bald einen Enkel, der Ältere ist noch ledig. Es macht mir Sorge, dass er noch keine Frau hat.«

Hilda sagt lächelnd: »Er ist wie du früher: viel zu schön für nur eine Frau.« Und errötet noch einmal.

Nach dem Essen stellt mir Alexander die lauschende schwarzhaarige Frau und ihren Mann vom Nachbartisch vor: Maria Ostojić und Vicenzo Marano. Sie, in einem schwarzen Kleid mit tiefem, ihren großen Busen betonenden Ausschnitt, ist eine bekannte Schauspielerin in Kikinda. Der kräftige Mann, der trotz Schnauzbart nicht streng wirkt, ist Italiener. Als er fünf Jahre alt war, zogen seine Eltern – der Vater war ein Maurer, die Mutter Näherin – von Napoli in die Schweiz, weil sie in Italien keine Arbeit fanden. Deshalb spricht er auch Deutsch. Er entschuldigt sich, dass er unser Gespräch belauscht hat. »Doch Jugoslawien und die Kriege, die das Land zerstückelten, sind auch meine Themen. Ich bin durch meine schöne Frau und durch meine Jagdfreunde in Kikinda und Mokrin schon ein halber Serbe geworden, zwar nicht orthodox wie meine Frau, sondern katholisch, aber ...«

Ich bitte ihn, mir kurz zu erzählen, wie er nach Serbien gekommen ist und Maria kennengelernt hat.

»Kurz?« Er lacht.

»Ich bin achtundvierzig Jahre alt und von Beruf Ingenieur für Heizungs- und Sanitäranlagen mit Spezialgebiet Schweißtechnik. Ich habe Anlagen in China, Peru und Kuwait gebaut, war als Italiener in den MIG-Flugzeugwerken bei Moskau, in Irkutsk und Bratsk.«

Unvermittelt fragt er, ob ich in Dresden das Restaurant »Birnbaum« kenne.

Ich schüttele den Kopf.

»Und das Restaurant ›Apfelbaum‹ in Meißen?«

»Auch nicht.«

»Die habe ich nach der Wende eingerichtet. Wir besorgten uns damals Balken und Fenster aus Dresdner Abrisshäusern und haben damit Erlebnisrestaurants in Sachsen gebaut. Außerdem verkauften wir die Ziegel von eingefallenen Dächern nach Holland. Das war eine gute Zeit. Als es genügend Erlebnisrestaurants und kaum noch brauchbare Dachziegel gab, habe ich mit einem italienischen Geschäftspartner in Serbien ein Unternehmen gegründet. Wir brachten Garne und ließen von den Serben daraus Taschentücher weben und besticken. Einen Teil der Taschentücher ließen wir den Arbeitern als Lohn, den Rest verkauften wir in Italien und der Schweiz.«

Das Geschäft sei bis zu dem Tag, als der Kosovo-Krieg begann, gut gelaufen. »An diesem Tag stand ich mit meinem italienischen Partner an der ungarisch-serbischen Grenze bei Szeged. Der LKW war vollbeladen mit Garnen. Mein Partner schlug vor, umzukehren. Ich bin allein über die Grenze. Sie war an diesem Tag fast menschenleer.«

In der Kriegszeit hat er neue Freunde in Kikinda und Mokrin gefunden. »Eine Anderthalbliterflasche mit Benzin war damals ein Schatz für die Serben. Ich, ein Ausländer, konnte für Devisen so viel tanken, wie ich wollte, und habe meine Bekannten mit Benzin versorgt.« Als leidenschaftlicher Jäger geht er jeden Sonntag mit den Serben in den Wald. »Danach wird man oft zu Familienfesten eingeladen. Bei einem Patronatsfest, jede serbische orthodoxe Familie feiert das Fest ihres Namenspatrons, habe ich Maria kennengelernt. Alles andere sehen Sie.«

Und er killert Marias Busen mit seinem Schnurbart.

Als ich ihn nach dem Kosovo-Krieg frage, wird er ernst und schweigt, als müsste er erst seine Gedanken sortieren. »Die NATO-Befehlshaber behaupteten, dass ihre Piloten lediglich militärische Ziele in Serbien bombardierten. In Belgrad waren das aber auch Botschaften und Fernsehsender, Kinderkliniken und Wohnhäuser. Und Brücken. Natürlich sind Brücken militärische Ziele. Aber auf Brücken laufen Menschen von einem Ufer zum anderen Ufer, und die anfliegenden Piloten warnen, bevor die Bomben detonieren, nicht über Lautsprecher: ›Alle Zivilisten müssen sofort die Brücke verlassen, wir bombardieren sie in einer Minute.‹ Die Brücken in Novi Sad waren schwer zu treffen. Die Piloten flogen oft an. Ich saß in einem Restaurant, als ein Marschflugkörper die Brücke traf. Ich weiß nicht, ob Menschen darauf standen, ich sah nur die Rakete, hörte die Detonation, und dann sah ich, wie die Brücke zusammenbrach. Das Wasser schäumte auf, als ob ein glühender Meteorit hineingestürzt wäre. Dann schrien die Menschen. Sie liefen aus dem Restaurant. Ich weiß nicht, weshalb ich wie versteinert sitzen blieb. Vielleicht dachte ich an die Fernsehzuschauer irgendwo in Europa, die, im Sessel sitzend und Bier trinkend, dieses Bild, das ich soeben in natura gesehen hatte, auf ihrem Bildschirm anschauen würden. Ein brillantes Feuerwerk der Raketen. ›Aah und Ooh.‹ Technische Perfektion. Einstürzende Mauern. Ein sauberer computergesteuerter Krieg. Die Toten wird man nicht zeigen.«

»Wir haben die Tage des Krieges gezählt«, ergänzt Maria. »Ich erinnere mich an einen der letzten, den dreiundsiebzigsten. Ich hatte einen Auftritt mit einer Zigeunerkapelle. Als ich um Mitternacht ein Lied von der Liebe sang, schlugen die Bomben in Kikinda ein. Eine explodierte im Wirtschaftsgebäude der Kaserne. Den Feuerschein der zweiten sahen wir draußen am Stadtrand, wo die Zigeuner wohnen. Die Zigeuner ließen die Instrumente fallen. So plötzlich hatte ich noch nie einen Auftritt beendet. Die Bombe war Gott sei Dank neben den Häusern der Zigeuner detoniert. Sie hatte nur einen tiefen Krater in die Erde gerissen. In anderen Städten dagegen ...«

Der Italiener meint, dass er seinen Freund, einen serbischen Radikalen, versteht: »Der sagt, dass die NATO kein Recht hatte, Serbien zu bombardieren, damit der Kosovo, der wie die anderen Republiken im jugoslawischen Staatsgebilde schon autonom war, einen winzigen, aber unabhängigen Staat gründen kann. Was geht es die NATO an? Weshalb bombardieren sie nicht Spanien, damit die Basken dort ihren eigenen Staat gründen können?«

Vicenzo Marano wollte in Serbien eine Schweinefarm aufbauen, in der man auch Biogas erzeugt. Die EU hatte dafür schon die Fördermittel genehmigt. »Aber nun sind sie so lange gestrichen, bis Serbien den Kosovo diplomatisch anerkannt hat! Erst das Bombardement und nun die wirtschaftliche Erpressung.«

Als der Kellner unsere Teller wegräumt, sagt der schlanke Alexander, dass er täglich ein Stück Speck isst. »Der Speck hilft, damit einem die Hitze und der Staub in der Vojvodina nicht den Magen und die Lunge kaputtmachen. 1945 mussten viele Kroaten und Bosnier aus ihren Heimatdörfern fliehen und sind hier in die leerstehenden Häuser der vertriebenen oder getöteten Deutschen gezogen. Viele von ihnen wurden krank, und manche, die ihr Leben lang die kühle, reine Luft zu Hause am Meer oder in den Bergen geatmet hatten, starben im Staub und in der Hitze der Vojvodina. Wohin ich auch gefahren bin, habe ich mir reichlich serbischen Speck mitgenommen. Sogar nach Tansania, und selbst als die slowenischen Kollegen 1990 mit mir nicht mehr Serbisch sprachen, habe ich ihnen von meinem serbischen Speck abgegeben.«

Ich habe nur zwei Glas serbischen Rotwein getrunken. Trotzdem fällt es mir nicht immer leicht, alle angesprochenen Probleme zu verstehen. Mein Kopf ist inzwischen daran gewöhnt, unterwegs auf jeden Truck und jeden Hund zu reagieren, aber nun fällt es ihm schwer, stundenlang einer Unterhaltung zu folgen. Ich entschuldige mich für meine Müdigkeit. Alle stehen sofort auf. Als ich mich von Hilda Banski, die während der ganzen Zeit nur an einem Glas Saft genippt hat, verabschiede, sage ich, dass ich von ihrem Leben noch nichts weiß.

»Darüber gibt es nicht viel zu erzählen.« Sie hat Kindergärtnerin gelernt und später an der Akademie noch Pädagogik studiert.

Acht Jahre war sie Kindergärtnerin. Zuerst in einem Kindergarten mit serbischer, dann in einem Kindergarten mit ungarischer Sprache. Danach wurde sie Referatsleiterin für neunzehn Kindergärten mit zweiundneunzig Gruppen, also rund 3000 Kindern.

Ich frage, ob sie als Kind in einem serbischen oder einem ungarischen Kindergarten gespielt hat.

Sie schüttelt den Kopf und sagt sehr leise: »Ich wurde 1940, kurz bevor die Deutschen die Vojvodina besetzt haben, geboren. Wir waren drei Geschwister. Mein Vater ist als deutscher Soldat gefallen. Meine Mutter, sie war damals zweiundzwanzig Jahre alt, verschleppten die Russen zur Zwangsarbeit in das Kohlegebiet vom Donbass. Ich musste mit meiner Großmutter Grossi, meinem Großvater Otta und meinem Bruder Hansi in für die Deutschen eingerichtete serbische Lager. Vier Jahre lang schickte man uns von einem Lager ins andere. Ich habe schon als Kind sehr viel von Serbien gesehen.«

Vor zehn Jahren hat Hilda Banski die Geschichte ihrer Kindheit aufgeschrieben. Wenn ich möchte, sagt sie und errötet, würde sie mir die Aufzeichnungen morgen zum Treffen im Deutschen Verein mitbringen.

Am Vormittag wartet Alexander vor dem kommunalen Kulturhaus auf mich. Der Deutsche Verein hat hier im ersten Stock sein Versammlungszimmer.

Im Innenhof verkaufen Kinder auf einem Basar ihre mit selbstgemalten Preisschildchen beklebten Teddybären, Plastehasen, Matchboxautos, Bücher, Bälle und »Tokio Hotel«-Poster.

»Bestimmt für einen guten Zweck«, sagt Alexander. Für welchen guten Zweck, weiß er nicht. »Aber Kinder haben noch Ideale, die uns das Leben oft schon genommen hat.«

Vor sechs Monaten, erzählt er lachend, hat hier im kommunalen Kulturhaus der steckbrieflich gesuchte, drei Millionen Dollar werte bosnische Serbenführer Karadžić einen Vortrag über alternative Naturheilkunde gehalten. »Ich war damals nicht mit in dem bis zum letzten Stuhl besetzten Saal. Kein Zuhörer hatte den geringsten Verdacht, dass der vollbärtige Mann mit den wirren Haaren und den dicken Brillengläsern ein anderer wäre als der, für den er sich ausgab. Die Klubhausleiterin war von seinem Vortrag so begeistert, dass sie mit ihm sofort einen zweiten Termin für den September 2008 vereinbarte. Doch der muss ja nun ausfallen.«

Nicht alle Mitglieder vom Deutschen Verein sprechen fließend Deutsch, und nicht alle haben Ururgroßväter, die vor zweihundert Jahren in das Banat gezogen sind, um es urbar zu machen. Am langen Tisch sitzen auch Ungarn und Serben, um Deutsch zu lernen oder Neuigkeiten aus Deutschland, wo ihre Kinder leben, zu erfahren. Sie freuen sich, wieder mit einem »richtigen Deutschen!« (das bin ich!) sprechen zu können.

Alexander schenkt zum Willkommen selbstgebrannten Pflaumenschnaps ein. Und der Mann, den mir der Vereinsvorsitzende als »unser Advokat« vorgestellt hat, erzählt ungefragt von seinen letzten Gerichtsprozessen. »Es geht fast nur noch um die Rückgabe des früheren Eigentums. Die Kläger möchten die im Sozialismus beschlagnahmten Häuser und Felder und Fabriken wiederbekommen. Der orthodoxen Kirche haben die Richter ihre Klöster und großen Ländereien zurückgegeben. Die kleinen Leute klagen aber meist vergeblich um Äcker und Häuser.«

Der »Advokat« spielt noch den traditionellen serbischen Dudelsack. Leider hat er ihn nicht mitgebracht, aber nach dem dritten Schnaps singt er ein im Banat typisches »multikulti Volkslied«: »Hier sind wir Gauner also alle zusammen. Wir Serben und Kroaten, die hier leben, und Ungarn und wir Deutschen – wir Gauner alle ...«

Ein anderes Vereinsmitglied hat zu einer Melodie 650 dreizeilige Texte geschrieben, sie sind alle nach demselben Versmaß aufgebaut.

»Ich möchte, ich möchte, ich möchte ... aber niemand weiß, was ich wirklich möchte ... ich möchte, ich möchte ... meine Frau tauschen.«

Er sagt lachend, dass er diese Verse seiner Frau nicht zeigt. »Zu Hause, wenigstens zu Hause, will ich Frieden. Es reicht, wenn man sich sonst überall in unserem Land streitet.« In Serbien meint er, könne es nicht vorangehen, weil alle Parteien erbittert gegeneinander kämpfen. »Man sagt bei uns: Wenn sich zwei Serben streiten, gründen sie drei Parteien.« Zurzeit wären in Serbien schon fast fünfhundert Parteien und Vereinigungen zur Wahl zugelassen.

In der Stadt Kikinda regieren die serbischen Radikalen. Alexander sagt, dass sie – hier ist ihr Chef ein Arzt – für Ordnung und Sauberkeit in der Stadt sorgen, Blumenrabatten anlegen und Bänke für alte Leute aufstellen.

Bevor in Kikinda Eisen gegossen wurde, brannte man Ziegel. Noch heute kann man in den alten Öfen Terracotta herstellen, und jedes Jahr kommen Künstler aus vielen Ländern nach Kikinda und modellieren Terracottafiguren. 1 500 davon sind zurzeit in Belgrad ausgestellt. Aber vor einigen Tagen haben radikale Serben, die in der Hauptstadt mit Losungen wie »Freiheit für Karadžić« und »Tod unserer Verräterregierung« durch die Stadt zogen, aus Protest gegen die Auslieferung des Serbenführers dreihundert dieser Terracottafiguren zerschlagen. »Aber das ist kein Protest, sondern nur noch das Ausleben von Vandalismus.«

Ich frage die Runde nach der staatlich garantierten sozialen Betreuung. Die medizinische Versorgung sei dem Gesetz nach kostenfrei. »Aber nur auf dem Papier – wenn du eine dringende Röntgenaufnahme oder einen OP-Termin brauchst, musst du den Schwestern oder Ärzten einige tausend Dinar zuschieben.«

Für die ersten drei Kinder würde der Staat Kindergeld zahlen, sagt der Versemacher.

»Und für jedes weitere eine höhere Summe?«, frage ich.

»Nein, für das vierte, fünfte, sechste oder gar siebente Kind gibt es keinen einzigen Dinar.«

»Hat Serbien wie China Probleme mit der Übervölkerung?«

»Im Gegenteil, nach den Kriegen sind die jungen Leute weggegangen, einige Millionen Serben leben schon im Ausland.«

»Also müsste der Staat Prämien für mehr Kinder zahlen?«, fragte ich weiter.

»Nein! Dann würden die Zigeuner, um Geld zu erhalten, wie die Kaninchen hecken.« Die Zigeuner wären nach der Wende aus dem Süden Serbiens in den Norden gezogen. »Serbien ist heute immer noch ein geteiltes Land.«

Als ich den Sinn der Worte nicht verstehe, ergänzt der Advokat: »Ähnlich wie früher Deutschland geteilt war, aber eben ohne Mauer.«

Im nördlichen Teil wären die Menschen schon immer freier, kulturvoller, weltoffener, für Neues empfänglicher, eben gebildeter und zivilisierter gewesen. »Der südliche Teil unterhalb von Belgrad war dagegen schon immer unsere Türkei. Die Menschen dort sind verschlossen und zurückgeblieben. Serbien ist deshalb noch geteilt.«

Welcher Teil Deutschlands früher die Türkei gewesen sein soll, weiß er allerdings nicht.

Alexander schenkt oft nach und löst zur Mittagszeit die Vereinsrunde auf.

Hilda Banski überreicht mir fünfzehn Seiten mit Fotos und Texten über ihre Kindheit.

So als müsste sie sich dafür entschuldigen, erklärt sie mir dann noch, weshalb sie erst 1993 in der deutschen Botschaft um eine Ausreise nach Deutschland ersucht hat. »Ich konnte die guten Menschen, meine Großmutter und meine Tante und meinen Onkel, die mich 1948 als Achtjährige aufgenommen und großgezogen haben, ich konnte diese guten Menschen nicht allein in Serbien lassen.«

Als sie 1993 um Aufnahme in Deutschland gebeten hat, wiesen die Beamten der Botschaft sie ab. »Ich zeigte ihnen die Fotos meines Vaters, der in der Uniform als deutscher Soldat gefallen ist. Ich brachte ihnen den Stammbaum der Familie und sagte, dass ich die wichtigsten deutschen Bücher gelesen habe: Goethes ›Faust‹, die ›Buddenbrooks‹ von Thomas Mann und auch die Nibelungen.«

Plötzlich hatte sie das schreckliche Gefühl, in der Welt von heute ein minderwertiger Mensch, ein Aussätziger, zu sein. »Ein Aussätziger, vor dem sich andere Länder, selbst wenn er sie nur besuchen will, schützen müssen. Eingesperrt sein im eigenen Land, wie Sie früher in der DDR, das ist furchtbar. Aber in dem Fall zweifelt man nicht an sich als Mensch, sondern an dem diktatorischen Staat, der seine Bürger einsperrt. Doch stellen Sie sich vor, dass Sie frei wären, der Staat lässt Sie in alle Länder reisen, aber Sie können trotzdem nicht fahren, weil die demokratischen reichen Länder Sie nicht haben wollen, nicht einmal als Besucher. Wie fühlen Sie sich dann? Ich darf mit meinem Pass privat genauso wenig nach Deutschland, nach Frankreich oder Italien fahren wie die Ukrainer, die Angolaner, die Vietnamesen, die Kubaner ...«

Sie lächelt und sagt: »Lesen Sie es bitte, ich schenke Ihnen meine Kindheit.«

Ich umarme die kleine, zierliche Frau so vorsichtig, als könnte ich sie zerbrechen.

Am Nachmittag will mir Alexander Kikinda zeigen. Weil die Stadt, in der 40 000 Menschen leben, sieben Kilometer lang und fünf Kilometer breit ist, schlägt er vor, dass wir mit dem Auto fahren. Damit bin ich sehr einverstanden.

Wir fahren keine Runde durch die Stadt, sondern zu zwei für Alexander sehr wichtigen Orten: zur Gießerei und zum katholischen Friedhof, auf dem die Eltern begraben sind.

Viele Hallen der Gießerei verstecken sich unter hohen Laubbäumen. »Wir ließen die Bäume damals stehen und haben, was oft teurer und schwieriger war, nach den Vorgaben der Natur geplant und die Hallen zwischen und um die Bäume herum gebaut. Wer macht das in Serbien heute noch? Billig zu bauen, das ist das einzige Kriterium – Bäume interessieren dabei niemanden.«

Die UN verhängte während der Kriege ein Embargo gegen Serbien, und die EU strafte das Land bis zur Abwahl von Milošević mit wirtschaftlichen Sanktionen.

»Aber dieses Embargo hat weder Milošević noch die anderen millionenschweren alten kommunistischen oder neuen demokratischen Politiker getroffen. Sie wurden dadurch nicht ärmer. Aber fast 5000 Menschen verloren in Kikinda über Nacht ihre Arbeit. Bestraft wurden mit dem Embargo nur die kleinen Leute, die Unschuldigen. Und keiner von den Politikern hat vorher gefragt: Warst du ein serbischer Nationalist, oder hast du einen Kroaten, einen Bosnier oder einen Kosovo-Albaner aus seinem Haus vertrieben? Niemand wurde gefragt. Alle mussten büßen. Nur die wirklich Schuldigen nicht.«

Auf dem katholischen Friedhof hat man nach dem Zweiten Weltkrieg die Feldsteine aus den Mauern herausgerissen. Nur hinter dem Grab von Alexanders Eltern sind sie noch vorhanden. »Obwohl damals viele Wohnungen der vertriebenen oder getöteten Deutschen leerstanden, haben sich manche die Steine für ihren Hausbau vom katholischen Friedhof geholt.« Alexander reißt Efeublätter, die den Marmorgrabstein der Eltern verdecken, ab, dann zeigt er mir die Reihengräber der katholischen Nonnen und einen 2002 eingeweihten Gedenkstein für die »Toten der Milchhalle«.

»Es ist ein Gedenkstein für die Deutschen, die von den jugoslawischen Partisanen 1944 in der ›Milchhalle‹, einer alten Käsefabrik, eingesperrt worden waren und danach erschossen, in serbische Lager gebracht oder zur Zwangsarbeit in die Sowjetunion deportiert wurden. Es waren Hunderte, die damals in der Milchhalle eingepfercht und der Willkür der Sieger ausgeliefert waren.«

Heute, nach sechzig Jahren, wohnen Mieter in der Milchhalle.

Auf der Rückfahrt weist Alexander auf ein kleines grünes Haus. Bis 1944 war es sein Elternhaus. Nun wohnen fremde Menschen darin, und im Haus der Großeltern befindet sich ein Kindergarten.

»Nach dem Krieg wurden allen Deutschen die Häuser weggenommen. Die Sieger haben nicht gefragt: Hast du für die deutschen Besatzer Brot gebacken? Hat dein Mann als Soldat für die Deutschen gekämpft? Hast du ›Heil Hitler‹ gerufen?

Nein, alle waren schuldig. All die kleinen Leute mussten für die Verbrechen der Großen büßen.«

Zum Schluss unserer Stadtrundfahrt zeigt mir Alexander den Weg nach Nakovo. Dort will ich morgen über die Grenze nach Rumänien gehen.

»Vor dem Krieg war Nakodorf ein Ort, in dem fast nur Deutsche wohnten. Dann kamen die Partisanen aus Kroatien, Slowenien und Bosnien. Viele von ihnen waren Kommunisten. Tito, der Führer der Kommunisten, war kein Serbe, sondern der Sohn eines Kroaten und einer Slowenin. Zuerst haben sich im alten Jugoslawien die kommunistischen Parteien von Kroatien und Slowenien gegründet. Die kommunistische Partei Serbiens entstand später. Bei den Serben dauert alles ein bisschen länger, aber es hält dafür auch länger. Nachdem die Partisanen in Nakodorf eingezogen waren, rissen sie die katholische Kirche ab, vertrieben alle Deutschen und erklärten es zu einem ›kommunistischen Dorf‹. Damals genügte es, wenn ein Partisan auf ein Papier schrieb: ›Ich weiß, dass der und der auch als Partisan gegen die Deutschen und die kroatischen Ustascha-Faschisten gekämpft hat.‹ Der dadurch Legitimierte war danach ein amtlich bestätigter Partisan und erhielt später eine zusätzliche Rente. Doch nach 1989 wollten viele Alte in Nakovo weder Partisanen noch Kommunisten gewesen sein. Auf demselben Platz, auf dem sie nach dem Krieg die katholische Kirche abgerissen hatten, errichteten sie im vergangenen Jahr eine neue große Kirche, eine orthodoxe im byzantinischen Stil. Und weil in letzter Zeit oft Angehörige der Deutschen, die vor 1945 in Nakodorf gelebt haben, nach Nakovo kommen, aber nicht wissen, wo sie für die Deutschen Blumen niederlegen können, wollen die Nachfahren der Partisanen jetzt einen Gedenkstein für die Deutschen aufstellen.«

Zum Abschied wünscht mir Alexander für morgen Glück, denn der Grenzübergang von Nakovo ist kein offizieller, sondern nur ein Provisorium.

In der Pension nehme ich meine trockne Wäsche vom Tannenbaum, packe die Kraxe und schreibe meine Erlebnisse auf. Als ich, mit mir und der Welt zufrieden, in das Restaurant gehen will, um noch ein Glas Wein zu trinken, drängeln sich Leute in Seidenkleidern und Festtagsanzügen durch die Gänge. Im Tanzsaal sind in mehreren Reihen Tische und Stühle aufgestellt. Während eine Zigeunerkapelle probt, stehen einige Männer schon an der Theke. Als alle sitzen, öffnen eine Frau und ein Mann wie für den Einzug des Königspaares die Türflügel. Die Zigeuner spielen den Hochzeitsmarsch, die Gäste erheben sich und beklatschen die Braut in einem langen rosa Kleid und den Bräutigam in Frack und Zylinder, die strahlend durch das Spalier von bestimmt dreihundert Gästen ziehen. Die Musiker trommeln, blasen und fiedeln schon während des üppigen Mahls. Sobald die ersten Teller leer sind, beginnt man zu tanzen und zu singen und versucht, die Kapelle mit Geschrei zu übertönen. Der Lärm ähnelt dem in einem bierseligen deutschen Kirmeszelt.

Mein Zimmer grenzt an den Tanzsaal. Einer der Hochzeitsgäste, die nicht an der Toilette anstehen, sondern auf den Hof pinkeln, bringt mir eine Flasche Wein. Er meint, dass es keine große Hochzeit, sondern eine gewöhnliche Hochzeit sei. Wenn der Sohn heiratet oder zur Armee eingezogen wird, sei es normal, dass die Eltern ihm solch ein Fest ausrichten und sich damit oft für Jahre verschulden. Diese Hochzeit koste vielleicht 6000 Euro.

Als ich trotz des Weines um eins immer noch nicht schlafen kann, lese ich die Aufzeichnungen von Hilda Banski. Auf der ersten Seite sieht man die Fotos ihrer Familie: die Großeltern in dicke Jacken gemummelt, die jungen Frauen tragen Kopftücher, die Männer vornehme Hüte und die Kinder Strickmützen. Auf der zweiten Seite ein Foto der Mutter mit der gerade geborenen Hilda und dem zweijährigen Bruder Hansi, das letzte Foto vom Vater als Wehrmachtssoldat und ein Bild der Mutter während der Lagerzeit in der Sowjetunion.

*Ferien – 1943 (Ich bin drei Jahre alt)*

*Sonnenschein, Spatzengezwitscher. Es ist ein warmer Mittag an dem Begaufer. Aus dem Rundfunk klingen Lieder:* »Vor der Laterne, vor dem großen Tor …«, »Erika …«, »Denn wir fahren gegen Engeland …«

*Dröhnender Lärm! Am blauen Himmel erscheinen silberne Flieger. Sie fliegen in Formationen von vier.* »Oh, mein liewer Gott, wu wird's bombardiert?«, *sagt die Grossi (Großmutter). Hansi (mein älterer Bruder) und ich verstanden nichts davon. Die Sommeridylle war vorbei.*

*Milchhalle – Kikinda 1944*

*Es friert mich. In der Halle sind viele Frauen. Die Mama ist auch da.*

*Sie lassen uns nicht zu ihr. Mama weint. Hansi weint auch. Helmuth (mein jüngerer Bruder) und ich schauen mit aufgerissenen Augen zu ihr.*

*Soldaten stoßen uns zurück. Sie schreien etwas. Ich verstehe nichts. Grossi und die Wilms-Oma flüstern:* »Nach Russland!«

*Erst viel später verstand ich, dass sie Mama nach Russland zur Arbeit in die Kohlegrube von Donbass brachten. Erst nach vierzehn Jahren sah ich Mama in Deutschland wieder.*

*Hetin – 1944*

*Otta, Grossi, Hansi und ich sitzen beim Tisch in unserem Haus in Hetin\*. Es gibt Grenadiermarsch zum Mittagsmahl.*

*Von der Gasse Geschrei …*

*Sidi bellt.*

*Wir stürzen durch die Tür hinaus. Soldaten mit Gewehren stürzen in den Hof.*

---

\* *Mama ist in Russland, Vater ist Soldat, Helmuth ist bei der Wilms-Oma.*

Sie schreien.

Sidi bellt.

»Ruhe«, ruft Otta.

Sidi zieht sich zurück.

Ein Knall. Sidi fliegt gegen den Zaun.

Geheul, Blut ...

Hansi und ich weinen. Wir wollen zu unserer schwarz-weißen Sidi.

Grossi und Otta halten uns zurück.

Nie wieder hatten wir ein Mittagsmahl zu Hause in Hetin.

## Hetin (Lager) – 1944

Lager im Hockelhaus. Rimai Pischta (er war großer Knecht bei uns) brachte Honig und andere Lebensmittel. Alles gab er über den Zaun. Er erzählte Grossi etwas auf Ungarisch. Später hörte ich, als Grossi zu Otta sagte: »Sie haben Fed'r Palz erwischt. Aus dem Strohschobel haben sie ihn rausgezogen und an den Wagen gebunden. So musste er hinter dem Wagen laufen, bis er tot zusammenbrach.«

## Hetin (Lager) – 1944

»Der Markeitsch kommt!«, ging es durch das Lager (vor diesem Partisanen zitterten alle). Er befahl, dass sich die Frauen niederlegen mussten, mit dem Gesicht auf der Erde. Unter ihnen waren auch Grossi und Oma. Wir Kinder mussten uns setzen und zuschauen. Markeitsch befahl seinen Begleitern, die Frauen mit Korbatschen zu schlagen. Bei jedem Hieb jammerten die Frauen, und wir schrien und weinten.

## Haifeld (Lager) – 1945

Grossi schickte Hansi und mich auf das Feld, Klee zu zupfen zum Spinatkochen.

Es war ein sonniger Tag. Schmetterlinge flogen. Ich lief ihnen nach. Ich stolperte. Erstarrt fiel mein Blick auf zwei Leichen. Es waren zwei Buben, etwa 12 bis 13 Jahre alt. Sie lagen erschossen vor

179

meinen Füßen. Der eine hatte etwas Erde in seiner verkrampften, blutigen Hand. Ich konnte mich nicht rühren. Das erste Mal sah ich den Tod.

## Mollydorf (Lager) – 1946

Eine kleine Stube. Ich liege auf einem Strohbett. Frauen sitzen und beten.

»Sie stirbt! Der Atem ist ganz schwach.«

Ich höre alles, aber ich kann mich nicht rühren. Sie glauben, dass ich nicht mehr lebe, denke ich.

Mit letzter Kraft öffne ich die Augen.

»Es schaut ja!«, höre ich Grossi. »Hans, Hans, 's Kind lebt!«

Ich und Grossi besiegten die Rippenfellentzündung ohne Arzt und Medikamente. An den Rippen hatte ich eine offene Wunde. Aus meinem Mund fielen alle Zähne raus. Das Mundfleisch faulte. Grossi machte mir Umschläge von Kopf bis zu den Füßen. Von drei Bohnenkernen kochte sie mir Suppe.

## Rudolfsgnade, Knicanin (Lager) – 1946

Es regnet. Auf den Strohbetten sitzen Frauen. Sie sind alle mager. Aus ihren Augen hängt der Hunger. Sie erzählen.

Ich sitze in der Ecke und höre zu. Sie reden über Kuchenrezepte. Eine spricht davon, wie man die besten Würste macht.

Würste?! Ach was! Warum davon reden? Nie wieder werden wir Würste essen. Gerst'l, immer nur Gerst'l, und die nicht genug. Das ist unser Essen, dachte ich, aber kein Laut kommt aus meinem Mund.

In einer Kotarka (Kornspeicher) fanden wir Spielzeug: eine Spitzenbluse für die Puppe, Teppiche für das Puppenzimmer und ein Armband – eine gewöhnliche Kette, aber für mich war das ein großer Schatz. Ich tat sie um mein Handgelenk, krabbelte auf einen Erdhügel an dem Theißufer und bildete mir ein, dass ich ein König war. Meine Untertanen waren die Bäume.

## Viehwaggon

Wir sind in Viehwaggons zusammengepresst. Den ganzen Tag fahren wir.

Wir haben Hunger. Das Stücklein Kukuruzbrot (Maisbrot) haben wir schon längst gegessen. Jetzt gibt es nur noch Wasser zu trinken.

Längst ist schon die schmutzige Theiß hinter uns. Die Räder klappern eintönig.

Ein Weib beginnt zu singen: »Belgrad ist a' schöne Stadt, Kukuruz, Kned'l und nicht satt ...«

## Gakovo – 1947

In Gakovo waren wir in einem deutschen Haus einquartiert. Wir fünfzehn waren in einem Zimmer. In dem anderen Zimmer lebte der Hausherr.

Aus der Küche ging man in die Zimmer. Auf dem gebauten Herd stand öfter etwas Essen, das vom Hausherrn übriggeblieben war. Ich stahl oft von dem Essen. Es waren geröstete Kartoffeln. Mit den Händen nahm ich einige Stücke und aß sie gierig. Da sah ich zwei Strohhalme. Ich schmiss sie raus.

Der Hausherr wusste, dass jemand an den Kartoffeln gewesen war. Er machte großen Lärm. Die Strohhalme waren Zeichen gewesen.

## Gakovo (Lager) – 1947

Otta, Hansi und ich liegen auf den Strohbetten. Grossi ist im »Krankenhaus«. Sie hat Wasser in den Füßen.

Ich wache auf. Mit meiner Hand suche ich Otta. Erschrocken ziehe ich sie zurück.

Otta ist kalt. Eine Ratte springt von ihm runter. Er hat keine Ferse mehr.

Otta ist in der Nacht neben mir gestorben. Er ist verhungert. Hansi zieht die Leiche in einem Karren zu dem Sammelgrab. Mein Otta wird hineingeworfen und mit Kalk übergossen.

## Gakovo (Kinderheim) – 1947

Weil Otta gestorben war und Grossi im »Krankenhaus« lag, kamen Hansi und ich in ein Kinderheim. Da waren serbische und deutsche Kinder. Die Erzieher waren Serben.

Hansi und ich hielten uns immer an den Händen; wir schliefen auch nebeneinander.

Eines Tages straften sie Hansi (warum, das weiß ich nicht). Die Erzieher warfen ihn in den Keller, unter eine Waschmulde. Die Kinder sangen: »Marjane, Marjane, cabarjak se vije ...« Ich weinte.

## Zerne (Lager) – 1948

Hansi kam aus dem Dorf. Er ging betteln. Man gab ihm drei Dinar (das bedeutete drei Kilogramm Brot). Ich wartete auf ihn zum Spielen.

Hansi musste zuerst auf das Klo (das war eine Latrine mit Strohwänden). Ich ging mit. Als Hansi seine Hosen runterzog, fielen die drei Dinar raus. Den einen Dinar fanden wir gleich, aber die anderen zwei suchten wir umsonst.

Da sagte ich: »Wir müssen beten, so wie uns Grossi gelehrt hat!« Ich begann: »Jesus, Maria und Josef im Himmel steh' uns bei.« Kaum hatte ich ausgesprochen, sah Hansi in der Ecke der Latrine den zweiten Dinar, und ich erblickte den dritten. Er stak im Stroh.

## Kikinda – 1948 (zwei Wochen vor Ostern)

»Hildi, Hansi, schaut, wer ist da!«, höre ich Grossi rufen. »Marisch-Tante ist da!«

Mit Angst schaue ich auf die kleine Frau. Sie hat liebe blaue Augen und ein blau-rotgestreiftes Tuch auf dem Kopf. Von dem Wagen holt sie einen Sack herunter. Der Sack ist größer als ich. »Ich habe auch Essen gebracht.«

Grossi sagte zu Marisch-Tante, dass sie uns aus dem Lager nehmen kann. Sie machte das.

Wir sitzen auf dem Wagen. Der Kutscher war Kekez, der Nachbar von Marisch-Tante. Stumm halten wir uns an den Händen. Grossi konnte nicht mit uns.

*Wir fahren vor einem hohen Schornstein vorbei und in die Stra-*
*ßen hinein. Die Häuser sind groß, in manchen sind große Fens-*
*terauslagen.*

*»Hoo!« – Die Pferde bleiben stehen.*

*»Wir sind da.«*

*Ein schönes Haus, schöner Spiegel, echte Betten, Stühle und*
*Tisch, auch ein Schemel. Gutes Essen – in meinem Herz doch*
*Angst. Hansi ist bei mir, aber Grossi ist nicht da. Was wird Jani-*
*Onkel sagen?*

*Wir sitzen auf dem Schemel. Wir hören die Tür im Vorzimmer.*
*Marisch-Tante eilt hinaus. Wir hören ein Gespräch. Verstehen kön-*
*nen wir nichts (sie sprechen Ungarisch). Vor Angst drücke ich*
*Hansis Hand.*

*Die Tür öffnet sich und ein gütiges, lachendes Gesicht kam*
*herein – Jani-Onkel stand da. Mein Herz pochte nicht mehr so*
*fürchterlich, und der Druck in Hansis Hand ließ nach.*

Nachwort

Im August des Jahres 1949 wurde das Lager aufgelöst. So kam
auch Grossi nach Kikinda zur Marisch-Tante.

Mein Bruder Helmuth ist mit den anderen Großeltern im Jahre
1947 nach Rumänien geflohen.

Meine Mutter arbeitete bis 1950 in Russland, in der Kohlen-
grube von Donbass. In demselben Jahr kam Mutter nach Deutschland. Sie heiratete Peter Fischer, und so bekamen wir noch einen
Bruder und eine Schwester.

Im Jahre 1952 fand uns Mutter mit Hilfe des Roten Kreuzes
und wollte uns zu sich nehmen. Aber Hansi und ich wollten nicht
ohne Grossi nach Deutschland. Wir hatten mit ihr bei Marisch-
Tante und Jani-Onkel ein warmes Heim mit viel Liebe gefunden.
Mutter sah ich erst im Jahre 1958 wieder. Helmuth kam zu ihr
nach Deutschland im Jahre 1961. Hansi sah Mutter im Jahr 1969,
als er 32 Jahre alt war, und sein Sohn Robert so alt war (7 Jahre)
wie Hansi selber, als man Mutter nach Russland zur Arbeit deportierte.

Je länger ich lese, was Hilda Banski geschrieben hat, um so weniger höre ich von den Pauken und Trompeten der durch den Alkohol zu vollster Lautstärke getriebenen Musiker. Erst kurz vor der Morgendämmerung fallen mir die Augen zu, aber schon wenig später weckt mich das Blöken einer zur Weide getriebenen Schafherde und das Gebell der Hütehunde. Ich dusche noch einmal sehr lange und trinke dann mit den Arbeitern, die den Saal von den Überresten der Hochzeitsfeier säubern, einen starken schwarzen Kaffee. Als einer von ihnen hinter dem Tisch des Brautpaares »zufällig« noch eine volle Flasche Schnaps findet und alle mit mir zum Abschied anstoßen wollen, lehne ich ab. Bevor ich bei Nakovo über die vermeintliche »illegale« Grenze nach Rumänien gehe, will ich den orthodoxen Gottesdienst in Kikinda besuchen. Zwar glaube ich nicht daran, aber schaden kann es bestimmt nicht.

Die Männer lachen. Einer setzt die Flasche an, nimmt einen kräftigen Schluck und sagt: »Nun zu Gott!« Es sei üblich, dass ein serbischer Mann vor und nach dem Kirchgang einen kräftigen Schluck nimmt.

Nein, ich will trotzdem nicht.

Vor der Kirche sitzt ein kahlgeschorener Mann, der den Stoff seines leeren Hosenbeines neben sich auf die Treppenstufe gelegt hat. So, als werde er nicht eher aufstehen, bis die Schatulle gefüllt ist, hat er eine Blechbüchse auf das Ende des Hosenstoffes gestellt. Ich lege zu den Münzen einen Hundertdinarschein. Da nimmt er blitzschnell die Büchse in die Hand und wirbelt das leere Hosenbein wie ein Fußballfan seine Fahne um den Kopf. Lachend gehe ich in den Vorraum der Kirche. Dort steht vor dem Eingang zum Kirchenschiff ein Kiosk, in dem eine schwarzgekleidete Frau Heiligenbilder, Kreuze, Ketten, Bücher, Kerzen, Ikonen und Kekse verkauft. Als ich vorbeilaufen will, steckt sie den Oberkörper durch die schmale Verkaufsöffnung, gestikuliert wild mit den Armen und schreit: »Nije, nije.« Sie zeigt auf meine kurzen Hosen, die ich auch heute am Sonntag für den Marsch auf den staubigen Straßen angezogen habe.

Es kann doch nicht sein, dass ich wegen des Kirchganges auf den Schnaps verzichtet habe und nun ... Ich hoffe, dass ich die immer noch mit den Armen fuchtelnde Frau durch den Kauf einer Ikone mit dem Bildnis des heiligen Nicola umstimmen kann. Der Heilige kostet 500 Dinar. Ich höre die melancholischen Kirchengesänge, schnuppere den Weihrauch und kann den Pfarrer durch die offene Tür in seinem silbernen Talar nur schemenhaft vom Silber des Altars unterscheiden. In der Kirche sitzen vielleicht hundert Gläubige, darunter viele Paare mit ihren Kindern auf dem Schoß. Als ich mit der Ikone in die Kirche gehen will, kommt die Frau zeternd aus dem Kiosk gerannt.

Ich gehe ohne Segen aus Kikinda.

An den Zeitungskiosken frage ich nach Ansichtskarten. Es gibt keine. Ein Verkäufer sagt mir, Ansichtskarten wären gute Vorlagen für Bombenangriffe. Seit dem Krieg verkaufte man sie nicht mehr.

Von meinem Versuch, illegal über die serbisch-rumänische Grenze zu laufen, einem Zigeuner in Srpska Crnja, der sich über Pornografie in Deutschland empört, und einer schweißnassen roten Abschiedsfahne

Die Sonne steht noch nicht hoch, und ich laufe die wie gewöhnlich gerade Straße nach Nakovo im Schatten hoher Maulbeersträucher. (Alexander hatte mir erzählt, dass man in Kikinda früher auch Seidenraupen züchtete und Seide produzierte.)

Noch vor dem Mittag erreiche ich das frühere Nakodorf, sehe an der Hauptstraße in der Ortsmitte den monumentalen Bau der neuen orthodoxen Kirche. Mit ihren aus braunen und roten unverputzten Ziegeln gefügten Kuppeln und Bögen könnte sie auch in Sofia oder Athen stehen. Einen alten Mann, der die Blumenrabatte vor der Kirche harkt, frage ich nach dem Weg zur Grenze.

Ob ich ein Deutscher bin?

Ich nicke.

Er sagt, dass er mir vielleicht das Haus meiner Eltern zeigen könne. Es gebe inzwischen eine Liste der früheren deutschen Eigentümer. Ich winke ab.

Ob ich Blumen für die toten Deutschen niederlegen möchte? Vielleicht hier vor der Kirche?

Ich schüttele den Kopf.

Aber er könnte mich vor der Grenze fotografieren, sage ich.

Die Straße zur Grenze geht geradewegs aus Nakovo hinaus. Ein rot-weiß gestrichenes Metallrohr, in dessen Mitte ein rundes Durchgangsverbotsschild hängt, sperrt die Straße. Daneben steht ein weißes Pförtnerhäuschen. Es ist verschlossen. Auch in einer Baracke mit holzverkleidetem Giebel entdecke ich keinen Menschen. Nach zwanzig Metern stehe ich vor einer blau-weiß-rot gestrichenen Schranke und einem blauen Schild, auf dem in Serbisch, Ungarisch, Rumänisch und Deutsch in Großbuchstaben vor der »Grenze« gewarnt wird. Hinter dem Schild wächst das Gras in den Zwischenräumen der Straße aus Betonplatten. Hier fährt kein Auto mehr über die Grenze.

Je weiter ich laufe, desto unbekümmerter werde ich. Als ich schon am Ende der Straße den Kirchturm des rumänischen Nachbardorfes Comloşu Mare sehe, treffe ich den ersten Menschen im Niemandsland. Es ist allerdings kein aus Rumänien kommender Grenzgänger, sondern ein uniformierter serbischer Polizist. Er fragt nichts, sondern schreit mich sofort an, greift an die lederglänzende, polierte Tasche, in der ein großer Colt steckt.

Außer seinem barschen Befehl, mitzukommen, verstehe ich nichts. Schließlich macht er mir klar, dass ich das Grenzgebiet illegal betreten habe. Er müsste mich, und er deutet es an, indem er meine Hände übereinanderlegt, verhaften. Wir gehen zurück zu der weiß-rot gestrichenen Schranke und dem Kontrollhäuschen. Ich gebe ihm, weil ich den Pass vor Schreck nicht finde, meinen Personalausweis.

Geschlossene Grenze zu Rumänien

Er studiert ihn sehr lange und fragt plötzlich leise und schlecht betont: »Du, Dresden?« Ich nicke. Da klopft er mir auf die Schulter und sagt: »Dresden gut.« Mühsam macht er mir klar, dass sein Bruder Goldan vor zehn Jahren zur Arbeit nach Dresden gegangen ist und dort eine deutsche Frau geheiratet hat. Zuletzt fragt er mich noch, ob ich die Russen oder die Amerikaner liebe.

Als ich »die Russen« sage, nickt er. Ja, die Russen würden Serbien helfen, die Amerikaner Serbien kaputtmachen.

Er gibt mir den Ausweis zurück, zeigt mit einer Handbewegung, dass ich schnell wieder nach Kikinda gehen soll, und verschwindet in einer der Baracken.

Als ich in Nakovo an der Kirche vorbeikomme, frage ich den »Gärtner« nach dem Weg zum nächsten offiziellen Grenzübergang. Er nennt mir den für mich nicht aussprechbaren, aus neun Konsonanten und nur zwei Vokalen bestehenden Ortsnamen »Srpska Crnja«. Ich könnte zwar auch eine Nebenstraße an der Grenze entlanglaufen, aber am sichersten wäre es, die neun Kilometer bis Kikinda zurückzugehen. Von dort wären es auf der Hauptstraße nur noch 24 Kilometer bis Srpska Crnja.

Er bietet mir an, dass er mir die Tür zur neuen Kirche aufschließt, damit ich gesegnet weiterlaufen kann.

Ich danke ihm, aber lehne ab.

Am späten Nachmittag stehe ich wieder am Ortseingang von Kikinda und lege meinen Schlafsack unter einen der großen Maulbeersträucher. Ich möchte nicht noch einmal in die Stadt gehen oder Hilda und Alexander anrufen und um ein Nachtlager bitten. Ich esse Maiskolben vom Feld und schlafe, übermüdet von der vergangenen Nacht, sehr schnell ein. Autos stören mich nicht. Auf der Grenze wächst Gras.

Am Morgen stehe ich sehr zeitig auf, denn ich will, bevor die größte Hitze den Teer der Straßen weich gemacht hat, mehr als die Hälfte der 24 Kilometer nach Srpska Crnja geschafft haben. Am Ortsende stehen die Hütten der Zigeuner. Nur wenige der niedrigen, oft nicht einmal vierzig Quadratmeter großen Häuschen sind mit den Strommasten verbunden. Viele Häuser fallen schon zusammen. Zuerst hat sich das Dach gekrümmt, dann sind die Ziegel heruntergefallen. Sie liegen unter dem Dachdreieck über der Zimmerdecke. Aus dem abgedeckten Giebel ragen wie Skelettknochen die ziegellosen Dachlatten heraus. Manche Haustüren sind zugemauert. Die zersplitterten Holztüren stehen daneben. Zwischen den Schutthaufen liegen Matratzen und Betten, und über den Sträuchern hängen gewaschene Hosen und Hemden.

Ich laufe nicht wie sonst am Wegrand, sondern gehe im größtmöglichen Abstand zu den Hütten in der Mitte der Straße. Ich gehe sehr aufrecht und ohne nach rechts oder links zu blicken immer geradeaus. Wie der Sheriff mittags um zwölf. Und schäme mich dafür.

Vor einem verputzten Haus steht ein Dutzend Zigeuner um einen runden Plastetisch, über dem ein weißer Sonnenschirm aufgespannt ist. Eine grauhaarige Zigeunerin, die auf dem einzigen weißen Plastestuhl sitzt, winkt mir zu. Ich reagiere nicht. Sie steht auf, läuft mir hinterher, nimmt mich am Arm und führt

Am Ortsrand von Kikinda

mich zu dem Haus. Ich muss mich auf ihren weißen Stuhl setzen. Sie hat trotz ihrer grauen, mit einem schwarzen Band zusammengebundenen Haare noch schwarze buschige Brauen, und die Lippen sind mit einem leuchtendroten Stift geschminkt. Sie ist mit vielleicht fünfundfünfzig die Älteste in der Runde, die anderen werden ihre Kinder oder die Enkel sein.

Sie ruft zum Nebenhaus, dass man Kaffee kochen soll. Eine Zigeunerin in einem armfreien rosa Shirt und einem langen braunen Rock, auf dem gelbe Blumen prangen, bringt mir wenig später den tiefschwarzen Mokka. In der einen Hand trägt sie die Kaffeetasse, und auf dem Arm hält sie ein blondgelocktes Kind. Sie hat sich die Augenbrauen abrasiert und nur mit einem schwarzen Stift dünn nachgezeichnet. Ihre Ohren schmücken große silberne Ringe und den Hals eine silberne Kette. Auffällig zupft sie immer wieder an den roten Trägern ihres BHs und versucht sie lächelnd unter das Shirt zu schieben. Ringe trägt sie keine.

Ich frage, ob es ihr Kind ist. Nein, sagt sie, das Kind ihres Bruders. Als sie den Mund öffnet, ist es plötzlich aus mit der Schönheit. Zahnlücken. Und viele. Sie heißt Jula, spricht ein

Milica Petrowić und ihre Familie

wenig Deutsch und lebt in Wien. Dort arbeitet sie in der Küche eines Restaurants.

»Mein Mann ist tot«, erzählt sie. Und lacht. »Er hatte einen Unfall, ist mit dem Auto unter die Straßenbahn gefahren.« Und lacht, ohne auf ihre Zahnlücken zu achten, und fragt, ob ich ihre Schwester heiraten möchte.

Ich soll alle fotografieren und ihre Namen aufschreiben. Jula lächelt, ohne den Mund zu öffnen, und die alte Zigeunerin Milica Petrowić bringt selbstgebackene Kekse.

Als ich gehe, krame ich fünf Euro aus der Tasche, lege die Hand aufs Herz, sage danke und gebe Jula den Schein. Sie reicht ihn sofort an die alte Zigeunerin weiter.

Am Ende der Zigeunersiedlung, nun laufe ich nicht mehr in der Mitte der Straße, sondern sehr dicht an den Hütten, hält mich noch ein Zigeuner an. Er sagt, dass seine Frau jung und schön ist. Ich soll in sein Haus kommen. Sie würde mir einen Liebestrank machen.

Ich erwidere, dass ich keinen Liebestrank nötig habe.

Hinter dem letzten Haus beginnen die Sonnenblumenfelder. Das nächste Dorf heißt Rusko Selo, Russisches Dorf. Ich frage, ob Russen hier wohnen. Nein, kein einziger.

Früher vielleicht, aber man hätte, sagt ein alter Mann, mit dem Heute genug zu tun. »Da interessiert es niemand, wer früher hier gewohnt hat.«

Am Dorfausgang stehen vor einem Haus, dessen Eingangstür mit Blumengirlanden geschmückt ist, dreißig oder vierzig Autos. Unter einem offenen Zelt paukt und trompetet und fiedelt die Kapelle. Es riecht nach Essen, Schnaps und Schweiß. Ich gehe schnell vorbei. Essen möchte ich nicht, mein aufgebohrter Zahn hat das Eis und den Kuchen in Kikinda nicht vertragen. Er schmerzt.

Je mehr ich mich der Grenze nähere, um so größer werden die Müll- und Schutthaufen an den Wegrändern. An manchen Stellen müssen auch Tierkadaver begraben sein. Die Erde stinkt. Erst an der Fernverkehrsstraße Nr. 7, die von Novi Sad direkt nach Rumänien führt, sind die Straßengräben wieder müllfrei. Nur ab und an finde ich am Wegrand aus den Autos geworfene, von den Serben geliebte gelbe Duft-Wunderbäumchen. Wie man auf Deutsch darauf lesen kann, haben sie Kokos-, Tannen- oder Pfirsichduft verbreitet.

Immer öfter werden die Äcker von Tümpeln oder mit Schilf bewachsenen Teichen abgelöst. Ich versuche, die Mücken, die mich in dichten Schwärmen umkreisen, mit hastigen Armbewegungen und dem Schwenken meiner roten Mütze zu vertreiben. Trotzdem bleiben sie, wie die Zahnschmerzen, kilometerweit meine ungeliebten Begleiter.

Am frühen Abend erreiche ich endlich den Grenzort Srpska Crnja. Im Park setze ich mich neben dem Kinderspielplatz auf eine der noch nicht zerbrochenen Bänke. Ich möchte heute keine wildfremden Menschen ansprechen und nach einer Schlafgelegenheit fragen. Und wenn ich ehrlich bin, möchte ich überhaupt nicht mehr weiterlaufen. Doch dann rede ich mir ein, dass ich in Rumänien nicht mehr immer nur geradeaus von Ort zu Ort auf staubigen Straßen marschieren, sondern interessante Dörfer und Städte entdecken werde. Lenauheim, den Geburtsort des berühmten Lyrikers; Gottlob, das Dorf, das immer noch den alten deutschen Namen trägt; Temeswar, die nach Wiener Vorbild gebaute Hauptstadt des Banats. Und Sânnicolau Mare, wo ich meine Wette gewinnen und für den Kellner in Harkány die gewünschte CD kaufen werde. Einen Moment lang fühle ich mich wie der Recke in einem russischen Märchen, der für die Zarentochter goldene Äpfel, den Feuervogel und das Wasser des Lebens holen muss. Und als Belohnung die schöne Zarentochter und das halbe Reich erhalten wird.

Ich jedoch laufe Hunderte von Kilometern für zehn Flaschen »Egri Bikavér«.

Im Dorfladen kaufe ich mir Brot und Wein. Ich werde auf der Parkbank sitzend trinken und dann, vor dem Tau geschützt, unter der Bank schlafen. Als ich mich nach dem Essen unter der Bank in meinen Schlafsack verkrieche, hält ein Zigeuner mit seinem Fahrrad an. Ich hatte ihn schon im Geschäft bemerkt, als er in den Kartons mit den DVDs wühlte und über mein serbisch-russisch-deutsches Einkaufsgespräch lachte. Nun fragt er in sehr gutem, fast akzentfreiem Deutsch, woher ich komme und wohin ich will.

»Du wirst heute Nacht bei mir schlafen«, sagt er bestimmt, und ohne meine Antwort abzuwarten, lädt er den Rucksack auf den Gepäckträger und fährt, um im Schritttempo die Balance halten zu können, in großen Kurven neben mir her.

Es wird ein weiter Weg, denn auch sein Haus befindet sich am Ortsrand. Unterwegs erzählt mir Milan, dass er 1995 als Asylbewerber in Halberstadt gelebt hat. »In einer alten russischen Kaserne außerhalb der Stadt. Ich, ein freier Zigeuner, in einer Kaserne. Es war eine schlimme Zeit. Ich bin dort wieder abgehauen.«

Ich schaffe es nicht, die vielen Stationen seines Lebens zu ordnen. Er war mit einer Tschechin verheiratet. Er arbeitete in Wien als Schrotthändler. Er hat mit seinem Schwager in Den Haag als Straßenmusikant Gitarre gespielt. Und er war sogar in meinem Wettort Harkány, dort jobbte er als Diskjockey.

Nachdem ich schon fünfzehn Minuten neben seinem Fahrrad hergetrabt bin, erschrecke ich. Mein rotes Notizbuch, in das ich bei meiner Ankunft noch geschrieben habe, halte ich nicht mehr in der Hand. Auch in der Umhängetasche und im Rucksack finde ich es nicht. Ich muss sofort zurück, nehme das Fahrrad des Zigeuners, der verspricht, dass er warten und auf mein Gepäck aufpassen wird.

Ich trete, als ginge es um mein Leben. Doch das rote Notizbuch liegt weder auf noch unter der Bank. Ich rase zum Dorfladen. Die Verkäuferin öffnet die Kasse und überreicht mir lächelnd mein Büchlein.

Milan sitzt noch im Straßengraben neben meinem Rucksack. Den Rest des Weges laufen wir beide. Ich frage ihn, was für DVDs er gekauft hat. »Pornografie?«

Er hebt beschwörend die Hände. »In der Familie darf man so etwas niemals anschauen. Das guckt man nur, wenn Männer unter sich sind.« Für die Familie hat er einen Kriegsfilm, in dem jugoslawische Partisanen gegen die deutschen Faschisten kämpfen, mitgenommen.

Seine Haare sind hinten und an den Seiten wie bei russischen Soldaten weit nach oben geschoren. Das rote T-Shirt, das an den Ärmeln und am Kragen mit noch nicht vergilbten sauberen weißen Rändern abgesetzt ist, trägt er nicht über, sondern in der blauen Turnhose. Er ist vierunddreißig.

Wir laufen bis zur letzten Gasse vor den Feldern. Noch fällt sein Haus nicht zusammen. Die Wände werden zusätzlich von den Mauern eines Schweinekobens gehalten. Vor dem Koben ist ein struppiger Hund angebunden. Im Stall grunzt eine schwarze Sau. An ihren Zitzen saugen zehn Ferkel. Eine junge schöne Frau versucht, als wir uns nähern, gleichzeitig das Schwein zu füttern, den Hund zu beruhigen und mich zu begrüßen. Sie trägt zu einer schwarzen engen Baumwollhose einen sehr tief ausgeschnittenen, blütenweißen dreiviertellangen Pulli, silberne Ringe und einen meerblauen Anhänger an einer feingliedrigen Kette. Die wie für einen Theaterbesuch gekleidete Frau bewegt sich in dem

Victoria, »die schönste Zigeunerin Serbiens«

Dreck des Schweinestalls graziös wie ein Wesen aus einer anderen Welt.

Als ihr Mann meine bewundernden Blicke bemerkt, sagt er: »Ich habe Victoria geheiratet, weil sie die schönste Zigeunerin Serbiens ist, aber ich werde mir ihren Namen, damit sie mir nie wegläuft, trotzdem nicht eintätowieren lassen.« Er streift den Ärmel seines T-Shirts hoch. Auf dem Arm ist eine noch nicht verblasste Frau mit nackten Brüsten zu sehen. Darunter ihr Vorname: Monika. »Das ist meine tschechische Frau, der ich zwei Kinder gemacht habe. Doch mit ihr ging es nur zwei Jahre gut. Sie wollte die natürliche Herrschaft des Mannes über die Frau nicht anerkennen. Ich habe sie zwar bald drehen können, jedoch nicht ihre Mutter. Die wollte, dass ich abwasche! Ein Mann, der abwäscht!« Auf dem anderen Arm sind nur zwei Namen tätowiert: »Slawia« und ein wenig undeutlich »Boka«.

Er spielt mit den Armmuskeln, damit sich die Brüste und Namen bewegen. Seine Frau lächelt, und die vielleicht vierjährige Tochter, die wie die Mutter tiefschwarzes glänzendes Haar und dunkle Augen hat, macht es dem Vater nach und zeigt, dass auch ihre Ärmchen schon stark sind.

Unter dem Vordach, dessen brüchige Balken von drei aus weißen Ziegeln gemauerten quadratischen Säulen gehalten werden, steht ein Küchenherd. Die Mutter des Zigeuners hockt vor dem Feuerloch und legt Holz nach. Auf dem Herd kochen in einem großen Topf die Wäsche und daneben in einem kleineren die Kartoffeln. Der Putz an den Wänden und an der Decke ist heruntergefallen. Ein sich im Wind bewegender Store hängt im türlosen Türrahmen, an dem schon die Tapete der Wohnung zu sehen ist: Auf hellblauem Grund sind dunkelblaue Blüten verstreut. Neben dem linken Pfosten baumelt in Kniehöhe eine an einem langen Kabel befestigte Lampenfassung mit einer Glühbirne. Der Schalter dafür befindet sich wahrscheinlich im Zimmer. Wie wird es drinnen aussehen?

Draußen stehen ein alter Einkochtopf mit Abfällen für das Schwein, ein Ohrensessel, auf dem die Zwiebeln zum Trocknen ausgelegt sind, ein steinerner Wassertrog zum Füßewaschen, ein wackliger Hocker, ein Schrubber und ein Stereo-Kofferradio. Milan schaltet die Popmusik aus, zeigt die gekaufte DVD und sagt, dass wir uns jetzt den Film gemeinsam anschauen werden. Als ich die Gardine am Eingang zur Seite schiebe, schubst er

Die Großmutter

195

mich an und sagt: »Zieh deine schmutzigen Schuhe aus, bevor du in das Zimmer gehst!«

Drinnen ist es dunkel. Nur durch eine wohl nicht zu öffnende Luke und die verhängte Tür fällt Licht, das aber sofort von der hellblauen Tapete geschluckt wird. Auf dem Fußboden liegen Teppiche. In einem alten Vertiko sind hinter Glastüren Teller und Tassen ordentlich übereinandergestapelt. Auf dem Vertiko, das wie die Tische, der Schrank und die Ablagebretter eines Regals mit einer weißen Spitzendecke verziert ist, steht ein grellbuntes Bild von Jesus. In seinen leuchtenden Kleidern sieht er wie ein amerikanischer Popstar aus. Rechts und links wird das Bild durch zwei Vasen mit Kunstblumen gerahmt. Kunstblumen schmücken jeden freien Platz des Zimmers. An den blauen Wänden hängen auch Hochzeitsfotos und Porträts von Kindern, die sich, weil sie koloriert worden sind, in dem Halbdunkel kaum von den Heiligenbildern unterscheiden lassen.

Im hinteren Teil des Zimmers stehen zwei Betten mit dicken Federkissen. »Ich schlafe mit Victoria und dem Kind nebenan. Du wirst mit der Großmutter hier schlafen«, sagt Milan.

Eine Nacht mit Zigeunern in ihrer Hütte, die nur aus zwei Zimmern besteht! Geld und Pass und EC-Karte habe ich mir schon in die Hosentasche gesteckt. Den Rucksack stelle ich vorsorglich in Reichweite neben das Bett.

Auf dem Bildschirm des Laptops, der auf dem Boden steht, kämpfen inzwischen die Partisanen gegen die deutschen Faschisten und ihre kroatischen Verbündeten. Die kleine Melissa kniet davor. Wir sitzen am Tisch und sehen kaum etwas. Die Großmutter und Milan rauchen ununterbrochen. Auch die Verwandten, die nach und nach kommen, weil sie erfahren haben, dass es einen neuen Film und einen deutschen Wanderer zu besichtigen gibt, rauchen. Ein stetiges Kommen und Gehen. Wenn die Stühle nicht für alle Männer reichen, steht Victoria von ihrem Stuhl auf und hockt sich, damit der männliche Gast sitzen kann, neben ihre Tochter auf den Fußboden.

Mir fällt das Atmen schwer. Die Gespräche in der großen Zigeunerrunde werden immer lauter, denn man muss die Schreie der Partisanen, das MG-Feuer der Deutschen und das laute Grunzen der Sau im Stall übertönen.

Als ich Milan von meiner Begegnung mit der Zigeunerfamilie in Kikinda, von der alten Frau, die mich zum Kaffee einlud, und von Jula, deren Mann in Wien mit dem Auto in die Straßenbahn gefahren ist, erzähle, fragt er: »Hieß die Frau Milica Petrowić?«

Ich nicke. Dann wäre er mit ihr verwandt. »Ich bin auch mit Jula verwandt. Ich kenne sie gut.«

»Sie ist schön«, sage ich.

»Ja, aber sie hat eine zu große Nase.«

»Und ein trauriges Schicksal«, sage ich.

»Ja, das ist eben so mit den Männern!«

»Wie konnte es passieren, dass ihr Mann mit dem Auto unter die Straßenbahn kommt?«

Er lacht. »Hat sie dir das erzählt?«

Ich nicke. »Ja, und sogar über den Tod gelacht.«

»Du darfst die Geschichten, die wir Zigeuner einem Fremden erzählen, nicht immer glauben. Ihr Mann ist tot, ja. Für sie ist er tot, aber er ist nicht in Wien unter die Straßenbahn gefahren. Er hat Jula verlassen. Und Jula arbeitet auch nicht mehr in Wien. Ihre Aufenthaltsgenehmigung ist abgelaufen. Sie braucht jetzt einen neuen Mann.«

Als alle Verwandten und Bekannten gegangen sind, bringt die Großmutter das Abendessen: Kartoffelstampf und Letscho. Und zwei Stücke Fleisch. Die legt Victoria ihrem Mann auf den Teller. Als Melissa am Tisch herumhampelt und trotz Ermahnung nicht stillsitzt, gibt der Hausherr der Großmutter wortlos ein Zeichen. Sie steht auf und bringt eine Rute aus Birkenreisig. Damit schlägt er zweimal auf den Tisch. Und sofort ist Ruhe.

Nach dem Essen zeigt er mir sein Schlafzimmer. Neben die Heiligenbilder hat er viele Landesflaggen an die Wand gepinnt. In der Ecke stehen afrikanische Trommeln, eine Balalaika und seine Gitarre. Ohne dass ich ihn bitten muss, nimmt er die Gitarre, singt alte Zigeunerlieder und erklärt, dass ein Zigeuner die Traditionen und Rituale der Großväter und Väter bewahren muss.

Von seiner Arbeit im Ausland kommt er nur zweimal im Monat nach Hause.

»Ich bringe das Geld, damit meine Familie leben kann. Viel Geld ist es nicht, aber wir Zigeuner sind wie die Afrikaner: Wir lachen und singen um so lauter, je schlechter es uns geht. Ein reicher Zigeuner lacht und singt nicht mehr.«

Ich frage, ob Victoria eine Arbeit hat.

»Ja, hier im Haus. Sie ist meine Frau.«

Als Victoria fünf Jahre alt war, zog sie mit den Eltern nach Deutschland und lernte sieben Jahre in einer deutschen Schule. Sie war eine sehr gute Schülerin. Als sie dreizehn wurde, ging der Vater, weil die Mutter einen anderen Mann hatte, mit der Tochter zurück nach Serbien. Danach hat sie wegen des ihr fremden serbischen Unterrichts keine Schule mehr besucht.

Vor dem Schlafengehen bringt die stille 23-jährige Frau, die immer noch ihr blütenweißes enges Shirt und die schwarze Hose trägt, eine große Schüssel mit warmem Wasser. Sie kniet vor ihrem Mann, wäscht seine Füße und trocknet sie danach sorgsam ab. Er sagt, dass sie frisches Wasser holen soll, um auch mir die Füße zu waschen. Ich widerspreche heftig, gehe in den Hof zum Wasserbottich und spritze mir mit dem Schlauch meine Füße ab.

Die Großmutter ist inzwischen in ihr Bett gekrochen. Um Geld und Pass nachts am Mann zu haben, lege ich mich mit Hose und Hemd in mein Bett. Unter dem dicken Federbett schwitze ich schrecklich, doch ich kann mich nicht aufdecken, denn Hunderte Fliegen kreisen im Zimmer und setzen sich auf jede nackte Körperstelle.

Als ich am Morgen schweißnass aufwache, schlafen noch alle. Nur die Sau grunzt schon. Ich nehme den Wasserschlauch, stelle mich nackt in eine vom Haus aus nicht einsehbare Ecke und spritze mich von oben bis unten ab. Milan ist aufgestanden, sieht mich und schimpft, dass es unmoralisch ist, sich hier splitternackt zu waschen. Die Nachbarn könnten es sehen, es wäre eine Schande für seine Familie. »In Deutschland gibt es überall – selbst in den katholischen Orten – schamlose Pornografie. Mit der Pornografie kann man hier vielleicht bei den Serben Geschäfte machen, aber nie bei den Zigeunern! Freiheit nennen die Deutschen es, wenn es um öffentlichen Sex geht. Doch danach haben sie kein Geheimnis mehr voreinander und keine Scham. Aber sind sie deshalb wirklich freier als ich? Auf meinem Hof kann ich das Radio Tag und Nacht so laut ich möchte spielen lassen. In Deutschland schimpft der Nachbar schon nach zwei Stunden und holt die Polizei.«

Die Großmutter heizt den Küchenherd an und kocht uns Kaffee.

Ich sage: »Vielleicht wäre es gut, wenn die Mutter noch einmal heiratet. Dann gäbe es in der Zeit, in der du unterwegs bist, einen Mann, der sich um das Haus kümmert.«

Er schaut mich entsetzt an. »Was auch geschieht, lass nie einen fremden Mann in dein Haus!« Diese alte Zigeunerweisheit hat er von seinem Vater. Der hat sie von dem seinen. Und der wiederum von seinem Vater.

»In meinem Haus bestimme nur ich und sonst niemand! Die Mutter darf keinen neuen Mann mehr nehmen. Sie muss nun als Witwe bis zum Lebensende für meine Frau, für meine Kinder und für mich sorgen. Käme ein fremder Mann hier in mein Haus, würde ich ihn totschlagen.«

Er bringt mich zur Straße. Ich bedanke mich für seine Gastfreundschaft.

»Der Fremde wird in jeder guten Zigeunerfamilie gegen alles Unheil beschützt. Keiner darf dir bei mir ein Leid zufügen.«

Er schiebt sein Fahrrad. Wir gehen an einer neuen »Hühnerfabrik« vorbei. »Die Hühner haben ein komfortableres Haus als ich«, sagt Milan und lacht. »Aber sie sind hinter diesen dicken Mauern gefangen, und ich bin frei.«

Ob ich noch den verwahrlosten Friedhof mit den alten deutschen Grabsteinen und die eingefallenen Häuser der Zigeunersiedlung am anderen Ende des Dorfes sehen möchte, fragt Milan.

Nein, ich will heute schnell und ohne Zwischenfälle über die Grenze nach Rumänien laufen.

Bauern überholen mich auf ihren Fahrrädern. Mit einer Hand halten sie den Lenker, in der anderen die blanke, scharfe Sense. Ich hänge mein nach der Federbettnacht säuerlich riechendes rotes T-Shirt an den Rucksack. Es weht wie eine Fahne im Wind. Abschied von Serbien.

Von einem Kleintransporter aus Gera, der ohne Kennzeichen in Jimbolia verrostet, einem rumänischen König, der wegen seiner Mätresse ins Exil ging, und dem Großvater von »Lady Di«, der Adventist ist

An der Grenze lässt mich der serbische Polizist, der lange in meinem Pass blättert, den Rucksack absetzen und fragt, ob ich ein »Agent des KGB« bin. Ich weiß nicht, ob der Grenzer aus Nakovo nach meinem missglückten Grenzübertritt die Personalien weitergegeben hat und ich besser still sein sollte, doch ich antworte lachend, dass ich ein neuer deutsch-serbischer Agent im Dienste des CIA bin. Der Grenzer hilft mir, meine schwere Kraxe wieder aufzuhucken.

An der rumänischen Grenzstation sehe ich zuerst keinen Menschen. Dann bemerke ich, dass mich hinter dem Sichtschlitz eines hölzernen Postenhäuschens zwei schwarze Augen beobachten. Frauenaugen. Schließlich kommt eine junge Grenzbeamtin heraus. Sie trägt eine sehr enge, ihren Po vorteilhaft modellierende Uniformhose. Und an der Hüfte den Colt. Sie spricht nur Englisch mit mir und will, mein Gestammel missdeutend, nicht glauben, dass ich zu Fuß und ohne Auto unterwegs bin.

Ich will der vielleicht Dreißigjährigen meine Wegstrecke auf Russisch erklären, schweige aber nach dem ersten russischen Wort. Russisch sollte ich in diesem Land, das nach dem Krieg von der Roten Armee besetzt wurde und Gebiete an die Sowjetunion abtreten musste, nicht sprechen.

Außerdem ist Rumänisch, anders als Serbisch, keine slawische, also mit dem Russischen verwandte Sprache, sondern eine romanische, die dem Italienischen ähnelt. Mühsam krame ich aus meinem Gedächtnis italienische Vokabeln heraus und versuche sie ins Rumänische zu übertragen: »Guten Tag – bună ziua«, »Auf Wiedersehen – la revedere«.

Hinter dem Grenzübergang stehen Wegweiser nach Bukarest und Timişoara. Weil hinter »Bukarest« die letzte Ziffer abgeblättert ist, sind die Hauptstadt Rumäniens und die Hauptstadt des Banats plötzlich beide gleich weit, rund fünfzig Kilometer, entfernt.

Eigentlich muss ich nur noch die Béla-Bartók-CD in Sânnicolau Mare holen und sie dem Wettkellner in Harkány bringen. Doch ich war noch niemals in Rumänien. Also sollte ich nicht direkt nach Sânnicolau Mare (Großsanktnikolaus) laufen, sondern wenigstens den Umweg nach Timişoara machen. Aber ich will mich nicht wie in Serbien lange in den Dörfern aufhalten, Schlafmöglichkeiten suchen und mir die Geschichten der Leute anhören. Im EU-Land Rumänien werde ich überall Pensionen finden, mir die Orte im Schnelldurchlauf anschauen und weitermarschieren. Denn alles wird anders sein. Denke ich.

Nach der serbischen Grenze unterscheiden sich die Felder nicht von denen in Serbien. Die Bauern säen auch hier Mais, Weizen und Sonnenblumen. Aber die Sonnenblumenfelder sind größer, und die Spur des Weizens fehlt.

In Rumänien muss ich die Entfernung auch nicht mehr an den entschwindenden oder näher kommenden Silhouetten der dicken Silotürme abschätzen. An jeder Straße stehen Kilometersteine, auf denen ich ablesen kann, wie weit ich schon gelaufen bin und wie weit ich noch gehen muss. Von der Grenze bis zur ersten rumänischen Stadt Jimbolia sind es genau fünf Kilometer, fünf Kilometer auf einer breiten und trotz der Grenze fast autofreien Straße. Die Wolken spielen mit der Sonne Versteck, und die Schatten laufen so schnell über die Maisfelder, wie der Wind die Wolken treibt.

Noch bevor ich das Ortsschild von Jimbolia erreicht habe, sehe ich das Sternenbanner der EU. Auf einer großen Sichttafel neben der Baustelle erfahre ich, dass der künftige Agro-Ausstellungspark mit 333 000 Euro gefördert wird. Nur zweihundert Meter davon entfernt befindet sich ein wahrscheinlich von der EU nicht unterstützter Fuhrpark. Aus den verschiedensten europäischen Autoländern verrosten hier alte Kleintransporter ohne Nummernschilder. Ich wäre vorbeigelaufen, hätte dazwischen nicht auch einer aus Gera gestanden. »VOGTS. TIEF-KÜHL-FRISCHKOST-LOGISTIK, GERA, Telefon: 0365 69 881-83«.

Man macht Mittagspause, und ich muss lange suchen, bis ich auf dem Gelände jemanden finde. Der Fuhrpark ist auf dem zweiten Blick kein Autofriedhof, sondern eine Kfz-Werkstatt. Und der Besitzer Zoltán Berey ist kein Kfz-Schlosser, sondern ein Fleischer, der von 2002 bis 2004 mit anderen Rumänen in der Nähe von Lüneburg Schweine zerlegt hat. »Sehr schwere Arbeit und sehr schlecht bezahlt.«

Hier schlachtet er keine Schweine, sondern Autos aus.

Ich frage, woher er den VOGTS-Transporter aus Gera bekommen hat.

»Wahrscheinlich ist Firma kaputt«, sagt er.

Die Autos liefert ein Händler aus Kassel. »Er muss sie in Deutschland nicht teuer verschrotten, und ich kann sie in Rumänien noch gut gebrauchen. Der Handel ist einfach, seitdem wir Mitglied der EU sind.«

An der rechten Straßenseite steht am Ortseingang eine übermannshohe Tafel, auf der in großen Buchstaben die Museen der Stadt aufgezählt sind:

Muzeul Stefan Jäger. Muzeul Pompierilor »Florian«. Casa memoriala »Dr. Karl Diel«. Muzeul Presei »Sever Bocu«. Muzeul Căilor Ferate.

Die Betriebe der Stadt brauchen keine Sichtwerbung. Sie stehen neu gebaut als flache, langgestreckte Hallen an der Hauptstraße.

Damit ich nicht wie in Serbien Informationen und Schlafgelegenheiten mühsam auf der Straße suchen muss, gehe ich in Jimbolia, ohne meine Kleidung zu wechseln, schnurstracks in das Rathaus. Es befindet sich zwar im Zentrum, aber abseits der Hauptstraße. Vor dem ehrwürdigen Haus im Park hängen meterlang die rumänische Fahne und die der EU. Und daneben genauso groß die blaue mit dem Mercedes-Stern. Ich vermute, dass Mercedes hier ein neues Werk, von dem die Stadt lebt, errichtet hat.

Die Sekretärin bedauert, denn der Bürgermeister weilt zur Mittagszeit bei seiner Familie. Schließlich ruft sie ihn zu Hause an und reicht mir mit der Bemerkung, er sei Ungar, ich könnte also Ungarisch mit ihm sprechen, den Hörer.

Im Hintergrund plärren seine Kinder. Irgendwie gelingt es mir, ihm verständlich zu machen, dass ich ihn sprechen möchte. Und als er hört, dass ich, ein német, ein Deutscher, vom ungarischen Harkány hierher gelaufen bin, verspricht er, dass er in zehn Minuten im Rathaus sein wird.

Bürgermeister Gábor Kaba ist ein braungebrannter, schon ein wenig ergrauter Mann, er kommt ohne Schlips und Sakko. Sein helles Freizeithemd trägt er lässig über der Hose. Der Ungar hat vor acht Jahren einen Rumänen als Bürgermeister abgelöst. Davor arbeitete er als Chemieingenieur in der hiesigen Knopffabrik. In Jimbolia leben 14 000 Menschen. Dreiundachtzig Prozent sind Rumänen, fünfzehn Prozent Ungarn, zwei Prozent Serben, und außerdem gibt es einige Deutsche. Zur Wahl erhielt er, obwohl nur fünfzehn Prozent der Einwohner Ungarn sind, als Ungar fünfundfünfzig Prozent der Stimmen. In Jimbolia spiele es keine Rolle, ob jemand Ungar, Rumäne,

Serbe oder Deutscher sei. Und auch die ausländischen Investoren kämen aus vielen Ländern, aus den USA, aus Deutschland, Österreich.

Für die Übernachtung empfiehlt er mir eine Pension, in der man ausgezeichnet essen kann und der Wirt Deutsch spricht. Er meldet mich an. Die Museen der Stadt würde mir Herr Nagy, der Archivar der Stadtverwaltung, zeigen. Er lässt ihn rufen und verabschiedet sich schnell.

Zoltán Nagy begrüßt mich schüchtern. Er ist noch keine vierzig, trägt auch im Büro ein orangefarbenes Shirt und schaut sehr nachdenklich in die Welt. Ein leiser Mensch, der sehr gut Deutsch spricht. Die Mutter ist eine Deutsche, seine Frau eine Rumänin. Von 1976 bis 1988 hat er das deutsche Gymnasium in Jimbolia besucht.

»In meiner Klasse waren wir achtunddreißig deutsche Kinder. Doch nach dem Umsturz 1989 sind siebenunddreißig davon mit ihren Eltern nach Deutschland gegangen. Ich bin der Einzige, der noch in Jimbolia lebt.«

Er hat seinen Bruder in Deutschland besucht, doch Deutschland gefällt ihm nicht. »Das Leben dort ist so chemisch, so künstlich. Wir essen hier noch Schwarzbrot mit Tomaten und sind noch gespannt auf den nächsten Tag, den wir nicht geplant haben. In Deutschland dagegen: Fertigpizza und immer am selben Wochentag einkaufen fahren und einmal im Jahr zwei Wochen im Ausland Urlaub auf den Bergen oder am Meer machen. Das Leben in Deutschland ist nicht das Leben selbst, sondern der Plan für das Leben«, sagt er leise. Ich denke, er hätte auch Philosoph werden können.

»Die meisten deutschen Familien sind 1990 von Jimbolia nach Deutschland gezogen. Die guten deutschen Facharbeiter sind weggegangen, und dafür sind deutsche Investoren gekommen. Sie haben neue Werke in Jimbolia aufgebaut, beispielsweise VOGT-ELEKTRIK mit fast 1000 Beschäftigten.«

»VOGTS aus Gera?«, frage ich.

»Aus Gera? Nein. VOGT aus dem Erlautal bei ...«

»Aber auf dem alten VOGTS-Firmentransporter stand Gera.«
Irgendwann merken wir, dass er von VOGT in Bayern spricht
und ich von VOGTS in Thüringen.

»Ist doch nur ein Buchstabe Unterschied«, sagt er.

Nur ein Buchstabe? (Als ich von meiner Tour wieder zurück
in Thüringen war, habe ich die 036569881-83 gewählt. »Kein
Anschluss unter dieser Nummer.« Die Firma ist, so die Aus-
kunft der Abteilung Wirtschaftsförderung der Stadtverwaltung
Gera, in Konkurs gegangen.)

In Zoltáns altem Auto fahren wir zu den Museen der Stadt.

Das Museum, in dem die Bilder des banatschwäbischen Ma-
lers Stefan Jäger hängen, der von 1910 bis 1962 in Hatzfeld/
Jimbolia lebte, hat leider geschlossen. Zoltán Nagy pocht sehr
lange an die Tür, aber niemand öffnet. Ich drücke mir die Nase
an die Fensterscheibe platt, aber sehe nur verschwommen die
Farben seiner Ölgemälde.

Von Stefan Jäger hatte ich schon gehört. Von Pompierilor Florian noch nicht. Sein Museum hat geöffnet. Es befindet sich in
einem Saal der Städtischen Feuerwehr und ist Florian, dem
Schutzheiligen der Feuerwehrmänner, gewidmet. Zwei von Hand
zu bedienende Spritzen, ein rotes Feuerwehrauto, allerlei Schläu-
che und Löschgeräte sind zu betrachten.

Das Gedenkhaus für den bekannten Arzt Dr. Karl Diel ist
wiederum geschlossen. Genau wie das Museum der Căilor Ferate (Eisenbahn). Geöffnet hat die Gedenkausstellung für Sever
Bocu, einen rumänischen Diplomaten und Journalisten. Wann
genau er geboren ist, kann uns die Frau, die den Chef vertritt,
nicht sagen. Zoltán Nagy weiß, dass er 1950 als »Feind der Kommunisten« verhaftet worden und 1951 im Gefängnis gestorben
ist.

Als Entschädigung für die geschlossenen Museen gibt mir der
Archivar eine Kurzfassung der jüngsten rumänischen Geschichte:

»Weil Rumänien die siegreichen Russen im Krieg gegen die
türkische Fremdherrschaft unterstützt hatte, wurde es als in-
ternational unabhängiger Staat anerkannt. Unser erster König,

Carol I., wurde am 26. Mai 1881 gekrönt. Im Ersten Weltkrieg kämpfte Rumänien mit den siegreichen Entente-Mächten gegen Österreich-Ungarn und Deutschland. Damals erhielt es als ›Kriegsbeute‹ unter anderem den größten Teil vom Banat, von Siebenbürgen und andere Gebiete von Österreich-Ungarn.

1927 sollte Carol II. nach dem Tod seines Bruders Ferdinand rumänischer König werden. Doch wegen eines Verhältnisses zu der jüdischen Mätresse Magda Lupescu verweigerte man ihm die Krone, und er ging drei Jahre ins Exil. Danach versprach er öffentlich, seine Mätresse aufzugeben, und bestieg den Thron. Aber als er oben war, lag er auch – rumänische Männer sind bauernschlau – wieder oben auf seiner Mätresse und konnte als König jederzeit das Parlament auflösen und Neuwahlen ansetzen.

Nach 1930 begann in unserem Land der Kampf zwischen den Legionären der Eisernen Garde (›Legion des Erzengels Michael‹) auf der einen und den liberalen Regierungen und König Carol II. auf der anderen Seite. 1933 ließ Premierminister Ion Duca die Eiserne Garde auflösen und verhaftete ihre Führer. Neunzehn Tage später wurde er von den Legionären der Eisernen Garde ermordet. Im April 1938 verhinderte Carol II., indem er eine königliche Diktatur errichtete, eine Regierungsbildung mit Ministern der Eisernen Garde. Er ließ den ›eisernen Führer‹ Corneliu Zelea Codreanu verhaften und ihn zusammen mit anderen Legionären (bei einem Fluchtversuch, wie später behauptet wurde) erschießen und ernannte im März 1939 Armand Călinescu zum Premierminister einer neuen Regierung. Nur ein halbes Jahr später wurde auch dieser Premierminister von den Legionären der Eisernen Garde umgebracht. Im Juli 1940 erhielt Horia Sima, einer der judenfeindlichsten Führer der Eisernen Garde, einen Ministerposten. Zwei Monate später bildete die Eiserne Garde mit General Ion Antonescu eine ›national-legionäre rumänische Regierung‹, entmachtete König Carol II. und setzte dessen neunzehnjährigen Sohn Mihai als Marionette auf den Thron. Carol II. nahm seine Mätresse und ging ins Exil.

Nachdem die Legionäre der faschistischen Eisernen Garde die Drecksarbeit erledigt hatten – unter anderem brachten sie sechzig ehemalige Politiker und Regierungsvertreter wie den früheren Ministerpräsidenten Nicolae Jorga oder den Wirtschaftsminister Virgil Madgearu und Zehntausende Juden und Zigeuner um –, ließ General Antonescu nach einem missglückten Staatsstreich ihre Führer, die nicht mehr rechtzeitig nach Hitlerdeutschland flüchten konnten, verhaften. Er wagte diesen Affront gegen Hitler, obwohl oder vielleicht weil Rumänien damals schon auf der Seite des faschistischen Deutschlands gegen die alliierten Truppen kämpfte. Rumänien stellte beim Überfall auf die Sowjetunion das größte ausländische Truppenkontingent: vierzehn Divisionen der 3. und 4. rumänischen Armee. Bei Stalingrad wurde die 3. rumänische Armee zusammen mit der deutschen 6. Armee vernichtet. Außer mit Truppen half Rumänien den Faschisten mit der kostenlosen Lieferung von Öl und Weizen. Kurz vor der endgültigen militärischen Niederlage putschte der inzwischen dreiundzwanzig Jahre alte König Mihai gegen den Diktator Antonescu. Er ließ die Truppen die Front wechseln: Rumänien kämpfte nun mit der Sowjetunion und den Alliierten noch ein knappes Jahr gegen die Deutschen. Trotzdem besetzte die Rote Armee nach dem Krieg auch Rumänien. Antonescu und Tausende andere Kollaborateure Hitlerdeutschlands wurden hingerichtet. Am 30. Dezember 1948 setzten die Kommunisten König Mihai I. ab.

Die kommunistische Führung war schon unter Gheorghiu-Dej auf Distanz zur Sowjetunion gegangen. Aber beim Ungarnaufstand 1956 befürchtete die rumänische Regierung, dass sich die ungarischen Minderheiten in Rumänien erheben und ein unabhängiges oder wieder zu Ungarn gehörendes Siebenbürgen gründen könnten. Die rumänische Führung rief sowjetische Truppen. Sie sollten die Grenze zu Ungarn schützen. Zwar gewährte Rumänien dem ungarischen Revolutionsführer Imre Nagy kurzzeitig Asyl, aber es lieferte ihn aus, als Ungarn unter Kádárs Führung wieder auf sowjetische Linie gebracht worden war. Imre Nagy wurde in Budapest nach einem Schnellprozess hingerichtet, und der neue ungarische Regierungschef János Kádár gab dafür alle Ansprüche, Siebenbürgen ›heimzuholen‹, für immer und ewig auf. Als Nicolae Ceaușescu an die Macht kam, versuchte er sich im Westen beliebt zu machen, indem er keine Manöver der Warschauer Vertragsstaaten in Rumänien erlaubte. Gleichzeitig errichtete er nach innen eine von der Securitate geschützte Diktatur. Während der Volkserhebung im Dezember 1989 befahl er dem Militär und der Securitate, die Aufständischen niederzuschießen. Er floh mit seiner Frau Elena im Hubschrauber aus dem Regierungspalast. Nach der Landung wurden beide verhaftet und drei Tage später nach einer zweistündigen Prozessfarce erschossen.

Seit 2004 ist das demokratische Rumänien Mitglied der NATO und seit 2007 Mitglied der EU.

Heute profitiert Rumänien davon, dass Serbien noch nicht in die EU aufgenommen ist«, sagt Nagy. »Sollten die Serben EU-Mitglied werden, ziehen die ausländischen Investoren aus Rumänien nach Serbien, denn dort sind die Arbeitskräfte noch billiger.«

Zoltán Nagy arbeitet seit fünfzehn Jahren als Archivar in der Stadtverwaltung und verdient 360 Euro im Monat.

Der Wirt, in der mir vom Bürgermeister empfohlenen Pension, ist ein untersetzter, schnauzbärtiger Mann mit schwarzem Lockenkopf. Er zeigt mir das Zimmer in einem bungalowähnlichen Anbau. Es ist nur so groß, dass zwei Betten nebeneinander Platz haben. Kühlschrank und Fernseher stehen in der Ecke. Ein Tisch passt nicht mehr hinein.

»Dreißig Euro mit Frühstück«, verlangt Virgil Ilina. Als ich entgegne, dass dreißig Euro für diesen winzigen Raum reichlich viel Geld ist, sagt er barsch: »Hier müssen jetzt alle EU-Preise bezahlen.«

Ich setze mich in den Biergarten der Pension. Aus dicken Bohlen gezimmerte rustikale Tische und Bänke stehen um einen mit Wasser gefüllten Ziehbrunnen, in dem künstliche Seerosen schwimmen. An der Wand zum angrenzenden Restaurant hängen Wagenräder, Poster von deutschen Fußballspielern und die Flaggen von Rumänien, der EU und wieder die blaue mit dem silbernen Mercedes-Stern. (Ich hatte vergessen, den Bürgermeister nach dem Mercedes-Betrieb zu fragen.)

Der Kaffee ist deutsch, also dünn, und die schöne Kellnerin, die ein silbernes Kettchen mit silbernem Kreuz trägt, spricht Deutsch. Sie ist die Tochter vom Wirt. Ihre Eltern sind 1989, damals war sie vier Jahre alt, über Ungarn und Österreich in die BRD geflohen. Ein Jahr später, erzählt sie, hätten die Eltern sie und ihren Bruder nachgeholt. »1993 sind wir dann nach Rumänien zurückgegangen, und Vater, er ist gelernter Kellner, hat eine Pizzeria aufgemacht. Doch 1996 sagte er plötzlich: ›Wir müssen wieder nach Deutschland gehen. Wenn Rumänien in die EU aufgenommen wird, sollten wir statt der Pizzeria ein gutes, teures Restaurant besitzen. Dann können wir ordentliches Geld verlangen!‹ Acht Jahre hat er am Tag in einer Plexiglas-Fabrik in Friedrichshafen am Bodensee geschuftet und abends gekellnert. Die Mutter arbeitete auch in dieser Plexiglas-Fabrik. Nach Feierabend setzte sie zu Hause bis spät in die Nacht noch Schlüsselanhänger zusammen. Ich half ihr. In Ulm habe ich die 10. Klasse abgeschlossen und danach Pflegerin gelernt. 2004 sind die Eltern mit dem verdienten Geld zurück nach Rumänien und haben das Restaurant und die Pension eröffnet. Ich blieb in Deutschland, weil ich mich verliebt hatte. Vor zwei Wochen bin ich zurückgekommen. Es ging nicht gut mit dem Mann.«

Die vollständige Geschichte ihres Vaters – er sei mehrmals aus Rumänien geflohen und zurückgekommen –, diese Geschichte müsste Virgil Ilina mir allerdings selbst erzählen.

Als ich ihn frage, antwortet er mürrisch, wohl verstimmt durch meine Kritik am Zimmerpreis, dass er keine Zeit habe. Ich bestelle bei seiner Tochter einen Schnaps.

Wenig später – bisher war ich der einzige Gast – setzen sich vier Deutsche an den Nachbartisch. Ich höre, dass sie Dienstreisende sind, die auch in der Pension wohnen. Sie bestellen Bier und Steaks.

Als sie gegessen haben, frage ich, ob ich mich an ihren Tisch setzen darf. Sie sind Mitarbeiter der VOGT electronic AG und heute erst aus Deutschland angekommen. Morgen wollen sie hier im Werk organisieren und kontrollieren. »Und rationalisieren«, ergänzt der anscheinend Jüngste von ihnen. Er ist zum ersten Mal in Jimbolia. Die anderen drei waren schon oft in Rumänien und sind wie alle anderen deutschen VOGT-Mitarbeiter Stammkunden in der Pension.

»Rabatt?«

Nein, auch sie zahlen 30 Euro. Mit Frühstück.

Der VOGT-Stammbetrieb liegt in Erlau. Das müsste ich kennen. »Das berühmte Erlautal!« VOGT sei ein internationaler Begriff. Der »Vater« des 1934 in Berlin gegründeten Unternehmens hatte die Ehrendoktorwürde für die Entwicklung des Tonfilms erhalten. Ihr wichtigstes Produkt jedoch sei Eisenpulver gewesen. Es konnte im Krieg bei der Herstellung von Gleitringen für Mörsergranaten als Ersatz für die teure Bronze verwendet werden. Als das kriegswichtige Werk 1942 in Berlin gefährdet war, hat, so berichtet es die Chronik, Herr Vogt bei einer Brotzeit das Erlautal gesehen und beschlossen, seinen Betrieb dort zu »verstecken«.

Ich müsste von Erlau gehört haben, sagen sie. Und als ich immer noch den Kopf schüttele, meint einer von ihnen triumphierend: »In Erlau wohnt ein Ossi, äh ... ein Schriftsteller, einer von euch aus dem Osten. Der schreibt Gedichte, äh ... Kunze, ja, Kunze heißt er.«

Den kenne ich.

Legendenhaft wie der Umzug des VOGT-Imperiums nach Erlau ist auch die »Auslagerung« nach Jimbolia. Davon erzählen sie mir in zwei Versionen. Die erste ist romantischer. Sami, ein freundlicher Rumäne, arbeitete tagsüber fleißig auf einem Schrottplatz in Erlau und spielte abends zusammen mit den Angestellten von VOGT in der Blaskapelle. Bevor Sami nach Rumänien zurückging, versprach er, wenn VOGT sein geplantes rumänisches Werk in Jimbolia bauen würde, Übernachtungen, Folkloreabende und alle anderen gewünschten Annehmlichkeiten für die Mitarbeiter zu organisieren. VOGT investierte in Jimbolia.

»Und heute ist Sami im Betrieb Busfahrer. Er macht die Logistik, und wenn du Zigaretten brauchst, holt er dir auch Zigaretten.«

Die andere Variante ist prosaisch. Die Handwerkskammer von Timişoara warb mit günstigen Standortbedingungen und hat zusammen mit dem VOGT-Vorstand die Gründung des Werkes in Jimbolia organisiert.

Weltweit beschäftigt die VOGT electronic AG 2800 Leute. Davon arbeiten nur 500 in Deutschland. Die restlichen unter anderem in Mexiko, Slowenien, der Ukraine und Rumänien.

Der Neue meint, dass die sogenannte »Auslagerung« in Billigländer ein Beweis dafür ist, dass es in Deutschland keine Unternehmerkultur mehr gibt. Immer weniger Unternehmer würden sich verantwortlich fühlen, dass die Arbeit im Land bleibt und der Betrieb eine gemeinsame ökonomische und soziale Basis für Arbeitnehmer und Arbeitgeber garantiert. »Statt eines verantwortungsbewussten Unternehmers verwaltet uns nun eine Aktiengesellschaft. Der Vorstand der Aktiengesellschaft wird für zwei Jahre gewählt, und in den zwei Jahren haben die Vorständler nur ein Ziel: Knete machen und das eigene Portemonnaie füllen. Nichts anderes.«

Die Arbeiter im VOGT-Betrieb in Jimbolia, vor allem Frauen, verdienen rund 300 Euro im Monat.

»Was wollen Sie da noch rationalisieren?«, frage ich.

»Wir rationalisieren in Rumänien die Produktion, damit wir sie nicht in das noch billigere China auslagern müssen.«

Später kommen der rumänische Geschäftsführer Samuel Zires und ein rumänischer Mechaniker an den Tisch. Bevor er nach Jimbolia geschickt wurde, hat der Geschäftsführer fünfzehn Jahre bei VOGT in Deutschland gearbeitet. Frau und Kinder sind nicht mitgegangen, sie leben noch bei Augsburg. Der Techniker, »ein Ungar, der Rumänisch, wegen der rumänischen Frauen, die er liebt, gelernt hat«, arbeitete 1974 in der DDR. »Ich habe in Neustadt, in Sachsen, den Mähdrescher E 512 montiert. Als ich jetzt wieder in Deutschland war, wollte ich mir das Werk noch einmal anschauen und bin extra nach Neustadt gefahren. Aber man hatte alles abgerissen. Und ohne mich zu fragen.« Er lacht.

Ich frage den rumänischen Geschäftsführer, ob ich morgen, bevor ich weiterlaufe, das Werk besichtigen könne. Er schüttelt den Kopf. Das sei wegen der Betriebsgeheimnisse nicht erwünscht. Außerdem wäre er morgen nicht im Werk.

Als ich schlafen gehen will, fragt der schnurrbärtige Wirt, der immer noch mit einer langen weißen, mit schwarzen Knöpfen besetzten Kochjacke herumläuft, ob ich nun mit ihm sprechen möchte. Jetzt hat er Zeit und bestellt bei seinem Sohn Schafskäse, eine Schüssel mit Oliven, Paprika, Tomaten, Schinken, Weißbrot und einen Viertelliter vom Selbstgebrannten. Die Tochter serviert.

Vor dem Reden sollten wir essen und trinken, sagt er, denn »ein hungriger Bauch ist schlimmer als ein hungriger Wolf«.

Der Schafskäse schmeckt würzig und sahnig, der Schinken ist gut geräuchert, die Tomaten sind süß und die Oliven in Kräutern eingelegt.

»Alles hausgemacht«, sagt er. Und ich könne ihn »Gigi« nennen.

Als er den zweiten Viertelliter bestellt, bekommt er böse Blicke von seiner Tochter. Danach erzählt er von seinen drei Fluchtversuchen.

»1980, damals war ich neunzehn Jahre alt, bin ich über Jugoslawien zu meiner Tante nach Deutschland. Meine Mutter ist eine Deutsche, und ihre Schwester in Deutschland sorgte dafür, dass ich einen deutschen Pass bekam. Ich hatte Kellner und Koch gelernt und fand auch Arbeit. Aber schon nach einigen Monaten hatte ich Sehnsucht nach zu Hause und bin zur rumänischen Botschaft in Bonn gefahren. Ich habe dort lange in der Schlange gestanden, und als ich endlich dran war, sagte der Mensch von der Botschaft: ›Du hast doch einen deutschen Pass, bist erst neunzehn Jahre, hast hier alle Chancen, weshalb willst du zurück nach Rumänien? Bleib hier! Außerdem musst du als deutscher Staatsbürger mindestens drei Monate warten, bis du wieder unsere rumänische Staatsbürgerschaft beantragen kannst.‹

Da bin ich, als Deutscher war das möglich, mit dem Zug von Bonn direkt nach Belgrad gefahren und habe dafür 160 DM bezahlt. In Belgrad bin ich wieder zur rumänischen Botschaft gegangen und habe gesagt: ›Guten Tag, Freunde, hier bin ich.‹ Doch es war Freitag und nur noch der Pförtner im Haus. Als ich ihn fragte, ob ich in der Botschaft schlafen darf, meinte er: ›Wir sind kein Hotel.‹ Also bin ich mit dem Zug weiter bis Nakovo gefahren und dort, das war am 29. November 1980, über die grüne Grenze noch zwölf Kilometer bis nach Hause, nach Grabaţ (Grabatz), gelaufen.

Zwei Jahre später hatte ich das Leben in Rumänien satt, denn ständig hänselte man mich: ›Du Idiot! Aus Deutschland in die Walachei zurückzukommen!‹ Da bin ich wieder abgehauen, wurde aber an der Grenze geschnappt und zu einem Jahr und acht Monaten Gefängnis verurteilt. Es gab eine Amnestie, und ich brauchte nur neunundvierzig Tage abzusitzen. Danach habe ich sechs Jahre als Restaurantleiter und Küchenchef in großen Häusern gearbeitet und ein bisschen Reichtum angesammelt. Ich hatte sogar einen Buntfernseher, ein Videogerät und ein Auto. 1988, inzwischen war unsere Alena geboren, dachte ich, dass die Familie nur im Westen eine Zukunft hat. Ich kannte einen Grenzer und sagte ihm: ›Wenn du mich mit den Kinderchen und meiner Frau über die Grenze bringst, kriegst du mein Auto, meinen Fernseher, den Videorecorder, alles bekommst du.‹ Aber er wollte nichts riskieren, und ich bin mit meiner Frau allein über die Grenze. Fünfzehn Tage saßen wir in Belgrad im Gefängnis, dann wurden wir in die BRD abgeschoben. Nach der Wende habe ich die Mutter und die Kinder geholt, und dann haben wir in Deutschland zusammen ordentlich geschafft.«

Er bringt einen kleinen Koffer, in dem Arbeitsbescheinigungen und vorläufige Ausweise und Papiere liegen. »Damit Sie glauben, was ich Ihnen gesagt habe.« Einige Neider würden behaupten, er wäre damals umgedreht worden und hätte für die Geheimdienste gearbeitet.

Er führt mich im Haus umher.

»Ein Italiener wollte mir das Restaurant und die Pension abkaufen, zwei Millionen Euro ist alles zusammen wert.«

In der großen Küche blitzt Edelstahl. Kellen, Bratenwender, Siebe und anderes Gerät hängen ordentlich an der Decke, und das Frühstück für morgen steht schon im Kühlschrank. Jede Portion ist unter Folie verpackt und genau abgezählt: zwei Wurstscheiben, drei Oliven, ein kleines Stück Butter, ein Stück Käse, ein Mini-Päckchen Saft …

Wieder im Restaurant, schlage ich mir, weil ich das Frühstück schon gesehen habe, den Bauch mit würzigem Schafskäse, Schinken, Tomaten und Oliven voll. Der Wirt freut sich, dass es mir schmeckt. Wenn ich von Lenauheim kommend durch sein Grabaţ laufe, soll ich den Großbauern Lacatuş grüßen, sagt er zum Abschied. »Vom ›Gigi‹ aus Jimbola! Der Lacatuş ist ein Kumpel aus alten Zeiten.«


Am nächsten Morgen will ich mich im Rathaus vom Archivar verabschieden. Er sei in der Stadt, werde aber schon bald zurück sein, sagt die Sekretärin. Ich warte im Park neben dem Denkmal »Ruhm den Helden der Arbeiterklasse« auf ihn. Sie wurden am 15. und 16. September 1944 von den deutschen Faschisten ermordet. Auch deutsche Namen wie Ferdinand Koch oder Martin Schmidt stehen auf dem Mahnmal.

Als der Archivar kommt, meint er, dass die Toten wohl nicht in jedem Fall Helden der Arbeiterklasse, sondern auch Bauern waren. Genaues weiß er nicht, denn mit diesem alten sozialistischen Denkmal müsste er sich als Archivar heutzutage nicht mehr beschäftigen.

Ich habe immer noch nicht gefragt, weshalb neben der rumänischen und der EU-Fahne auch die Mercedes-Fahne vor dem Rathaus hängt.

»Hat Mercedes die Stadt vielleicht gesponsert?«

Er schaut mich entgeistert an. »Welche Mercedes-Fahne?«

Ich zeige auf die mit dem silbernen Stern auf blauem Grund.

Er zögert, druckst, als müsste er mir etwas Unangenehmes mitteilen, und sagt schließlich: »Das ist keine Mercedes-Fahne. Der Mercedes-Stern hat nur drei Zacken.«

»Und was hat diese Fahne mit dem vierzackigen silbernen Stern für eine Bedeutung?«

Nun schaut er mich fast mitleidig an. »Rumänien ist wie Deutschland ein Mitglied der NATO.«


Übermorgen will ich Timişoara erreichen. Weil ich nicht schnell laufe, entdecke ich immer mehr Unterschiede zwischen Serbien und Rumänien. Ohne hinschauen zu müssen, fühle ich hier unter den Füßen die weißen Striche der Fahrbahnbegrenzung, denn sie sind an Bahnübergängen und gefährlichen Kurven mosaikartig aus kleinen Steinen zusammengesetzt. Die Felder scheinen mir größer als in Serbien. Wahrscheinlich sind die genossenschaftlichen Flächen nicht wieder an die Kleinbauern zurückgegeben worden, wie das im sozialistischen Jugoslawien schon vor dreißig Jahren geschehen ist, sondern werden noch von den alten Genossenschaften oder neuen Großagrariern bestellt. Zwischen den Äckern breiten sich ungenutzte, mit Unkraut bewachsene Brachen oder Sümpfe aus. Wenn ich sehr dicht an diesen Sümpfen entlanggehe, rennen Bisamratten blitzschnell über die Straße. Im serbischen Banat lief ich fast nur auf schattenlosen Straßen. Hier säumen Pappeln die Alleen. Und akkurat nach jedem Kilometer steht ein Stein, auf dem ich ablesen kann, wie weit der nächste Ort noch entfernt ist. Am Anfang gefiel mir das, aber je weiter ich laufe, um so weniger will ich wissen, wie viele Kilometer ich geschafft habe. Denn dadurch gibt es keine Überraschung mehr, wenn ich dem Ziel schon näher bin, als ich gedacht hatte.

Vor meinem Tagesziel, dem Dorf Cărpiniş (Gertianosch), steht ein gewaltiger fünftürmiger Getreidespeicher. Am Eingangstor zu dem von einer Betonmauer und Stacheldraht gesicherten Gelände steht, ich traue meinen Augen kaum, der dickste Mann, dem ich auf meinem Marsch begegnet bin. Ein Sumo-Ringer kann nicht beleibter sein. Ich frage mich, wo er das rote T-Shirt, für das der Schneider wahrscheinlich einige Quadratmeter Stoff gebraucht hat, kaufen konnte. Als ich ihn fotografiere, versucht Stefan Boros vergeblich, die Arme vor der Brust zu verschränken. Er steht am Tor Wache, damit diejenigen, die hier Körner abliefern, nicht wieder mit Körnern herauskommen. An ihm kann sich wirklich kein Dieb vorbeischmuggeln. Lediglich gegen Insektenüberfälle scheint der Wächter wehrlos zu sein, denn an einem der fünf Türme hängt als Warnung (für wen?) ein rundes Verbotsschild: ein durchgestrichener Kornkäfer!

Ein Zigeuner, der mit seinem Pferdewägelchen Gras vom Gelände geholt hat und der, wie könnte es anders sein, drei Jahre in Köln im griechischen Restaurant »an der Ecke Venloer Straße« gearbeitet hat, zeigt dem Dicken, dass unter dem Gras kein Sack mit geschmuggeltem Weizen liegt.

Hier an der Grenze sei das Schmugglergewerbe ein ehrbares Handwerk, erklärt der Zigeuner. Zuerst wurden Rumänen, die in den Westen fliehen wollten, nach Jugoslawien geschmuggelt. Wer es nach Tito-Jugoslawien schaffte – »Tito wurde damals in den sozialistischen Ländern als Verräter am Sozialismus beschimpft« –, hatte schon den Fuß in der Tür zur Freiheit. Für einen seiner rumänischen Bekannten öffnete sich nach der Flucht allerdings nicht die Tür zur Freiheit, sondern die Tür zum Gefängnis. Er hatte im Krieg als rumänischer Soldat für die Deutschen auch gegen serbische und kroatische Partisanen gekämpft. Als er nach Belgrad in die Behörde kam, erkannte ihn einer der früheren Partisanen, und weil er an der Erschießung von Geiseln beteiligt war, machte man ihm nachträglich den Prozess. »Und aus war es mit der Freiheit.«

Das Leben an der Grenze zu Jugoslawien, erzählt der Zigeuner, war damals besser als das im Inneren Rumäniens. »In den Fabriken von Jimbolia und Timişoara bauten die Arbeiter heimlich Fernsehantennen, mit denen wir in Rumänien auch westliche, also jugoslawische, Sender empfangen konnten. Und ich verkaufte diese Antennen! Sekretärinnen, die Serbisch sprachen, übersetzten die jugoslawischen Fernsehprogramme in das Rumänische und vervielfältigten sie. Und ich verkaufte auch die Pogramme. Wir sahen hier die Werbung für westliche Artikel, die es in Jugoslawien zu kaufen gab: Lux-Seife und Jacobs-Kaffee und so was. Und die Jugoslawen, die nach Rumänien hineindurften, brachten uns westliche Seife, Kaffee, Zigaretten, Strumpfhosen und andere Kostbarkeiten. Ich habe ihnen beim Verkaufen geholfen, und sie fuhren dann mit unseren billigeren Lebensmitteln, unseren Tischdecken oder unserem rumänischen Geschirr nach Jugoslawien zurück.

Nun hat die Geschichte alles umgedreht. Wir Rumänen sind jetzt in der EU und frei. Und die Serben sind unfrei und leiden unter dem Wirtschaftsembargo. Im Krieg schmuggelten wir für sie das in Serbien streng rationierte Benzin über die Grenze. Einmal habe ich ein ganzes Fass, das auf meinem Pferdewagen unter dem Gras lag, hinübergebracht.«

Heute lohne der Schmuggel nicht mehr. Er fährt nur nach Serbien, um dort geschlachtete Schweine zu holen. »Die serbischen Schweine sind fetter und billiger als unsere. Ich tausche sie gegen Kofferradios und Fotoapparate ein.«

Grinsend ergänzt der dicke Wächter: »Und gegen Weizen!«


Die orthodoxe Kirche von Cărpiniş steht an der Hauptstraße und die katholische in einer Seitenstraße. Ich gehe in die Seitenstraße. Aus einem Tante-Emma-Laden erklingt Händels »Feuerwerksmusik«. Vor dem Geschäft liegen in Pappkartons ungleich große Tomaten, Tomaten, wie sie Sonne, Regen und der liebe

Lady Di im Laden

Gott wachsen ließen. Ich koste eine, sie schmeckt süß. Ein Mädchen kommt aus dem Laden, bemerkt meinen Mundraub, lächelt mich aus ihrem pausbäckigen Gesicht an und gibt mir eine zweite Tomate. Das Kind trägt ein weißes T-Shirt, auf das große rote Blumen, Blüten und Blätter gedruckt sind. Es ist ein Muster, das gewöhnlich nur ältere Frauen tragen.

Im Laden steht zwischen Waschpulver, Kuchen, Bier, Selterswasser, Schokolade und Gemüse ein Kofferradio, aus dem jetzt Mozarts »Kleine Nachtmusik« erklingt. Das Mädchen postiert sich hinter dem Ladentisch, gibt mir die Hand und sagt: »Lady Di.« Sie heißt Diana und ist dreizehn Jahre alt. In einer Ecke sitzt ein kräftiger Mann in ärmellosem Shirt am Tisch. Lady Di stellt vor: »My daddy.« Er zeigt mit einer Handbewegung, dass ich mich setzen soll, und holt Apfelkuchen aus der Glasvitrine und eine Selters aus dem Kühlschrank. Die Unterhaltung ist schwierig. Wir schreiben Zahlen, Namen und Orte auf einen Kassenblock. Er ist vierzig Jahre alt, ein bisschen Ungar, ein bisschen Rumäne und ein bisschen Deutscher. Seine Frau ist sechsunddreißig und die kleine Schwester von Lady Di neun. Er liebt deutsche klassische Musik und spielt sie von früh bis abends im Laden.

Ich kann mir nicht vorstellen, dass in einem deutschen Tante-Emma-Laden Musik von Händel oder Mozart gespielt würde. Der Mann, der noch nie in Deutschland war, kennt auch Goethe und Schiller. Und deshalb nicht nur »München« und »Nürnberg«, sondern, er schreibt es in Großbuchstaben auf den Kassenblock: »WEIMAR«.

Der Schwiegervater bringt vom Nachbarn frischen selbstgemachten cremigen Schafskäse. Ich muss die Köstlichkeit probieren. Stefan Tomulea hat immer als Kraftfahrer gearbeitet. Jetzt bekommt er 348 Lei (rund 75 Euro) Rente. Ein Leben lang hat er viel gearbeitet und nun zu wenig zum Leben. Er lächelt auch, als er mir das erklärt.

Der Ladenbesitzer sagt, dass sie zu viert nur in zwei kleinen Zimmern wohnen. Deshalb könnte ich nicht bei ihnen übernachten. Doch im eingezäunten Garten hinter seinem Café sei genügend Platz. Es werde heute nicht regnen, versichert er.

Sein gegenüberliegendes Café ist ein Rohbau, in dem noch keine Treppen in das obere Stockwerk führen. Er klettert eine wacklige Leiter hinauf und zeigt mir stolz, wo später einmal die Tische und Stühle stehen werden. Er hat vier Jahre als Maurer in Spanien gearbeitet. Von dem gesparten Geld will er irgendwann das Café fertig bauen.

»Ein Café für Lady Di?«

Nein, sie will Bankerin werden.

Im Garten hinter dem Rohbau trampelt er im Unkraut eine Fläche für meinen Schlafsack und zeigt mir den Wasserhahn an der Ziegelmauer. Dann deutet er zum Himmel, breitet die Arme aus und faltet die Hände, als wolle er sagen, dass es besser sei, hier auf der Erde unter Gottes freiem Himmel zu nächtigen als auf dem kalten Beton im nach Mörtel riechenden Haus.

Überall wachsen Brennnesseln. Ich packe einige Utensilien aus dem Rucksack und versuche, mich im Garten wohnlich einzurichten. Aber immer wieder verbrenne ich mir die nackten Füße an den Nesseln und steche mich an Disteln. Als ich schon beschlossen habe, von Gottes freier Natur doch in den Rohbau umzuziehen, kommt der Schwiegervater und sagt, dass er mit dem Geistlichen gesprochen hat. Ich darf in der Kirche schlafen.

Also hucke ich den Rucksack wieder auf und laufe mit ihm in Richtung der katholischen Kirche. Doch wenige Meter davor biegt er in eine Gasse ein, bleibt dann vor einem ordentlich verputzten Haus stehen, schließt das Tor eines eisernen spitzpfähligen Zauns auf und bittet mich herein. An der Wand des Hauses hängt ein Marmorschild: »Biserica Creştină Adventistă De Ziua A Şaptea Cărpinis.« Ich übersetze mir Şaptea als Siebenter, Creştină als Christlich und Adventistă als kirchliche Sekte, also ein Gebetshaus der Siebenten-Tags-Adventisten.

Ich weiß nur, dass Adventisten an eine baldige Wiederkehr von Jesus Christus glauben und nicht den Sonntag, an dem Gott nach sechs Tagen Arbeit ausruhte, heilig halten, sondern den Samstag – Sabbat. (Zu Hause lese ich nach, dass es heute fast 16 Millionen getaufte Adventisten gibt. Rechnet man die noch nicht getauften Kinder dazu, gehen an jedem Sonnabend etwa 25 Millionen Gläubige in die adventistischen Gottesdienste. Gegründet wurde die Organisation der Siebenten-Tags-Adventisten 1863 in den USA, nachdem, wie es von einer Vorläufergruppierung angekündigt worden war, Jesus Christus 1844 doch nicht wieder erschienen war.)

Stefan Tomulea zieht vor der Tür die Schuhe aus und geht mit freiem Oberkörper, knielangen Hosen und schwarzen Beinen barfuß in den Gebetsraum. Der Raum ist groß und hell, und alle Wände sind weiß gestrichen. Auf braunen Holzdielen liegen gemusterte Teppiche. Die Bankreihen sind gepolstert. Neben der wie ein Rednerpult aussehenden Kanzel stehen Wiesenblumensträuße. Rechts und links davon Lautsprecher und in der Ecke ein elektrisches Harmonium. Über der Kanzel hängt als einziger Schmuck das Bild einer Flusslandschaft mit Bäumen. Unter der Decke ranken sich an einer dünnen weißen Stange künstliche Efeublätter von einer Wand zu anderen.

Unter einem Stein findet Stefan Tomulea den Schlüssel zum Nebengebäude. Dort liegen Hämmer, Sägen, Bohrmaschinen,

Stefan Tomulea im Gebetsraum der Siebenten-Tags-Adventisten

Hemden, Arbeitshosen, Seltersflaschen und eine mit rotem Stoff bezogene Matratze samt hellgrüner Steppdecke. Hier kann ich schlafen. Wasser soll ich mir auf der Toilette holen oder im großen Garten, in dem Rosen blühen und Pflaumenbäume wachsen. In diesem Garten steht auch ein Tisch. Ich kann essen und schreiben. Zwei Stunden später kommt der Adventist noch einmal zurück. Er zerrt ein Monster von Schweißgerät, das auf einem Gestell mit schweren Eisenrädern befestigt ist, aus der Werkstatt und bittet mich, das Gerät mit ihm über die Wiese bis zu seinem Haus zu ziehen. Wir brauchen viel Kraft, um es vorwärtszubewegen. Wenn es an Maulwurfshügeln stehenbleibt, reißen wir uns fast die Arme aus. An dem Aggregat hängen blanke Kabel, die Schalter sind abgebrochen und die Schweißgriffe nicht mehr isoliert.

Vor dem Haus wartet schon der Vater von Lady Di. Sie wollen das Tor vor dem Gehöft richten. Es besteht aus Metallplatten, ist bestimmt sechs Meter lang und zwei Meter hoch und unterteilt in eine Eingangspforte und zwei in der Mitte nun nicht mehr verschließbare Türflügel. Alles ist an drei runden, in die Erde einbetonierten dicken Eisenpfosten befestigt. Ein

Handwerker, erzählt der Mann, hätte mit seinem Auto das Tor gerammt und sich schnell aus dem Staub gemacht. (Am Ende der Aktion gesteht der ehemalige LKW-Fahrer, dass er selbst der Übeltäter gewesen ist.)

Zuerst versucht er, die schiefen Eisenpfähle mit dem Vorschlaghammer zu richten. Doch sie rücken keinen Millimeter. Nach dem Motto, was ein Auto verbogen hat, muss ein Auto auch wieder geraderücken können, fährt er mit seinem alten PKW vorsichtig gegen den Pfahl. Die Reifen des Autos drehen durch, der Pfahl bewegt sich nicht. Da binden die zwei ein Abschleppseil an das obere Pfahlende. Der Alte fährt, der Vater und ich stehen in respektvoller Entfernung. Nach zwei Minuten reißt das Seil mit einem gewehrschusslauten Knall. Stefan Tomulea knotet es wieder zusammen. Wir gehen in Deckung. Der Knoten löst sich, diesmal ohne Knall. Aber das Auto macht einen Sprung nach vorn und kommt erst vor dem Blumenbeet zum Stehen. Es stinkt nach Kupplungsbelag.

Der Sohn beginnt die Pfähle dicht über der Erde mit dem Trennschleifer einzuschneiden. Danach lassen sie sich biegen. Aber sie biegen sich so sehr, dass die Flügeltore nun nicht mehr waagerecht, sondern schief an ihnen hängen und sich nicht bewegen lassen.

Der klapprige Schweißapparat muss eingeschaltet werden, um neue Halterungen anzubringen. Das ist nicht leicht, denn sowohl das Verlängerungskabel als auch die Drähte des Schweißgerätes haben keine Stecker mehr, sondern nur noch blanke Enden. Die muss man geschickt, ohne einen Schlag zu bekommen, in die Öffnungen der Steckdose klemmen. Manchmal gelingt es, und manchmal fliegen die Sicherungen heraus. Mitten im Schweißen brechen die Elektroden ab. Rauchschwaden steigen hinter dem schiefen Tor auf. Es riecht wie Weihnachten, wenn wir am Tannenbaum die Wunderkerzen anzündeten.

Ich darf mit Ratschlägen und Handgriffen bei der Aktion helfen, neue Elektroden suchen, den Hammer holen, den zentnerschweren Türflügel halten und die Sicherungen, wenn das

Schweißgerät durchgebrannt ist, im Haus wieder hineindrücken.

Als der Hirte die Kühe heimtreibt und sie wie immer einzeln und selbständig in ihre Höfe trotten, kann die braun-weiß Gefleckte von Stefan Tomulea nicht wie gewohnt durch das große Flügeltor gehen. Also zwängt sie sich durch die schmale Eingangspforte. Dabei fällt der erst halb angeschweißte Pfahl beinahe wieder um. Verzweifelt versuchen die zwei Männer ihn festzuhalten, und ich stütze den Torflügel. Währenddessen beginnt die alleingelassene Kuh die Paprikapflanzen vom Beet zu fressen. Der Alte schreit nach seiner Frau Marie.

Nach zwei Stunden steht das Tor und lässt sich, wenn man viel Gewalt anwendet, auch schließen. Ich könnte jetzt einen Schnaps gebrauchen, doch Adventisten trinken keinen Alkohol. Der Sohn geht nach Hause. Mich lädt der Alte zum Abendbrot ein. Seine Frau Marie spricht ein wenig Deutsch, weil sie vor fast vierzig Jahren mit den deutschen Kindern in die Schule gegangen ist. 1989, als die Deutschen ihre Häuser im Dorf verlassen hatten, um nach Deutschland zu ziehen, haben sie dieses Haus gekauft. Vor dem Krieg hätten im Banat die rumänischen Familien oft nur als Tagelöhner bei den Deutschen gearbeitet. Nun wären sie selbst Hausbesitzer. Die Frau deckt den Tisch mit eingelegten sauren Gurken, gebratenen Kartoffeln, Tomaten, Knoblauch und Zuckermelonen aus dem eigenen Garten. Nur der Schafskäse ist vom Nachbarn. Wurst gibt es keine, Adventisten sind Vegetarier.

»Gott lässt alles wachsen, was der Mensch braucht«, sagt die Frau.

Ich setze mich und will schon einen Schluck Milch trinken, als der Mann aufsteht und mir bedeutet, dass auch ich aufstehen soll. Er betet laut. Eine Minute, zwei Minuten, vielleicht sogar länger. Er betet in einer fremden Sprache – einer Sprache, die ich nicht verstehe. Und ich, der Ungläubige, der in Kirchen beim Gebet zwar höflich aufsteht, aber die Arme herunterhängen lässt und, verlegen auf die Erde schauend, an alles Mögliche denkt, ich falte wie zum Gebet die Hände und schaue den Mann und die Frau an.

Nach dem Essen gehen wir in den Stall. Ich halte die Braunscheckige. Als er sie ausgemolken hat, bringt der 62-Jährige mich und den Schweißapparat zurück zum Gebetshaus. Er schließt das Tor von außen ab und reicht mir den Kirchenschlüssel, den ich morgen früh im Laden abgeben soll, über den Zaun.

Ich wasche mich nicht in der kleinen Toilette, sondern draußen im Garten am Wasserhahn splitternackt unter dem Sternenhimmel. Es kann mich niemand sehen. Und wenn? Was würde man im Mondschein schon erkennen? Einen nackten Mann im Garten der Adventisten! Nein, Jesus Christus ist nicht zurückgekommen. Dafür ist die Gestalt im Garten zu wohlgenährt.

Am Morgen gebe ich im Laden den Schlüssel ab und eine Spende für die Adventisten. Der Mann schreibt mir die E-Mail-Adresse von »Lady Di« in mein Notizbuch. Beim Abschied wünscht er mir »peace« für den Weg. Früher ist er Soldat gewesen und hat keinen Frieden bekommen, sagt er. Doch nun hat er Frieden: Brot am Abend und zum Schlaf in der Nacht Gottes Segen für die Familie.

Auf einem Haus neben seinem Laden stehen zwei Schornsteine dicht nebeneinander. Auf dem alten hat ein Storchenpaar sein Nest gebaut. Um die Störche nicht zu stören, mauerte der Hausbesitzer einen neuen Schlot.

An Futter werden die Störche hier keinen Mangel haben, denn die Landschaft wird immer sumpfiger, Kanäle teilen die Felder, und in den mit Entengrütze bedeckten Tümpeln konzertieren auch am Tag die Frösche.

# Von der Versuchung, in einem alten Renault bis nach Timişoara zu fahren, einer Frau, die in achtundzwanzig Jahren dreizehn Kinder geboren hat, und meiner »Aufnahme« in das Kloster der Salvatorianer

Ich laufe in die Sonne – immer geradeaus nach Osten. Wie vor zweihundertundfünfzig Jahren die katholischen Auswanderer, die heute noch Donauschwaben genannt werden, aber selten aus Schwaben, sondern aus Franken, Bayern, Österreich, Elsass-Lothringen und der Rhein-Pfalz hierhergekommen sind. Sie besiedelten das vom Türkenkrieg zerstörte Banat, legten die Sümpfe trocken und machten Temeswar (Timişoara) zur Metropole des Banats.

Erst nach zwei Stunden gönne ich mir den ersten Blick auf die steinerne Weginformation: Timişoara 21 Kilometer, Beregsău Mare 2 Kilometer. In Beregsău Mare (Großberegsau) werde ich mir frisches Trinkwasser holen.

Vor dem Dorf finde ich ein Bild der Verwüstung, wie ich es auf meinem Marsch durch den »wilden Osten« noch nicht gesehen habe: heruntergerissenen Stacheldraht und eingestürzte Betonmauern – eine sich kilometerweit erstreckende Trümmerlandschaft. Futtersilos, die wie startbereite Weltraumraketen auf hohen Eisenbeinen stehen, sind schon vom Rost zerfressen. Auf langen Stallgebäuden fehlen die Dächer, und ihre Ziegelwände, die so gemauert sind, dass zwischen jedem Stein ein Luftloch blieb, sind wie nach einem Granatbeschuss heruntergebrochen. An die Trümmerwände gelehnte Laufbänder ragen in den Himmel, und unter Plastplanen verrotten Holzpaletten …

Ich nehme an, dass in dieser Anlage einmal Abertausende Tiere – wahrscheinlich Hühner – gehalten worden sind. Erst als Stacheldraht und Betonmauern enden, sehe ich einige Gebäude, deren Dächer noch ordentlich mit Ziegeln gedeckt und deren

Wände frisch geweißt sind. An manchen stehen Gerüste und Leitern. Ein schwarzgelockter, vielleicht vierzig Jahre alter Mann schaufelt Sand, Kalk und Zement in eine Schubkarre und schüttet Wasser dazu. Während er den Mörtel mischt, schafft er es, mit dem zwischen Ohr und Schulter geklemmten Handy zu telefonieren. Er trägt zu den kurzen Hosen blau-weiß geringelte dünne Söckchen und Markenturnschuhe.

Ich bitte um Wasser aus der Leitung. Er schüttelt den Kopf. Man könne das Wasser hier nicht mehr unabgekocht trinken. Eine Million »porc«, er schreibt die Zahl auf einen Zettel, eine Million »porc – Schweine« sind jedes Jahr in dieser Anlage gemästet worden. Ihre Gülle hat die Erde und das Wasser verdorben.

Er holt zwei Fünfliterballons mit rumänischem Quellwasser und füllt mir – nachdem ich ihm auf der Karte meinen Weg gezeigt habe – die Trinkflasche. Ich frage, was er am Rande der chaotischen Trümmerlandschaft bauen will.

Er sei, so erklärt mir Husăv Viorel aus Timişoara, »ein Manager für Champignons«. Bald werde er in den noch nicht zerstörten Ställen auf sechs Hektar Champignons züchten und viele Tonnen ernten. Er lacht. Er sei ein Manager, jetzt zwar noch ein Manager mit Schaufel und Spaten, aber später …

Hätte ich nicht die hässliche, verfallene Schweinemastanlage gesehen, dann wäre mir die Schönheit einer Villa in Beregsău Mare wahrscheinlich nicht aufgefallen, und ich wäre nicht staunend vor dem ockerfarbenen zweigeschossigen Haus mit Gartenzwergen, kurzgemähtem Rasen und üppig blühenden Rosen stehengeblieben. Die hohen Treppenfenster sind der Dachschräge angepasst worden, ein Balkon ist übereck gebaut, und vor dem Wintergarten sind auf der Sonnenseite weiße Rollläden heruntergelassen. Im Garten, in dem ich keine Gemüsebeete sehe, baut ein Mann neben den mit rhombenförmigen Steinplatten gefliesten Wegen kleine Trennmäuerchen. Ich frage ihn, ob ich die »casa frumoasă – das schöne Haus« – fotografieren darf. Doch er ist nur der Hofarbeiter und muss die Madam fragen.

Die Madam bleibt zuerst herrisch an der Haustür stehen. Als sie hört, dass ich ein Ausländer bin, tritt sie aus dem Schatten des Hauses. Die Frau mit sehr fülligen Schultern und Oberarmen trägt ein von orangefarbenen Spaghettiträgern gehaltenes, mit bunten Blumen gemustertes Kleid. Ihren durch ein Doppelkinn noch kürzer scheinenden Hals ziert ein dünnes Goldkettchen. An den Ohren hängen goldene Ringe, und auf der Nase sitzt ein goldenes Brillengestell.

Ich bitte Madam mehrmals, dass ich ihr Haus aus der Nähe fotografieren darf. Sie versteht mich anscheinend nicht und fragt, als ich ihr mit einer Geste meine Bitte deutlich machen will: »Television?«

Ich nicke.

Dann will sie wissen, ob ich die fünfhundert Kilometer zu Fuß laufe.

Ich nicke.

Madam, inzwischen hat sie sich als Ana Crâşmoriu vorgestellt, nimmt unvermittelt meine Hand, führt mich aus ihrem Garten hinaus auf die Straße und geht mit mir Verdutztem die Dorfstraße entlang. Sie stellt mich den Nachbarn vor, zeigt auf meine Beine, fragt die Leute etwas, ich verstehe nur »Television«. Die Befragten schütteln bedauernd den Kopf. Schließlich stoppen wir an einem kleinen Straßencafé. Unter einem Weinlaubdach stehen drei Tische und Stühle. Madam bestellt uns Kaffee. Dann holt sie den Geschäftsführer, erklärt ihm anscheinend, woher ich komme und wohin ich will.

Ich höre wieder »Television« und »Sponsor« und verstehe nichts. Madam und der Geschäftsführer werden nicht handelseinig. Als wir aufstehen wollen, spricht mich eine Frau aus dem Laden auf Deutsch an.

»Entschuldigen Sie bitte, aber meinem Mann ist es leider nicht möglich, sich an Ihrer Expedition finanziell als Sponsor zu beteiligen.« Frau Crâşmoriu habe zwar versichert, dass mein Fußmarsch von Ungarn nach Rumänien von der Television unterstützt werde. »Aber heute hausieren und betteln viele Leute, vor

227

allem Zigeuner, nicht mehr auf die alte Art, sondern suchen, wie man inzwischen sagt, einen Sponsor.«

Sie spendiert uns noch einen zweiten Kaffee. Als Madam mit Hilfe der Deutsch sprechenden Frau begriffen hat, dass ich sie nicht angesprochen habe, weil ich einen Sponsor suche, sondern weil ich ihre Villa fotografieren will, trippelt sie, so gut es ihr Körper erlaubt, sehr schnell mit mir zurück. Unterwegs erfahre ich, dass sie früher als medizinisch-technische Assistentin gearbeitet hat, ihr Mann ein Arzt und ihre Villa wohl eine Million Euro wert ist.

Ich werde mir heute in Săcălaz (Sackelhausen) ein Quartier suchen und morgen früh ausgeruht die restlichen zehn Kilometer nach Timişoara laufen. Als ich in der Ferne schon die Silhouetten der neugebauten Fabriken vor Săcălaz sehe, stoppt plötzlich ein entgegenkommendes Auto vor mir. Wenige Minuten später sitze ich in den braunen Lederpolstern eines Volvo.

Und fahre die Straße nach Beregsău Mare zurück.

Zurück! Acht Kilometer zurück!

Der »Manager für Champignons« hatte mich, als er aus Timişoara zurückfuhr, an der Landstraße gesehen und gehalten, weil ich meine Landkarte bei ihm in Beregsău Mare vergessen hatte. Leider hat er sie, da er nicht ahnen konnte, dass er mich treffen würde, in seinem Büro liegengelassen. Also steige ich ein und zwinge mich, noch nicht daran zu denken, dass ich die acht Kilometer vielleicht wieder zurücklaufen muss. Ich fläze mich in den Ledersitz. Am Lenkrad baumelt der Rosenkranz, und neben dem Armaturenbrett hängt die Madonna mit dem Jesuskind in einem silbernen Metallrahmen.

Der Manager schiebt eine CD ein. Die Blumenkinder singen »Butterfly …«, und ich genieße die Schnelligkeit des Vorankommens. Leider dauert der Genuss nur zehn Minuten, dann biegt der Volvo schon in die ehemalige Schweinemastanlage ein. Husăv Viorel überreicht mir mit großer Geste die Karte und serviert dann in seiner kleinen neuen Küche Brot, Tomaten und

Mititei (rumänische Cevapcici) und fragt, ob ich Wein oder Bier trinken möchte.

»Nein, bitte nur Wasser.«

Während ich noch esse und nicht an die acht Kilometer denken will, stellt er mir einen alten Mann vor, der gleich nach Timişoara fahren und mich mitnehmen würde. Ich steige in den uralten Renault-Transporter, in dem sich außer dem Motor und den Rädern scheinbar nichts mehr an dem Platz befindet, an dem es früher war. Die Zündspulen baumeln neben dem Gaspedal, die Lenksäule, die kein Rosenkranz schmückt, ist aufgeschlitzt, das Tachometer liegt auf dem Armaturenbrett. Keine Madonna segnet, was nötig wäre, die Klapperkiste. Aber sie fährt. Allerdings so langsam, dass ich den Leuten zuwinken könnte, dem Hausmeister, der nun vor der schönen Villa den Rasen mäht, und der goldbehängten Frau, die wieder im Straßencafé sitzt.

Nach einer Viertelstunde erreichen wir den Ortseingang von Săcălaz. An der Stelle, an der ich in den Volvo eingestiegen bin, sage ich: »Stopp!« Ich könnte jetzt so tun, als ob ich Săcălaz nicht bemerkt hätte und bis Timişoara weiter mitfahren. Dann würde ich nicht erst morgen, sondern schon heute in der Hauptstadts des Banat ankommen. Aber ich will den Wettkellner nicht betrügen und sage noch einmal: »Stopp!«

Der Alte begreift nicht. Sein Chef hat ihm gesagt, dass ich nach Timişoara möchte. Zum letzten Mal ein lautes: »Stopp!« Er hält. Ich bedanke mich, er schüttelt den Kopf und tuckert weiter. So als müsste ich beweisen, dass ich wirklich in Săcălaz ausgestiegen bin, fotografiere ich zuerst den Ortseingang und danach die Kirche und die neuen Fabriken.

In einer Kneipe lärmen die Männer. Ich mag jetzt keine lärmenden Männer und setze mich neben der geschlossenen Kirche auf einen Kinderspielplatz, dessen Schaukeln, Zaunlatten und Wippen wie von Hundertwasser in allen Farben des Regenbogens angemalt sind. Mit den hier ungewöhnlich friedlichen Hunden teile ich mir die restlichen Mititei. Danach beginne ich meine alltägliche Suche nach einer Schlafgelegenheit. Ich laufe bis zum Dorfende, wo auf den weiten Wiesenflächen einzelne Einfamilienhäuser gebaut werden. Die Häuser, deren Dach bereits gedeckt ist, haben die Besitzer schon umzäunt. In einem würde ich gern schlafen und umrunde es neugierig. Der kläffende Hund ist vor dem Bauherrn am Zaun. Wie die meisten, die hier ihre Häuser errichten, arbeitet und wohnt der Besitzer in Timișoara, aber auf meine Frage, ob ich hier schlafen könne, schüttelt er den Kopf.

Gegenüber befindet sich ein Tante-Emma-Laden. Aber drinnen steht keine Lady Di. Ich gehe weiter. Als Gewitterwolken aufziehen und ich ratlos an den neuen Häusern vorbeilaufe, winkt mir ein junger Mann. Vor seinem Haus stehen drei PKW Golf und ein Dutzend Leute aus drei Generationen. Zuerst fallen mir drei kleine Mädchen auf. Sie tragen die gleichen kurzen, blau gemusterten Kleidchen und weiße durchbrochene Schuhe. »Das sind meine Kinder«, sagt der Mann, der mich gerufen hat.

Seine Verwandten sind aus Dublin gekommen, um sich das Dorf ihrer Kindheit und Jugend anzuschauen. Ardelan Gabi führt mich durch sein Haus, in dem nichts mehr an die traditionellen Häuser mit ihren winzigen Fenstern, den engen langen Fluren, den kaum drei mal drei Meter großen Küchen und den zwei Stuben erinnert. Das Wohnzimmer ist so groß wie die Grundfläche eines der alten Banater Häuschen und modern eingerichtet: Nur ein weißes Sofa, zwei weiße Sessel, ein Couchtisch und der Fernseher stehen in dem großen Zimmer.

Ich frage, Daumen und Zeigefinger aneinanderreibend, wie er das Geld für dieses prächtige Haus zusammenbekommen hat. Einige Jahre hat er als Maurer in Holland gearbeitet, inzwischen ist er selbständiger Bauunternehmer mit einem im Hof stehenden kleinen Bagger.

»Die Eltern haben fast zwanzig Jahre in Österreich gutes Geld verdient, und meine Schwester und ich sind ihre einzigen Kinder, die noch in Rumänien leben«, sagt er.

Er ruft den Vater. Der große, kräftig gebaute Mann, dessen Kopf kahlgeschoren ist, bringt mich im Gewitterregen zu seinem alten, kleinen Wohnhaus. Den Hof schützt ein dichtes Weinlaub-Dach vor der Sonne, aber nicht vor dem Regen. Die kleingewachsene Hausfrau reicht mir sofort ein Handtuch, damit ich mir die Haare trocknen kann. Dann zeigt sie mir mein Zimmer. Dunkle, schwere Schränke stehen neben einem großen, am Kopf- und Fußteil prächtig verzierten Ehebett aus Mahagoni. Darauf liegen die dicksten Federbetten der Welt.

In der Küche hält die Frau, sie heißt Maria, Auberginen über die Gasflamme, bis deren Schale schwarz geworden ist. Sie polkt die verbrannte Schale ab, zerdrückt das Innere mit Zwiebeln, Knoblauch und Öl zu Mus. Dazu gibt es Weißbrot, Schafskäse und eine duftende Hammelsuppe. Der Mann isst sehr wenig, er nippt nur wie ein Täubchen von allem. Er hat Krebs. Dünndarm und Galle sind schon entfernt. »Nur Gott kann mir noch helfen«, sagt er. »Die Metallbude in Österreich hat mich kaputtgemacht.«

Er arbeitete zuerst als Maurer und später in einer österreichischen Metallfabrik. Das Geld, das er dort verdient hat, haben Aurel Gabi und seine Frau nicht für sich gebraucht. »Wir leben nur für unsere Kinder.«

In der Stube hängen in einer langen Reihe an der Wand dreizehn Fotos, zumeist Hochzeitsbilder.

»Das sind unsere dreizehn Kinder.«

»Dreizehn?«, frage ich nach.

»Ja, sechs Jungen und sieben Mädchen.«

Maria hat in achtundzwanzig Jahren dreizehn Kinder zur Welt gebracht – das erste Kind, als sie einundzwanzig Jahre alt war, und das letzte mit neunundvierzig.

Sie steht in der Küche und kocht Pudding zum Nachtisch. Jetzt merke ich, wie dünn und faltig ihre Arme sind und wie tief ihre Augen in den Höhlen liegen.

»Dreizehn Kinder?«

Sie nickt. »So viel, als Gott mir geben wollte.«

Der Mann sagt sehr leise, dass die Familie seit Jahren nicht mehr zusammengekommen ist. »Zur letzten Hochzeit fehlte der Sohn aus den USA. Aber wenn ich tot bin, werden sie alle kommen. Alle.«

Nur eine Tochter und ein Sohn, der Bauunternehmer, wohnen noch in Rumänien. »Sechs Kinder leben in Österreich, zwei in Spanien, ein Kind in Belgien, eins in England und eins in Amerika. Sie haben dort ihre Familien gegründet und geheiratet. Was sollten sie in Rumänien, wo es keine Arbeit für sie gab?«

Im schmalen Flur steht ein Dutzend prall gefüllter und mit Namensschildern versehener Wäschesäcke. »Ich fahre manchmal noch nach Österreich, und dann geben mir meine Schwiegersöhne und Schwiegertöchter die Sachen für ihre Verwandten in Rumänien mit.«

Und er bringt die Sachen der Verwandten aus Rumänien zu deren Kindern nach Österreich.

»Doch manches kann ich ihnen in die Fremde nicht mehr mitnehmen: das Dorf nicht, unsere kleinen Häuschen nicht, unsere rumänische Gastfreundschaft nicht, unser einfaches Essen und auch nicht unser früheres Zusammengehörigkeitsgefühl. Und vielleicht werden sie sogar das Beten vergessen, dort in der Fremde.«

Ich schlafe in dem dunklen, wie Kirchengestühl verzierten Bett unter dem dicken Federbett traumlos und tief. Am Kopfende hängt ein Bibelvers in rumänischer Sprache.

Am Morgen ist der Himmel klar und die Luft von angenehmer Kühle. Ich laufe, wie Aurel Gabi mir riet, nicht den Umweg durch das Dorf, sondern über die Felder. Ein Zigeuner überholt mich einspännig. Für zwanzig Lei will er mich auf sein Wägelchen steigen lassen.

»Nein«, sage ich und frage ihn, ob ich auf dem richtigen Feldweg zur Hauptstraße nach Timişoara bin.

Er nickt. »Immer der Sonne in die Augen schauen.« Und verlangt fünf Lei. Ich protestiere.

Er sagt, dass heutzutage auch Informationen Geld kosten. Wir einigen uns auf ein Butterbrot, das mir Maria mitgegeben hat.

Die Hauptstraße nach Timişoara ist die meistbefahrene, auf der ich bisher marschiert bin. Das heißt, ich laufe auch nicht mehr am Rand der Straße, sondern weiche in die vom Gewitter noch schlammigen Gräben aus.

Bevor ich später über eine sehr lange Bogenbrücke auf der nun autobahnähnlichen Straße nach Timişoara hineinlaufe, geschieht ein kleines Wunder. Kein einziges Auto kommt mir auf der linken Seite mehr entgegen. Ich kann aus dem Graben steigen und wieder auf der Straße laufen. Fünf Minuten später beginne ich, Autos, die zuvor an mir vorbeigesaust sind, zu überholen. Vielleicht fünfzig Autos stehen und warten vor einer Bahnschranke. Als der blaue Eisenbahnzug die Straße passiert hat, gehe ich, noch ehe die Schranke oben ist, als Erster über die Gleise.

Die Ausfallstraße von Timişoara ähnelt der in einer deutschen Stadt: Silos der Firma Liebherr, Supermärkte, ein Subaru-Autohaus, ein Hotel, dazwischen kleine rumänische Häuser und der »Night-Club Blue«. Gegenüber befindet sich das Souvenirgeschäft »casa luxor«. Ich nehme an, dass es dort ägyptische Folklore zu kaufen gibt, sehe aber zwischen all dem Kitsch nichts Ägyptisches. Die Verkäuferin zeigt mir neben deutschen Osterhasen, russischen Matroschkas, griechischen Bronzestatuen auch den aus Gips geformten, schwarz angemalten Kopf der Nofretete. »Luxor«, sagt sie.

Den Weg zur Augustin-Pacha-Straße, in der sich das Deutsche Kulturzentrum von Timişoara befinden soll, kennt sie nicht. Vor einer sehr großen orthodoxen Kirche stehen viele Männer an einer Wasserstelle. Sie füllen ihre Flaschen mit dem vom Popen gesegneten Leitungswasser. Einer der Männer weiß den Weg.


Das Deutsche Kulturzentrum ist nicht an der Augustin-Pacha-Straße, sondern nur von hinten über eine Baustelle zu erreichen. Neben dem Eingang stolpere ich über ein von oben herabhängendes, auf der Erde in Schlingen gelegtes Stromkabel.

»Das lag schon vor drei Jahren so, als ich in Timişoara ange-
fangen habe, und heute, an meinem letzten Tag, liegt es immer
noch hier«, sagt mir Johanna Holst vom Deutschen Kulturzentrum zur Begrüßung. Sie strahlt mich aus sehr hellen wachen
Augen an. Johanna Holst ist noch keine dreißig.

Wäre ich morgen gekommen, sagt sie, hätte ich im Kultur-
zentrum niemanden mehr angetroffen. »Ich gehe zurück nach
Deutschland, und Nicoletta und Luminiţa, die rumänischen
Mitarbeiterinnen, machen Urlaub.«

Ich muss also die Zeit nutzen, um wenigstens heute von ihnen
noch so viel als möglich zu erfahren, und Johanna organisiert
mir Termine in Timişoara.

Anschauen kann ich mir die Ausstellung mit Gemälden von
deutschen Künstlerinnen, die heute im Beisein des deutschen
Konsuls eröffnet wird. Schlafen kann ich im Kloster von Pater
Berno, und sprechen kann ich mit Nicoletta und Luminiţa und
mit Attila, einem verhinderten Pianisten, der die Revolutions-
tage in Timişoara erlebt hat.

Über sie selbst, sagt die junge Frau, gibt es nicht viel zu erzählen. Sie habe noch keine Familie und werde jetzt in Deutschland ihre Doktorarbeit schreiben.

Die 48-jährige Luminiţa Maria Ifrim Saftu, die ihre schwarzen
Haare streng nach hinten gekämmt hat und der nur auf der linken Seite eine lange Strähne als »Herrenwinker« ins Gesicht fällt,
trägt eine moderne randlose Brille und will, wie sie sagt, ihr Leben im Kloster beenden. (Wenn ich sie anschaue, fällt es schwer,
mir das vorzustellen.)

»Mein Vater war nicht mit meiner Mutter, sondern mit
einer anderen Frau verheiratet. Als ich geboren wurde, war er
schon sechzig, und meine Mutter war vierzig Jahre alt. Sie unterrichtete als Mathematiklehrerin und war wie mein Vater,
der Dramaturgie studiert hatte, sehr kunstinteressiert. Beide
sprachen oft Französisch miteinander, denn Französisch war
auch nach dem Krieg in Rumänien die Sprache der Intellektu-
ellen. Meine Mutter stammt aus der Hauptstadt Bukarest. Sie

blieb trotzdem in Timişoara, denn hier versammelten sich damals Musiker, Advokaten, Lehrer und Schriftsteller zu einer kleinen ungarischen, deutschen und rumänischen Künstlerkolonie. Als ich fünf Jahre alt war, begann mich mein Vater – er starb, als ich sechzehn war – das Lesen von Büchern zu lehren. Meine Mutter gab zusätzlich Privatstunden und bezahlte mit diesem Geld meinen Klavier- und Tanzunterricht. Eine Banater Schwäbin – ich weiß nur noch, dass ich sie ›Tante Goretzki‹ genannt habe – unterrichtete mich in Deutsch und später in Englisch.«

Inzwischen lehrt Luminiţa Maria Ifrim Saftu am Kulturzentrum deutsche Bundesbürger Rumänisch. Außerdem gibt sie an der Polytechnischen Universität noch Englisch. »Man braucht in Rumänien zwei Jobs, um leben zu können.«

Sie schreibt auch Gedichte. »Beispielsweise Gedichte über den Frühling im Stadtzentrum, und ich sehe dabei Kinder lachen und werde fröhlich. Pessimistische Gedichte schreibe ich, wenn ich mir vorgenommen habe, neu anzufangen und in euphorische Höhen zu fliegen, aber es wieder einmal nicht schaffe. Je tiefer ein Mensch fühlt, um so höher kann er fliegen. Man muss für alles offen sein, auf alles neugierig. Aber immer öfter verschließen sich die Menschen in Rumänien. Sie trauen sich nicht – weil es der Karriere oder dem Image schaden könnte –, ehrlich zu sagen: ›Ich habe keine Antwort, ich suche noch.‹ Das ist wie im Kommunismus, wo immer gesagt wurde: ›Die Partei weiß alles!‹ Doch das Leben ist ein Suchen. Ich muss meine Fenster, selbst wenn andere sagen: ›Ins offene Fenster kann man dir Steine hineinwerfen‹, offenhalten. Denn vielleicht sind es keine Steine, sondern Federn, die hereinfliegen. Eigentlich heiße ich nur Luminiţa Saftu, aber ich habe meinen Taufnamen Maria und den Namen meines Vaters hinzugesetzt, und nun heiße ich Luminiţa Maria Ifrim Saftu. Aber sagen Sie einfach ›Lumi‹ zu mir.«

Sie macht eine Pause, denkt nach und philosophiert dann weiter: »Haben Sie schon einmal darüber nachgedacht, dass das

Leben einem großen Wagenrad mit vielen Speichen gleicht? Jede Speiche ist ein Lebensabschnitt, in dem wir andere Menschen kennenlernen. Doch das wahre Leben ist nicht das am äußeren Ende der Speichen, also an der Radoberfläche, sondern das im Inneren, in der Achse vom Rad. Alles Wichtige im Leben geht nach innen.«

Nicoletta, ihre sehr viel kleinere und zierlichere 32-jährige Kollegin, die mit einem noch kindlichen Gesicht traurig im Büro sitzt, sieht die Welt sehr viel gegenständlicher. »Nachdem mein Freund unlängst Kaufmännischer Leiter in einem Betrieb in Sibiu (Hermannstadt) geworden ist, will er mich plötzlich nicht mehr heiraten. Er verlangt, dass ich aufhöre zu arbeiten und nur noch seine Frau bin, die ihn bedient. Als ich ihm gesagt habe, dass ich eine unabhängige Frau bleiben werde, die auch arbeiten geht, sagte er: ›Entweder du machst, was ich möchte, oder die Hochzeit fällt aus!‹ Vielleicht will er aber auch nicht mehr heiraten, weil er inzwischen, wie man sagt, mit seiner Sekretärin etwas hat.

Wir lernten uns vor vier Jahren kennen. Er war ein Städter, ein sehr sensibler und oft gehemmter, pessimistischer Mann. Ich dagegen bin in den Bergen mit guten Eltern und mit Tieren aufgewachsen. Damals konnte ich ihm viel zeigen und erzählen, und er sagte: ›Nicoletta, mit dir bin ich zum ersten Mal im Leben glücklich. Durch dich kann ich die Vögel wieder hören und die Märchen verstehen.‹ Ich hatte zuvor zwei Jahre in Frankreich und drei Jahre in Deutschland studiert und wollte meine Doktorarbeit über französische Literatur im Mittelalter schreiben. Aber ich habe das damals zurückgestellt, weil wir erst eine Familie gründen wollten. Und jetzt möchte er mich nicht mehr heiraten. Verstehen Sie es? Sind deutsche Männer auch so schlecht?«

Attila, der die Revolution in Temeswar als 21-Jähriger miterlebt hat, ist schlank und groß und kurzhaarig. Wie ein Briefträger hat er an einem langen Lederriemen, der über die Schulter bis zur Hüfte reicht, eine große Ledertasche umgehängt. Als wir zum Pfarrhaus von László Tökés gehen, vor dem im De-

Das Pfarrhaus, vor dem 1989 die rumänische Revolution begann

zember 1989 die rumänische Revolution gegen das Ceauşescu-Regime begonnen hatte, bittet er mich, seinen Familiennamen nicht aufzuschreiben. Noch heute würden sich verschiedene Gruppen, die früher zur Armee oder zur Securitate gehörten, bekämpfen. »Sie beschuldigen sich gegenseitig, damals Unschuldige getötet zu haben. Ein Rentnerehepaar, das später noch herausbekommen wollte, ob die Soldaten, die Polizisten, die Securitate-Leute oder Provokateure ihren Sohn erschossen hatten, wurde im Winter tot im Fluss Bega gefunden.«

Attilas Vater war im Dezember 1989 Offizier in Timişoara. »Er redet nicht mehr über diese Zeit.«

Vom Haus des ungarischen Pfarrers fällt der Putz herunter. Die Fenster sind verhängt und nur die an den schmutzigen Außenwänden verlegten, frisch gestrichenen gelben Gasleitungen sehen noch vertrauenerweckend aus. Im Souterrain befindet sich ein Laden. Rechts und links über dem Eingang hängen zwei neue Marmortafeln. Auf Rumänisch, Serbisch und Deutsch steht dort: »15 XII 1989. Hier begann die Revolution, die der Diktatur ein Ende setzte.«

Attila erzählt, dass er sich damals, obwohl sein Vater Offizier war, kaum für Politik interessierte. »Ich wollte Musik studieren und war am 16. Dezember, ich hatte gerade meinen Militärdienst beendet, nach Timişoara gekommen, um einen Flügel zu kaufen. Vor dem Haus des Pfarrers standen schon die ersten Demonstranten mit brennenden Kerzen. Obwohl es verboten war, unangemeldet in Gruppen herumzustehen, beobachteten die Polizei und die Securitate das Geschehen nur. Der Pfarrer war ein Gegner Ceauşescus und trat für die religiösen Rechte der ungarischen Minderheit ein. Im Sommer hatte sein Bruder, der in Kanada lebt, ein Interview mit ihm gemacht. Das lief dann im kanadischen Fernsehen, auch im westdeutschen. Er wurde verurteilt, seine Pfarrei und seine Dienstwohnung in Timişoara zu verlassen. Der Pfarrer blieb, und die Demonstranten schützten ihn. So begann alles. Am Sonntag versammelten sich bereits Zehntausende Demonstranten auf dem Opernplatz. Sie forderten das Bleiberecht für den Pfarrer und das Ende der Ceauşescu-Herrschaft. Mein Vater stand in Uniform unter den Demonstranten. Man beschimpfte ihn. Der befehlende Armeegeneral in Bukarest ließ sich, damit er nicht befehlen musste, vorsorglich ein Bein in Gips legen. Dann hat das Militär und nicht nur die Securitate geschossen! Aber unter den Mördern waren auch Männer, die schon viel zu alt für Soldaten waren. Sie trugen grüne Uniformen ohne militärische Rangabzeichen. Diese Leute haben auch Edith, eine Frau, die meine Freunde kannten, erschossen. Als einer meiner Freunde ihr helfen wollte, haben sie ihm die MPi in den Rücken gehalten und gesagt: ›Willst du auch eine Kugel?‹ Vielleicht waren sie von Politikern, die zu feige waren, öffentlich gegen Ceauşescu aufzutreten, geschickt worden, um durch Gewalt die Situation anzuheizen. Oder es waren Securitate-Leute, die mit dem Blutbad das Volk gegen Ceauşescu aufbringen und ihn dann selbst stürzen wollten. Niemand weiß das genau.

Dann streikten hier die Arbeiter, und am 21. Dezember war Timişoara in der Hand der Revolutionäre. Im Freudentaumel dieses Tages habe ich meine spätere Frau zum ersten Mal in die Arme genommen.«

Attila studierte später nicht Musik, sondern Biotechnologie. Jetzt arbeitet er in der Verwaltung der Philharmonie von Timişoara.

»Es gab in Timişoara Leute, die haben jahrzehntelang eine Flasche Wein aufgehoben, um sie zu trinken, wenn Ceauşescu tot ist. Aber als er und seine Frau am 25. Dezember wie im Krieg ohne einen ordentlichen Prozess erschossen worden waren, haben sie die Flasche nicht geöffnet. Und die neuen Machthaber begannen – auch wenn sie früher Kommunisten waren –, alles, was nach Sozialismus oder Sowjetunion roch, zu verteufeln. Eine Zeitlang war es nicht einmal mehr möglich, Tschaikowski oder Schostakowitsch in unserer Philharmonie zu spielen.«

Er bringt mich zum Opernplatz, den »Platz der Helden«, sagt er, und verabschiedet sich sehr schnell. Neben der Oper bemerke ich in einem großen Gebäude eine rotgestrichene Tür, zu der eine breite Treppe hinaufführt. »Club Stalingrad«. Die Tür ist verschlossen.

Nebenan ist eine Bar geöffnet. Eine Prostituierte im Minirock mit Netzstrümpfen lächelt mich an. Sie sagt, dass »Stalingrad« seit langem geschlossen hat. Sie ist eine Russin aus Charkow und freut sich, dass ich Russisch mit ihr spreche. Sie hat noch die Zeit erlebt, als es in Rumänien in ihrem Beruf gutes Geld zu verdienen gab.

»Damals kamen vor allem viele Italiener hierher. Wir waren billiger als die Prostituierten zu Hause. Inzwischen ist der Touristenstrom aus Italien versiegt. Vielleicht kommen sie 2020 wieder. Timişoara will sich 2020 als Europäische Kulturhauptstadt bewerben. Doch da bin ich«, sagt sie lachend, »für den Beruf zu alt.«


Johanna hatte mir geraten, nicht zu spät in das Kloster der Salvatorianer zu gehen, denn ab 19 Uhr würden die Patres und Brüder beten. Verlaufen könnte ich mich nicht: über den Fluss und dann immer geradeaus bis zur viertürmigen Kirche der heiligen Elisabeth.

Ich marschiere im Eilschritt und finde die zum Kloster gehörende, bestimmt über fünfzig Meter hohe Kirche. Aber nirgendwo sehe ich den Eingang zum Kloster. In einer Seitenstraße liegt ein Mann auf einer gelben Plasteplane in einer Nische des hohen Eisenzauns, der das Kirchengelände begrenzt. Er hat die Augen offen. Ohne aufzustehen, zeigt er mir nur zwanzig Meter entfernt das Tor im Zaun und die Klingel zum Kloster. Ich läute. Ein blonder Mann öffnet. Er ist kein Salvatorianer-Mönch, sondern hilft im Erdgeschoss in der Caritas-Suppenküche, in der die Armen gespeist werden. Die Patres und Brüder des Ordens haben ihr Domizil im ersten Obergeschoss. Doch ich sehe niemand. Sie beten wohl schon.

Als ein alter Mann in grauer Kutte, sich immerzu schnäuzend, an mir vorbeischlurft, nehme ich all meinen Mut zusammen – ich war noch nie in einem Kloster und glaube, dass Mönche nicht von Ungläubigen angesprochen werden möchten – und sage: »Das Deutsche Kulturzentrum … ein Bett für zwei Nächte hier …«

Er will sich wieder schnäuzen, findet kein Taschentuch, zieht den Rotz hoch und erklärt, dass Doina mich einweisen wird. Wahrscheinlich könnte ich im übernächsten Zimmer schlafen. Am übernächsten Zimmer steht über dem Türbalken die Nummer 268 und der mit Kreide geschriebene Segen 20 C + M + B 08. Neben der Tür hängt eine vom Türbalken bis zum Fußboden reichende Luftaufnahme vom Heiligen Land.

Der alte Mönch öffnet mir die Tür. Der Schlafraum ist nicht klein und dunkel, wie ich mir eine Mönchszelle vorstelle, sondern geräumig und hell. Über dem Bett hängt ein goldgerahmtes Bild der Maria mit dem Jesuskind, daneben aus Holz der an das Kreuz genagelte Jesus, und auf dem Schrank steht ein geschnitztes Kreuz.

Frau Doina kommt mit einer Rolle Toilettenpapier unter dem Arm, begrüßt mich in dem heiligen Haus, drückt mir die Rolle in die Hand und sagt in akzentfreiem Deutsch: »Manchmal vergisst die Putzfrau, das Papier hinzulegen.«

Doinas Mutter ist Deutsche gewesen, der Vater, ein rumänischer Beamter, war vor dem Zweiten Weltkrieg im Forstministerium für die Sägewerke verantwortlich. Sie hat Deutsch und Rumänisch studiert und beide Sprachen als Lehrerin unterrichtet. Jetzt ist sie zweiundsechzig Jahre alt. Nach der Wende hat sie begonnen, als Sekretärin im Kloster der Salvatorianer zu arbeiten.

»Vor allem wegen unseres Paters Berno. Er wurde 1990 von den Salvatorianern nach Timişoara geschickt, um zu erkunden, ob die neue Macht bereit ist, der Kirche das von den Kommunisten enteignete Kloster zurückzugeben. Das Kloster wurde zurückgegeben, und Rom entsandte den Pater wieder nach Rumänien. Zuerst hat er als Pfarrer im Stadtteil Mehala gearbeitet. Ich gab später dort mit seiner Hilfe Religionsunterricht. Danach hat er das Kloster der Salvatorianer wieder aufgebaut, nicht nur als eine Stätte, in der gebetet wird, sondern als soziale Heimat für Bedürftige. Zuerst brachte er vier Straßenkindern, die er in einem Heizungsschacht gefunden hatte, täglich zu essen. Später richtete er eine Suppenküche für die Armen ein, baute mit Hilfe der Caritas ein Nachtasyl für Obdachlose. Neunzig Betten stehen dort. Im Winter schlafen aber oft mehr als einhundertzwanzig Menschen in dem Haus. Sie nächtigen auf Stühlen oder dem Fußboden, aber müssen nicht erfrieren. In Bakova kaufte die Caritas eine alte Kolchose und verwandelte sie in eine Farm für Obdachlose und gefährdete Jugendliche. Dort holen wir Milch, Käse, Kartoffeln und Gemüse. Vor dem Krieg gehörten unserem Kloster auch Schweine und Kühe und ein Feld. Doch Landbesitz ist den Klöstern in Rumänien auch heute noch verboten. Drei Patres leben im Kloster und drei Aspiranten. Sie müssen zwei Jahre eine Lehrzeit absolvieren, bevor sie Mönche werden. Morgen zum Frühstück werden Sie alle kennenlernen.«

Sie erklärt mir noch, dass die Salvatorianer zu einem 1881 gegründeten katholischen Orden gehören, der selbstloses christliches Handeln in den Mittelpunkt des Glaubens stellt.

Der dreiundsiebzigjährige Pater Berno ist für sie ein Mensch, der nie an sich, sondern nur an andere denkt, einer, der sein Priesteramt nicht als Beruf ansieht, sondern als Berufung durch Gott.

»Ein Mensch, der Gott dient, indem er dem Menschen dient.«

Sie hat Tränen in den Augen, als sie über ihn spricht. Im vergangenen Jahr wurde er von einem Auto angefahren und lag mit einem doppelten Schädelbruch im Koma. »Wir dachten, dass er sterben wird, und haben Tag und Nacht für ihn gebetet. Und er ist uns wiederauferstanden.«

Die Klostersekretärin, die auch die meisten finanziellen Dinge des Klosters erledigt, sieht mit ihren weißen, an der Seite gescheitelten Haaren und der Brille eher beherrscht als gefühlsbetont aus. Sie entschuldigt sich auch sofort wegen der Tränen. Drei Winter seien vergangen, ohne dass sie sich erkältet hätte. Aber nun, mitten im Sommer, hat sie nur einmal kaltes Wasser getrunken und sofort Schnupfen bekommen.

»Pater Berno befreite mich aus dem Gefängnisgitter der Beichte. Zuvor haben mich die Gitter des Beichtstuhles eingeengt, als wäre ich gefangen. Nebenan saß der Priester, und ich wusste nicht, woran er dachte, wenn ich ihm meine Sünden beichtete. Ich konnte ihm nicht in die Augen schauen. Pater Berno aber spürte meine Angst wegen der furchtbar sündigen Gedanken, die ich damals hatte. Er führte mich aus dem Beichtstuhl heraus, sah mich mit seinen gütigen Augen an und erlegte mir nicht nur die Buße auf, sondern half mir, Lösungen zu finden …«

Ich möchte Doina (»Mit richtigem Namen heiße ich Doina Osorheian, aber alle sagen einfach nur Doina zu mir.«) nach ihren furchtbar sündigen Gedanken fragen, doch dazu fehlt mir der Mut.

Sie wünscht mir eine gesegnete Nacht und geht. Ich lese zuerst die Zimmerordnung:

»Grüß Gott in unserem Gästezimmer. Damit Feuer, Regen, Sturm und so weiter unsere Zimmer nicht beschädigen, bitten wir Folgendes zu beachten: Kein Feuer zu machen, nicht zu rauchen und auch keine Kerzen brennen zu lassen. Beim Verlassen des Zimmers die Fenster oben und unten fest zu schließen. Außer Wasser keine Getränke mit in das Zimmer nehmen!«

Daneben hängt der Tagesablaufplan:

»7.00 Uhr Kommunitätsmesse in der Kirche mit Laudes. Anschließend Frühstück. Um 18.30 Uhr Vesper in der Hauskapelle. Anschließend Abendessen. Um 23.00 Uhr Nachtruhe.«

Ich bin sehr müde und werde bestimmt schon vor 23 Uhr schlafen. Hoffentlich ohne böse Träume, denn ich habe nicht nur Wasser, sondern auch Wein mit in das Zimmer genommen.

Von einem General, der erst die Erschießung
der Demonstranten in Timişoara und danach die
des Ehepaares Ceauşescu vorbereitet hat, einem
künftigen Patre, der meint, dass der liebe Gott
die schönen Mädchen für alle geschaffen hat,
und einem rumänischen Geheimdienstler,
der nur für Geld erzählt

Ich schlafe gut und fest und traumlos. Am nächsten Morgen, die Patres und Brüder sind bei der Frühmesse, wasche ich mich mit kaltem Wasser. Danach gehe ich zum Frühstück. Wie in einer Familie reichen sich Doina und vier Männer die Butter, das Brot, die Marmelade und den Käse über den Tisch hinweg zu. Einer von den zwei sehr alten Männern ist der, dem ich gestern schon begegnet bin. Der Schweigsamste in der Runde, vollbärtig und grauhaarig, mit schmalem, faltigem Gesicht und neugierig blickenden Augen, scheint Pater Berno zu sein, denn Doina schaut auf, wenn er etwas sagt. Die beiden anderen Männer sind jünger. Dem einen wächst der Bart noch flaumig. Niemand spricht über Gott und den Glauben, sie reden über die letzte, nicht sehr gute Milchlieferung aus der Kolchose, über die Abrechnung der Stromkosten für das Nachtasyl, die Betreuung einer deutschen Besuchergruppe und über notwendige Handwerkerarbeiten.

Alle führen das Brot langsam zum Mund und kauen es bedächtig. Als ich merke, dass ich das Ei zwar als Letzter geschält, aber als Erster schon zur Hälfte aufgegessen habe, zwinge auch ich mich zu diesem mir ungewohnten Genuss, langsam und bedächtig zu essen.

Doina stellt mich Pater Berno als einen Wanderer aus Deutschland vor. Sie erklärt, dass der Pater nach seinem Unfall nur sehr stockend sprechen kann und deshalb auch nicht mehr in der Kirche predigt.

Er fragt, wo ich meine Wanderung begonnen habe, und lobt das Unterwegssein. Es sei gottgefällig, die Welt mit den Füßen zu vermessen. Nur so finde man zu den Menschen und über die Menschen dann zu Gott. Er ist oft als Pilger unterwegs gewesen. Er zählt die heiligen Orte auf, die er besucht hat, aber er vermeidet, obwohl er stolz die zurückgelegten Kilometer nennt, jeden Vergleich mit meiner in dieser Beziehung sehr kurzen Wanderung. Zuerst ist er 4000 Kilometer von Saloniki in Griechenland ins Gelobte Land gepilgert, danach rund 2000 Kilometer von Passau nach Compostela, 3000 Kilometer von Timişoara nach Rom und 2000 Kilometer bis in das norwegische Trondheim. Seine letzte Pilgerreise zur Schwarzen Madonna im polnischen Częstochowa musste er, weil er sich den Meniskus verletzt hatte, schon in Bratislava beenden. Ein Jahr später hat er diese Pilgerreise, »allerdings in einer Gruppe und mit Autobegleitung für den Notfall«, noch einmal absolviert.

Doch allein, sagt er, allein sei man unterwegs immer näher bei Gott als in der Gruppe. »Ich stand mit der Sonne auf und lief, bis sie unterging. Meine Pausen machte ich in der Stille der Friedhöfe. Am Beginn der Reisen schaffte ich dreißig Kilometer am Tag, am Ende der Wallfahrt immer fünfzig bis sechzig.«

Wenn einer sein Mahl beendet hat, steht er auf und geht wortlos. Doina ist von ihrem Handy, das neben dem Frühstücksteller liegt, schon zweimal hinausgerufen worden. »Ein Patre muss nur für Gott immer erreichbar sein, doch die Klostersekretärin auch für den Milchmann!«

In der Suppenküche

Sie kennt auch den wöchentlichen Speiseplan der Armenküche auswendig. Heute wird man Muschelnudeln mit weißer
Soße und Brot austeilen.

Vor der Tür zur Suppenküche liegt eine Spende aus Deutschland: ein Fußabtreter, mit der auf Deutsch eingewebten Anweisung: »Bitte Abstand halten!«

Der etwa einen Meter hohe Sockel des Raumes ist wie bei
einem Schachbrett mit braun-weißen Feldern gefliest. Ein Dutzend Frauen, Männer und Kinder sitzen um den größten Tisch,
eine grüne Tischtennisplatte. Das Grün ist an den Stellen, an
denen die Teller stehen, schon abgewetzt. Ein paar andere essen
an Nebentischen.

Ich sage leise »bună ziua« und bleibe am Eingang stehen. Die
Essenden blicken nur kurz auf und löffeln weiter. Sie haben All-
tagsgesichter wie die Menschen in den deutschen Suppen-
küchen. Nur drei braunhäutige Roma und ein Mann, der wie
ein Soldat aus dem amerikanischen Unabhängigkeitskrieg angezogen ist, fallen mir auf. Er trägt eine kurzärmelige khakifarbene Uniformjacke über einem kleinkarierten blau-weißen
Hemd und hat um den Hals ein grün-rot-weiß gestreiftes Tuch

geknotet. In den Brust- und Patronentaschen der Uniformjacke stecken Kronkorken, Nussschalen, Kugelschreiber, Patronenhülsen und Muscheln. Kronkorken, Nussschalen und Muscheln hat er sich auch wie Orden an die linke Brust geheftet. Er stellt sich als studierter Mediziner vor, dessen Spezialgebiet die Verbindung zwischen Ohr und Mund gewesen ist. Die Muschel, die ihm an einem Lederband um den Hals hängt, hat Ilia Dorin am Schwarzen Meer, an dem seine Eltern leben, gefunden. Die Patronenhülsen, in denen Kugelschreiber stecken, fand der mit vierzig Jahren schon Grauhaarige im Kosovo. Die erste Nussschale hat er aus Kroatien mitgebracht, die zweite aus Amerika. Der Kronkorkenorden stammt aus Stuttgart. Der studierte Mediziner holt sich zweimal Nachschlag und isst vier dicke Scheiben Weißbrot.

Neben einer älteren Frau, die ihr braun-goldenes Kopftuch sehr eng gebunden hat und ein buntes großblumiges Kleid trägt, sind zwei Plätze frei. Als sie an mir vorbeigeht, um sich noch einmal Nudeln und Soße zu holen, merke ich, dass sie streng nach Urin riecht. Sie spricht mich Rumänisch an, bittet um Geld. Ich verlasse, ohne »la revedere« zu sagen, unauffällig die Suppenküche.

Von der neuen Bedächtigkeit, die ich beim Klosterfrühstück gezwungenermaßen genossen habe, bleibt nichts, als ich vor der Eröffnung der Gemäldeausstellung durch Timişoara laufe. Wochenlang bin ich auf den staubigen Landstraßen zwischen Mais- und Weizenfeldern und durch Dörfer, in denen bestenfalls die Kirchen anschauenswert waren, marschiert. Und nun Timişoara, die 300 000 Einwohner zählende Hauptstadt des Banats! Sie wird wegen der eklektizistischen Prunkbauten, den bürgerlichen Wohnpalais, dem Barockschloss auf dem Domplatz, dem Nationaltheater und dem Opernhaus auch »Klein Wien« genannt. Ich möchte gleichzeitig im Café sitzen, ohne Rucksack barfuß über den kurzgeschorenen Rasen im Rosenpark rennen, in der Kathedrale der heiligen drei Hierarchen stehen, ich

möchte, ohne gesegnet zu werden, die bestimmt einhundertfünfzig Quadratmeter große goldene Ikonenwand bestaunen,
und ohne fragen zu müssen, wann es wieder anlegt, mit einem
der kleinen Schiffe auf der Bega fahren.

Doch statt langsam und bedächtig zu genießen, hetze ich
durch die Stadt. (Und das nicht nur an den Ampelkreuzungen,
die nach der Grünschaltung den Fußgängern die für Sprinter
berechneten Sekunden anzeigen, in denen er es geschafft haben
muss, vor dem nächsten Rot die breite Straße zu überqueren.)
Ich sehe alles und sehe nichts. Ich füttere die Tauben auf dem
Platz des Sieges, bestaune die neoklassizistischen Fassaden am
Domplatz, helfe vor einem der Blumenläden, das Kopfstein-
pflaster mit grünen Rollrasenplatten zu belegen, bewundere
im Dom die aus dem Barock und dem Rokoko stammenden
Altäre und trinke in einem der Straßenrestaurants, in denen
ständig kühles Wasser über allen Tischen zerstäubt wird, gold-
gelben süßen rumänischen Wein. Ich fotografiere im Park das
Denkmal der Befreiung vom Hitlerfaschismus, auf dessen mar-
mornen Reliefbildern ich rumänische Partisanen und rumänische Soldaten, aber keine der verbündeten Sowjetsoldaten
entdecke, gehe sorglos an den angeleinten, artigen weißen
Hündchen vorbei, die von Omas Gassi geführt werden, ich
wundere mich über die Pärchen, die Händchen haltend, aber nie
küssend auf den Parkbänken sitzen, und suche in den auf den
Straßen stehenden, bestimmt zehn Meter langen und sieben
Reihen hohen Bücherregalen unter den Tausenden Büchern ein
Buch, ohne ein bestimmtes Buch zu suchen. Ich bestaune im
Park die lange Reihe von achtzehn steinernen Schachtischen, an
denen die Männer nur an einem Schach spielen, während sie die
übrigen mit Tüchern bedeckt haben und darauf Skat spielen.
Ich lese an einer Tafel, auf der die bedeutenden Persönlichkei-
ten Timişoaras aufgezählt sind, dass der legendäre Tarzan-Dar-
steller Johnny Weissmüller (1904–1984) und die bekannte Por-
nodarstellerin Sandra Romain (*1978) in der Stadt geboren sind.
Ich erfahre, dass Temeswar 1884 als erste mitteleuropäische

Bouquinisten in Timişoara

Stadt eine elektrische Straßenbeleuchtung erhalten hat, und spucke zum guten Schluss von der Brücke in die Bega, deren Uferpromenade mit ihren Anlegestellen, Cafés, Restaurants, Parks und Bänken denen in Dresden, Budapest oder Wien gleicht.

Ich habe alle Details wie mit einem Schwamm aufgesogen, doch am deutlichsten ist mir ein Bild am Taxistand in Erinnerung geblieben: Der Wagen an der Spitze der wartenden Taxischlange fährt mit einem Gast davon. Danach steigen alle Taxifahrer aus und schieben ihr Auto mit einer Hand am Lenkrad und der anderen am Türrahmen vier oder fünf Meter vorwärts. Steigen wieder ein. Setzen sich und warten, bis der Nächste wegfährt, steigen wieder aus und schieben das Auto in die entstandene Lücke. Einsteigen, warten, aussteigen, schieben …

Wahrscheinlich hat sich ausgerechnet dieses Bild meinem Gedächtnis eingeprägt, weil es mich an Zeiten erinnert, als auch bei uns die Taxifahrer, um Benzin zu sparen, ausgestiegen sind und ihr Auto ein Stück vorwärtsgeschoben haben.

Die Ausstellungseröffnung unterscheidet sich nicht von einer in Erfurt oder Berlin. Heftig gestikulierende oder versonnen die

Auf dem Markt

Gemälde »erfühlende« Männer und Frauen halten in der einen Hand ein Weinglas und in der anderen ein Knabbergebäck. Doch hier verstehe ich den Laudator auch wegen der fremden Sprache nicht. Außerdem begrüßt, was ich noch nicht erlebt habe, ein deutscher Konsul die Malerinnen und die Gäste.

Unter den Gästen entdecke ich auch Johanna und Attila. Er ist zur Feier des Abends ohne seine Umhängetasche erschienen. Wir trinken Wein und reden vorerst nicht über die Bilder. Attila ist froh, hier mit Gleichgesinnten sprechen zu können, denn seit der Nachwende leben in Rumänien viele Menschen inzwischen sehr einsam. »Sie treffen sich nicht mehr wie früher beim Schlangestehen nach Öl oder Butter. Die Einkaufsschlange war eine Institution, dort versammelten sich die unterschiedlichsten Leute mit demselben Ziel. Heute gehen bei uns auch immer weniger Leute ins Kino. Weshalb sich zusammen anschauen, was man auch allein zu Hause sehen kann? Sie nehmen sich kaum noch Zeit füreinander, sie berechnen nur: Was kann ich mir leisten? Was kostet das? Früher saßen wir zusammen und erzählten Witze oder haben den Rucksack gepackt und sind in die Berge gefahren. Dort fühlten wir uns dann frei.

Heute ist die Freiheit eine Normalität. Doch wenn ich über die Grenze fahre, denke ich immer noch, dass ich in ein anderes Land mit einer uns verbotenen Sonne fahre.«

Johanna stellt mich dem Konsul vor. Er trägt das Jackett unter dem Arm und hat ein kurzärmeliges hellblaues Hemd an. Den Schlips spart er sich. »Ich muss mich hier im sogenannten wilden Osten nicht an alle diplomatischen Regeln halten, man kann auch mal anecken.« Als Diplomat hätte man immer zwei Möglichkeiten: »Entweder man macht auf Abenteurer oder genießt europäischen Luxus. Ich versuche, in der Mitte zu bleiben.« Verheiratet ist er nicht. »Im diplomatischen Dienst gibt es die höchste Scheidungsrate aller Berufsgruppen in Deutschland.« Zweiunddreißig Jahre ist Rolf Maruhn schon Diplomat. Algerien, Spanien, Indien, Sizilien, Mexiko ... In Mexiko hat er die Auflösung der DDR-Botschaft nach der Wende miterlebt. »Prinzipiell sind nur die Häuser, aber keine diplomatischen Mitarbeiter aus der DDR in den diplomatischen Dienst des wiedervereinten Deutschland übernommen worden. Aber in Zagreb wurde sogar der Militärattaché der DDR zuerst in die Bundeswehr und danach in den diplomatischen Dienst übernommen.«

Er kannte die Strukturen der NVA und die Waffensysteme der DDR, die die BRD nach Kroatien geliefert hat.

»Manchmal geht neue Nützlichkeit vor alter Ideologie«, sage ich.

Er nickt.

Beide Künstlerinnen haben Beziehungen zu Leipzig. Die eine hat dort studiert, die andere ist ihrem Mann aus Westdeutschland nach Leipzig gefolgt.

Die Haare ihres Mannes kringeln sich wie nach einer frischen Dauerwelle. Er lacht wie ein Lausbub, als er über seine frühere Arbeit in Leipzig resümiert: »Es ist die lebenswerteste Stadt, die ich kenne. Sie hat lediglich zwei Nachteile. Es gibt nur schlechte und zu teure Weine zu kaufen. Und der Leipziger Fußball ist, zumindest nach der Wende, gelinde gesagt jämmerlich.«

Inzwischen arbeitet er in Timişoara. Der FCU Politehnica Timişoara spielt in der rumänischen Bundesliga, war zweimal rumänischer Pokalsieger, und die rumänischen Weine sind sonnenschwer. Trotzdem ist die Zeit in Deutschland für ihn erfolgreicher gewesen, meint Jochen Gauly. »Ein Ostdeutscher hatte mich in Guatemala gefragt, ob ich in Leipzig bei einem EU-Projekt zur Sanierung der Stadt mitmachen würde. Ich hätte nein sagen und vielleicht in Haiti weiterarbeiten können, doch Leipzig reizte mich. Das Risiko hat sich gelohnt. Wir haben zum Beispiel die größte leerstehende Kammgarnspinnerei der Welt in einen Komplex von Wohnungen, Künstlerateliers und Geschäften umgewandelt.«

Timişoara zu sanieren ist schwieriger. »Neue Lebensräume schaffen heißt hier, den Leuten zuerst beizubringen, wie sie ihre Häuser sanieren und welche staatlichen Mittel sie dafür erhalten können. Doch die Rumänen, die jetzt in den gutbürgerlichen, von den Deutschen nach der Wende verlassenen schönen Häusern wohnen, haben kein Eigentümerbewusstsein. Sie konnten viele Wohnungen sehr billig kaufen. Aber diese Häuser wurden nicht wie in Leipzig das Eigentum des früheren Besitzers oder von neuen Genossenschaften, sondern jeder kaufte sich nur seine Wohnung. Für das gesamte Gebäude fühlt sich keiner verantwortlich. Wenn das Dach undicht ist, jammern die im obersten Stockwerk: Man müsste das Dach reparieren. Doch die weiter unten wohnen, interessiert das nicht. Die sagen nur: Bevor es bei uns reintropft, sind noch fünf Etagen dazwischen.«

Er muss, meint er, zuerst die Köpfe der Bewohner sanieren.

Jedes Mal, wenn ich ein Gespräch beende, kommt ein älterer Mann mit auffällig dicker dunkler Hornbrille zu mir. Er schenkt Wein nach und versucht mich allein zu sprechen. Als der »Sanierer« geht, nimmt mich der Mann beiseite und sagt, er habe von Attila erfahren, dass ich mich für die Ereignisse der Revolution in Timişoara interessiere. Er habe Material darüber gesammelt und könnte mir viel erzählen. »Es ist nicht alles so klar, wie es heute in den Geschichtsbüchern steht. Vielleicht war die Kontroverse um die Versetzung von Pfarrer Tőkés eine von langer Hand geplante Verschwörung der Ceauşescu-Gegner aus der eigenen Partei? Schon am 1. Mai 1989 wollte ihn sein Vorgesetzter, Bischof László Papp, nach Siebenbürgen versetzen. Und am 31. August enthob ihn der Bischof seines Amtes. Am 20. Oktober wurde ihm auf Antrag der Kirchenleitung durch ein Gerichtsurteil die Pfarrwohnung gekündigt. Am 15. Dezember sollte dann die Zwangsräumung erfolgen. Das war von der Kirche eingeleitet. Da hatten die Gegner Ceauşescus viel Zeit, die Stimmung im Volk anzuheizen. Auch die Auseinandersetzungen zwischen Demonstranten und Militär begannen nicht erst, als das Militär am Abend des 17. Dezember mit scharfer Munition schoss. Zuvor hatten die Demonstranten, angeführt von jugendlichen Provokateuren, schon mit Fahrradketten und Stöcken Schaufenster eingeschlagen und die Parteizentrale und Militärfahrzeuge gestürmt. Zuerst versuchte das Militär, die Demonstranten ohne Waffen aufzuhalten, später mit Bajonetten, dann mit Platzpatronen, und am 17. schossen sie scharf. Doch niemand weiß, wer damals den Schießbefehl gegeben hat. Sicher ist nur, dass wenige Stunden zuvor auf Anweisung von Ceauşescu der Stellvertretende Verteidigungsminister General Stănculescu in Timişoara eingetroffen war. Danach rollten die Panzer.

Wahrscheinlich hat General Stănculescu den Schießbefehl erteilt. Als er aus Timişoara nach Bukarest zurückkehrte und der Verteidigungsminister sich inzwischen angeblich selbst umgebracht hatte, machte Ceauşescu in der letzten Politbürositzung am Morgen des 22. Dezember General Stănculescu zum neuen Befehlshaber der Armee und floh danach mit Frau und Leibwächtern im Hubschrauber. Nach der Landung ließ er zwei Autos kapern und wurde beim ersten Halt gegen 18 Uhr verhaftet. Der Offizier, der ihn verhaftete, und der Oberst, der Ceauşescus Hubschrauber geflogen hatte, kamen später wie andere Militärs unter ungeklärten Umständen ums Leben. General Stănculescu, der in Timişoara auf die Aufständischen schießen ließ, organisierte am 27. Dezember den zwei Stunden dauernden Schauprozess und die Erschießung der Ceauşescus. Danach war der General einer der neuen demokratischen Führer Rumäniens, und er wurde erst 1999 wegen der Schüsse in Timişoara zu fünfzehn Jahren Gefängnis verurteilt.

Bis zum Sturz Ceauşescus, also seiner Flucht und seiner Verhaftung, sind von Militär und Securitate etwa einhundertundsechzig Menschen in Rumänien getötet worden. Danach, und niemand weiß, wer damals auf wen geschossen hat, gab es noch einmal über neunhundert Opfer.«

Wenn ich mehr wissen möchte, sagt der Mann mit der dicken Hornbrille, könnte er mir ein Gespräch mit einem ehemaligen Securitate-Mann vermitteln. »Er war einer der Männer, die Ceauşescu am treusten gedient haben. Er wurde, wie üblich, schon im Waisenheim für die spätere Aufgabe ausgesucht und danach mit anderen Waisenkindern als Kadett zu einem Securitate-Mann gedrillt.«

Wenn ich möchte, würde er ihn sofort anrufen.

Ich sage ja, und er geht, um zu telefonieren, vor das Haus. Nur ein Glas Wein später klopft er mir auf die Schulter.

»Der Mann erwartete Sie morgen um 20 Uhr vor der orthodoxen Kirche in Cărpiniş.«

Cărpiniş? Ich wollte von Timişoara aus nach Nordwesten in Richtung Sânnicolau Mare laufen. Cărpiniş wäre ein Umweg von zwanzig Kilometern. Er sieht mein Zögern. Noch könne er absagen.

»Nein«, sage ich und denke mir, dass ich, wenn ich morgen nach dem Gottesdienst und dem Abschied aus dem Kloster sehr schnell laufe, die Strecke bis 20 Uhr schaffe.

Der Mann umarmt mich zum Abschied wie einen Freund, schreibt mir seine Telefonnummer auf und sagt, ich solle, wenn sich ein anderer meldet, Radu verlangen.

Die Stadt atmet schwer und müde unter der Hitze. Ich gehe sehr langsam zum Kloster. In der Zaunnische liegt, in die gelbe

Bauplane eingerollt, der Mann, der wahrscheinlich jeden Abend hier liegt. Gegenüber steht das Nachtasyl.

Im Kloster frage ich Doina, weshalb der Mann am Kirchenzaun und nicht im Nachtasyl schläft.

»Er ist ein Säufer.« Wer Alkohol trinkt oder Drogen nimmt, darf nicht im Asyl übernachten. Ausnahmen macht man keine.

»Die armen Menschen erhalten im Nachtasyl alles, was sie brauchen: Frühstück und Abendessen und das Mittagessen hier in der Suppenküche. Sie bekommen im Winter Wärme, eine Dusche und nach dem Duschen frische Sachen. Bei uns wird nicht wie in Deutschland, bevor wir helfen, zuerst bürokratisch von Staats wegen kontrolliert, wie viel Geld der Bedürftige noch hat und wie groß seine Wohnung ist. Die zu uns kommen sind alle bedürftig.«

Am nächsten Morgen fehlt Pater Berno beim Frühstück. Er liegt erkältet im Bett. Ich werde ihn nicht mehr fotografieren können. Statt seiner fotografiere ich den jüngsten Bruder. Martin Gal ist zwanzig Jahre alt, hat an der theologischen Schule sein Abitur gemacht und dort auch Deutsch gelernt. Er will Theologie studieren, um im Kloster Pater zu werden. »Sonst bleibt man hier ewig nur ein Bruder.« Bevor er sich entschloss, im Kloster zu leben, hat er tief in sich geschaut und auf Gott gehört. »Ich bin in einem christlichen Elternhaus aufgewachsen. Mein Vater ist Lehrer für ungarische Sprache und Literatur, meine Mutter Lehrerin für Biologie und Mathematik. Schon als Kind habe ich nicht Räuber und Gendarm, sondern Gottesdienst gespielt. Und ich war immer der Priester.«

Manchmal schaut er noch nach schönen Mädchen. »Aber nur schauen. Was schön ist, gefällt auch Gott. Weshalb hätte er die Mädchen sonst erschaffen?«

Bei dem Gottesdienst – Martin ist einer der Messdiener – sitzen nur gut zwei Dutzend ältere Gläubige auf den harten Stühlen in der Kirche. Die Gesänge klingen kläglich, sie sind nicht zu vergleichen mit den gewaltigen dunkel und kräftig dahinströmenden Gesängen der Orthodoxen. Als ich schon gehen will, kommt die streng riechende Frau in die Kirche, die ich schon gestern in der Suppenküche bemerkt habe. Sie geht, als sähe sie die Bilder vom Leidensweg Jesu heute zum ersten Mal, sehr schnell von einem Gemälde zum nächsten. Dann setzt sie sich an das Ende einer Stuhlreihe. Steht wieder auf und läuft noch einmal an den Bilderwänden vorbei. Sie verharrt kurz vor dem Altar der heiligen Mutter Maria, vor dem Altar des heiligen Josef, dem Altar des heiligen Kreuzes und schließlich vor dem Altar der heiligen Elisabeth. Als der Pfarrer die Oblaten reicht, geht sie als Erste nach vorn, isst vom Leib Jesu so hastig, als bekäme sie eventuell noch eine Oblate als Nachschlag. Den Kelch mit dem roten Wein leert der Pfarrer allein. Er putzt ihn anschließend sorgfältig blank und legt die Schärpe darauf.

Als ich schließlich gehe, bittet mich die Frau wieder um Geld für Brot. Ich gebe ihr drei Lei. Sie versucht mir die Hände zu küssen und schreibt mit großen Buchstaben ihren Namen auf: Elena Keresztes. Sie wohnt gleich nebenan.

Bevor ich mich im Kloster von Doina verabschiede, frage ich sie nach der Frau in dem großblumigen Kleid. »Elena war vor der Revolution eine Fabrikarbeiterin. Als ihr Werk geschlossen wurde, ging sie, um zu überleben, wie andere über die Grenze nach Ungarn und verkaufte dort Waren. Auf dem Weg nach Hause wurde sie von mehreren Männern vergewaltigt. Seitdem ist sie wirr im Kopf und hilflos.«

Ich bitte Doina, Pater Berno zu grüßen, und frage sie zum Abschied, was ich bislang nicht zu fragen wagte: »Welche furchtbaren sündigen Gedanken hatten Sie, als Pater Berno Sie von der Gitterbeichte befreite und Ihnen Aug in Aug die sündigen Gedanken vergeben hat?«

»Ich habe damals meinen Mann gehasst. Ich wollte ihn in Gedanken oft töten. Er war ein fleißiger Arbeiter, ein Metaller, und normalerweise auch ein guter Mensch. Aber sobald er trank, und er trank sehr oft sehr viel, war er schrecklich wie ein Tier. Deshalb hatte ich manchmal den furchtbar sündigen Gedanken, ihn umzubringen. Darüber sprach ich mit Pater Berno, und er vergab mir. Alles löste sich danach von selbst. Als der Mann wieder betrunken war, bin ich mit meiner Tochter aus dem Fenster gesprungen. Danach ist er freiwillig von uns weggegangen.«

Ich zahle einen kleinen Obolus für die Übernachtung und gebe Doina eine Spende für die Suppenküche. Als ich schon am Ausgang bin, gehe ich noch einmal zurück in mein Zimmer, bücke mich nach der leeren Weinflasche, die unter meinem Bett steht, und stecke sie in den Rucksack.

Weil ich die vielbefahrene Fernstraße meiden möchte, laufe ich nicht geradewegs nach Cărpiniş zurück, sondern marschiere über die Dörfer. Ich mache weder auf dem Friedhof von Sânmihaiu Român noch in Bobda eine Pause, sondern esse Brot und Speck im Laufen, denn ich will vor dem Securitate-Mann in Cărpiniş ankommen. Um viertel acht erblicke ich nach einem siebenstündigen Gewaltmarsch die Kirchen von Cărpiniş. Ich setze mich auf eine Bank vor dem orthodoxen Gotteshaus und schlafe ein.

Der Mann, der mich mit »Guten Tag, Herr Scherzer« weckt, ist zwergenhaft klein, aber ungewöhnlich muskulös.

»Radu schickt mich«, sage ich, und er nickt. Zuerst reden wir über meinen Marsch. Dann erzählt er, dass seine Mutter deutschstämmig und sein Vater Rumäne ist. »Als der Vater über die Grenze nach Jugoslawien geflohen war, verhaftete man die Mutter wegen Beihilfe, und ich kam mit sechs Jahren in ein Waisenheim. Man sagte uns im Waisenheim und in der Kadettenschule, dass Ceauşescu unser Vater ist und uns Hemden und Hosen und das Essen schenkt.«

Er holt eine mit Wildschweinfell ummantelte Trinkflasche aus der Tasche. Wir prosten uns zu. Danach erklärt er, wir sollten nun zum Geschäftlichen kommen, und fragt, wie viel ich ihm für seine Geschichte zahle. Er hätte nach der Revolution schon anderen deutschen Zeitungen – »für gutes Geld« – Interviews gegeben.

Als ich erwidere, dass ich bei keiner Zeitung arbeite und ihm nichts bezahlen werde, fragt er böse, wie viel Geld der Vermittler Radu verlangt hat.

»Nichts«, sage ich und schlage ihm lachend vor, dass ich ihm 30 Euro zahle. »Mehr nicht. Aber nur mit Foto.«

Für 30 Euro wird er keine drei Sätze mit mir sprechen, sagt er. Dann erzählt er aber doch, dass er, um die Flucht von DDR-Bürgern aus Rumänien nach Jugoslawien zu verhindern, auch mit Stasi-Leuten zusammengearbeitet hat. Er sei ein guter Angler, und sie hätten sich für ein Treffen immer zum Angeln verabredet. »Einmal sogar in Ungarn am Plattensee.« Doch die »deutschen Stasi-Leute« wären schlechte Angler und als Spione am Wasser deshalb leicht zu enttarnen gewesen.

Er will mich mit Details anfüttern, aber als ich wiederhole: »Dreißig Euro mit Foto«, verabschiedet er sich. Er steht auf, gibt mir nicht die Hand, dreht sich, damit ich ihn nicht hinterrücks fotografiere, mehrmals um und verschwindet an der nächsten Straßenecke.

Der Vater oder der Großvater von Lady Di hätten mir sofort ein Nachtlager besorgt, doch ich will sie nicht schon wieder darum bitten. Ich warte, bis es dunkel ist, und gehe zur Kirche der Adventisten. Ich weiß, wo der Schlüssel zum Nebengelass hängt.

Ich schalte kein Licht an. Der Mond leuchtet so hell, dass ich mich im Zimmer sofort wieder zurechtfinde. Die mit einer roten Decke überzogene Matratze liegt noch neben den Bohrmaschinen, Werkzeugkisten und Farbeimern. Im Garten duften die Rosen. Ich esse gelbe Pflaumen von den Bäumen, wasche mich mit kaltem, klarem Wasser, setze mich auf eine Holzbank, schaue in den Sternenhimmel.

Und sage zu mir: Scherzer, du Idiot!

Weshalb bin ich noch einmal nach Cărpiniş zurückgelaufen? Ich hatte hier doch schon Lady Di kennengelernt, die Adventisten getroffen, ein verbogenes Tor gerichtet und gute Alltagsgeschichten aufgeschrieben. Warum reichte mir das Alltägliche nicht? Weshalb wollte ich ausgerechnet noch die geheime, sensationelle Story eines Securitate-Mannes erfahren? Vielleicht sogar eine erlogene. Ist die erlogene Story eines rumänischen Geheimdienstlers interessanter als die Schwejk-Geschichte eines rumänischen Bauern? Meine Story des Securitate-Mannes, der sich mit Stasi-Leuten getroffen hat, würde, weil sie zum Mainstream passt, sofort jede große deutsche Zeitung veröffentlichen. Aber wer interessiert sich schon für den Alltag eines rumänischen Bauern?

Umsonst zurückgelaufen? Nein, alles hat zwei Seiten. Ich werde morgen von Cărpiniş in Richtung Sânnicolau Mare nur noch auf wenig befahrenen Nebenstraßen laufen müssen. Zuerst nach Lenauheim. Das Dorf ist nach dem bekannten, in Ungarn aufgewachsenen österreichischen Lyriker benannt. Aber ich weiß nicht, ob Lenau dort geboren worden ist, dort gelebt hat oder dort gestorben ist.

Am nächsten Morgen stehe ich wie Pater Berno bei seinen Wallfahrten schon mit der Sonne auf und lege den Schlüssel zurück. Ich will für Lady Di und ihren Vater einen Grußzettel an die Tür hängen, aber wahrscheinlich wären sie traurig, wenn sie erfahren würden, dass ich noch einmal durch Cărpiniş gelaufen bin, ohne ihnen Guten Tag zu sagen.

Die Straßen sind schmal und morgenkühl. An den Feldrainen wachsen Disteln, die mit weißen wolligen, flauschigen Blüten wie Baumwolle aussehen, und die Getreidestoppeln glänzen golden in der Morgensonne. Autos begegnen mir selten. Doch wenn mich eines überholt und hält, schüttele erst ich den Kopf und dann der Fahrer, der es nicht versteht, weshalb ich lieber laufe, als mitzufahren. Die Scheunen, Stallungen und Wohnhäuser der alten Banater Bauernhöfe sind flach und langgestreckt und gelb gestrichen, und selbst im Verfall sieht man noch die Reste von Bauernbarock-Ornamenten und Stuckreliefs über und unter den Fenstern und an den Dachtraufen.

Zwischen Iecea Mică (Kleinjetscha) und Lenauheim sitzt ein auf den ersten Blick wie ein ausgemergelter Häftling wirkender Zigeuner mit freiem Oberkörper auf einem Schaffell, das er am

Hansi John

Straßenrand unter eine Pappel gelegt hat. Seine Haare auf Brust und Kopf sind noch dunkel, die an Kinn und Wangen schon grau. Er ruft und winkt. Ich setze mich zu ihm. Neben einem Maisfeld steht sein an einem klapprigen Wägelchen angeschirrtes kleines Pferd. Ich frage, was er hier macht.

»Nu, orbeiten.« Er würde im Auftrag des Besitzers aufpassen, dass niemand den Mais stiehlt. Er spricht ein wenig Deutsch. Er ist »hier mit Deitsche aufgewochst« und besitzt das Haus eines Deutschen. Der Deitsche hieß Klosi (Klaus), und als er starb, sind seine Söhne nach Deutschland gegangen. Sie kommen nur noch einmal im Jahr, um »die Lampe auf Grob vom Vater« anzuzünden. Der Zigeuner hat fünf Kinder, drei Buben und zwei Mädchen. Auch wenn sie später nicht mehr im Land lebten, würden sie an seinem Grab mindestens viermal im Jahr das Licht anzünden: am Todestag, am Geburtstag, am Namenstag und am Tag von Allerheiligen.

Er ist katholisch und zeigt mir stolz das eintätowierte Kreuz auf seinem schmächtigen Oberarm. Dann klopft er sich auf die flache Brust und sagt: »Hansi John.« Hansi hat ihn der Vater genannt, weil der deutsche Bauer Klosi dem Zigeuner sagte:

»Wenn du deinen Sohn Hansi nennst, bekommst du regelmäßig Brot und Milch von mir.« Weil ich die Hansi-Geschichte nicht glaube, holt er ein Ausweispapier unter dem Schaffell hervor.

Er rät mir, in Rumänien zum Schlafen immer ein Dach und ein Bett zu suchen. Niemals sollte ich auf dem Feld übernachten. »Net gut schlofen raus!« Er will für mich ein Auto anhalten. Ich versuche ihm zu erklären, dass ich nicht mitfahren kann, weil ich gewettet habe, bis Sânnicolau Mare zu laufen. Irgendwann begreift er es. Er lacht und sagt: »Faust und Teifel.«

Nun glaube ich, dass er auch in eine deutsche Schule gegangen ist.

Vor dem Ortseingang von Lenauheim steht auf nicht einmal vier Quadratmetern Grundfläche eine vielleicht drei Meter hohe spitzgieblige orthodoxe Kapelle. Sie ist rosa gestrichen. An den Dachbalken sind wie bei einem Zelt rechts und links zwei Stricke befestigt. An ihnen versucht frisch gepflanzte Clematis hinaufzuranken. Das Wellblechdach glänzt silbern wie eine Weltraumstation. In der Kapelle steht der leidende Jesu, und vom Dachgiebel schaut der Erzengel streng herunter.

Von der Museumsleiterin in Lenaus Geburtshaus, die Nikolaus Lenau nicht mag, einem banatschwäbischen Rumänen, der seinem Bruder Speck und Tomaten nach Deutschland bringt, und einem neuen Bürgermeister in Grabaţ, der auch mit Hilfe eines Fußballtrainers die »Altkommunisten« besiegt hat

Einen Hinweis auf Nikolaus Lenau, den berühmten Sohn des Dorfes, finde ich weder vor noch nach dem Ortsschild. Stattdessen gibt es eine »Kunst-Installation«. An einem verdorrten Baum hängen zwanzig oder dreißig mehrfarbige große Plastkanister. In der Ferne neben dem Sportplatz wächst sogar ein kleiner Wald mit diesen Plastkanister-Bäumen.

Ich laufe durch Lenauheim, bis ich vor einem weißen herrschaftlich aussehenden Haus die schlaff in der Nachmittagshitze hängende blau-gelb-rote rumänische Staatsflagge sehe. In dem braunen Tor ist die kleine Eingangstür verschlossen. Aber rechts und links davon kann man auf Marmorplatten in Rumänisch und Deutsch lesen: »Und müssen wir vor Tag zu Asche sinken mit heißen Wünschen und vor goldenen Qualen, so wird doch in der Freiheit goldenen Strahlen Erinnerung an uns als Träne blinken.« Eine dritte Tafel bestätigt, dass ich vor der »Casa memoriala«, dem Geburtshaus von Nikolaus Lenau, stehe – aber leider vor dem verschlossenen. Während ich an der Tür rüttele, umkreisen mich Kinder. Als sie merken, dass ich kein Rumäne bin, telefoniert einer nach dem anderen mit seinem Handy. Zehn Minuten später steigt eine junge Frau in knielangen Jeans und einem viel zu großen blauen T-Shirt, das sie auch als Minikleid tragen könnte, atemlos vom Fahrrad.

»Elfriede Klein.« Ihre Vorgängerin, sagt sie, hieß auch Elfriede, sei aber nach Timişoara gezogen. Sie arbeitet erst seit neun Monaten im Museum. Im Oktober wird sie vierzig und ihr Bruder Egon im August dreißig. »Mir sin die zwaa jingsten Deitsche im Dorf.« Ihr Mann ist Rumäne. Sie haben zwei Kinder. Die Tochter spricht Deutsch, der Sohn will nicht Deutsch sprechen. Doch obwohl er erst zehn Jahre alt ist, kann er schon perfekt Englisch und Spanisch. »Des hat er im Fernsehen gelernt.«

Sie werde mir jetzt, außerhalb der Öffnungszeiten, das Museum aufschließen. Dabei hätte sie im Moment zu Hause sehr viel zu tun, denn die meisten Familienmitglieder wären im August geboren. »Siewen von meiner Familie feire im August Geburtsteech. Sind alle im November gemoacht worn. Do han de Baure die Ernte in der Scheuer, und aufm Feld gibt es nichts mehr zu tun. Da han se endlich Zeit, Kinder zu machn. Und die kommen dann alle im August.«

Ihr Mann ist Baggerfahrer, und sie war Hausfrau. Auch als Museumsleiterin versorgt sie noch Kuh und Schweine, Enten und Gänse.

»Mir mise ke Fleisch kaafe. Wenn der Kühlschrank leer ist, schlacht ich e Ent oder e Gans.«

Um im Museum angestellt zu werden, musste sie einen Text über Lenau schreiben. Nur einmal – als Kind – war sie vorher im Museum gewesen, und die Gedichte von Lenau gefielen ihr nicht. »Sie sind zu kompliziert. Schillers Balladen dagegen koan ich verstaan.«

Trotzdem hat sie für die Bewerbung zur Museumsleiterin alles aufgeschrieben, was sie von Lenau wusste oder über ihn lesen konnte. »Obwohl ich Khie und Schwein haw, sind ich net so bleed, wie mer ment. Mei Text war de best.«

Elfriede schließt das Tor auf. Angenehme Kühle empfängt mich hinter den dicken Mauern. Kühl ist auch der Blick des Dichters, der auf einem Holzsockel steht und mit einem welken Lorbeerkranz und der grün-weißen Schärpe der Landsmannschaft der Banater Schwaben geschmückt ist. In den Vitrinen und auf den Tischen liegen Erst- und später Ausgaben seiner Werke. »Der Unbeständige« (1822), »Polenlieder« (1835), »Faust« (1836), »Die Albigenser« (1842), »Blick in den Strom« (1844) und das Fragment »Don Juan« (1844). An den Wänden hängen Bilder der

Elfriede Klein in ihrem Museum vor der Lenau-Büste

Frauen, die Lenau geliebt hat. Moritz von Schwindt hat 1845 Lenaus Verlobte Marie Behrends gemalt. Das Bild der Sophie von Löwenthal, der Frau seines Freundes Max von Löwenthal, in die er sich als 36-Jähriger verliebt hatte, betrachtet Elfriede sehr lange. Dann schaut sie mich prüfend an und fragt: »Soll ich Ihne die Woorheet saan, also des, was ich wirklich über dee Dichter denk?«

Ich erinnere mich nicht, dass mich das jemals eine Museumsführerin gefragt hat. Ich nicke. Die kleine Frau hat aber mein bejahendes Nicken nicht abgewartet, sondern sofort lachend gesagt – und ohne wie eine obrigkeitshörige Deutsche an die Konsequenzen zu denken: »Ich mag den Lenau ooch deswegen niet, weil er sich bei de Weiwer von em Nist in das andere gesitzt hat. Sogar die verheirat Frau von seim Freind wellt er han! Und jedes Mool, wie er verlobt woor und heiraten hett kenn, hat er kalte Fieß krit. Und am End, wie's mit dem Heirate ernst wor ist, hat er sei Verstand verloor. Bis er gschtorb ist, hat er noch sechs Joor im Narrehaus gelebt.«

Wie sehr hätten die Weiber wegen ihm leiden müssen? »Denn wenn du e Mann hast, dann hastn ewig. So is des. Was teet sonst aus de Welt werre, wann sich all nor romtreiwe teede?«

Ob sie mir noch erzählen solle, was sie in ihrem Aufsatz über Lenau, »was der bedeutendste österreichische Lyriker des 19. Jahrhunderts ist«, geschrieben habe?

Ich bitte um eine Kurzfassung.

Geboren wurde er in Csatád (ab 1926 Lenauheim) am 13. August 1802. Sie strahlt. »Aa eener, der wo im November gemach ist woor, obwohl sei Vater ke Bauer woor, nor e verarmter Offizeer.«

Nikolaus Lenau ist das Pseudonym für Nikolaus Franz Niembsch. Sein Großvater war ein Adliger, ein von Strehlenau. Deshalb nannte sich Lenau manchmal auch Edler von Strehlenau. Als der Junge fünf Jahre alt war, starb der Vater, und die Mutter zog mit den Kindern nach Pécs (Fünfkirchen). Er studierte zehn Jahre an verschiedenen Universitäten in Österreich und Deutschland Jura und Landwirtschaft, Philosophie und

Medizin. Aber er schaffte in keinem Fach einen Abschluss. Schwaben, wo er sich mit dem Verleger Cotta, der seine Gedichte herausgab, mit Uhland und Gustav Schwab anfreundete, wurde für ihn zur zweiten Heimat. 1832 wanderte er in die USA aus, kehrte aber angewidert von der dort herrschenden Finanzwirtschaft aus den, wie er es nannte, »Verschweinten Staaten von Amerika« 1833 nach Deutschland zurück. Danach begann sein »Stromerleben« mit verschiedenen Lieben in verschiedenen Städten. 1844 geistige Umnachtung. Am 22. August 1850 starb er in der Heilanstalt Oberdöbling bei Wien.

Natürlich gebe es auch Gedichte von Lenau, die nicht kompliziert seien, die sie verstehe. Beispielsweise »An meine Rose«. Sie wisse nicht, für welche seiner Frauen er es geschrieben habe, aber schön sei es.

>>An meine Rose

Frohlocke, schöne junge Rose;
Dein Bild wird nicht verschwinden,
Wenn auch die Glut, die dauerlose,
Verweht in Abendwinden.«

Ich frage die Museumsleiterin, wer die neumodische Kunstinstallation – bunte Plastkanister an vertrockneten baumähnlichen Stangen – am Dorfeingang gestaltet hat. Sie, die sonst sehr schnell reagiert, versteht mich erst, als ich ihr die Installation zum dritten Mal beschreibe.

Dann befreiendes Lachen. Das mache der Schäfer, um sein Hüteterritorium schon von weitem sichtbar gegen konkurrierende Schäfer abzugrenzen.

Und weshalb steht am Ortseingang kein Hinweis auf ihr Museum?

Das hätte der alte Bürgermeister nicht gewollt. Er hat zwölf Jahre lang Lenauheim (zu der Einheitsgemeinde gehören noch Grabaţ und Bulgăruş) regiert, doch vor sechs Wochen ist er abgewählt worden. Man sagt, er hätte die Gruppe der im Sozialismus mächtigen Agrarier vertreten. Der Neue, Ilie Suciu, der ein Geschäft in Grabaț besitzt, gehört zu den Demokratischen Liberalen. Der alte Bürgermeister Alinel Narița war Sozialdemokrat.

Doch der hätte wenigstens die Gemeindediener geschickt, damit sie im Museumshof das Gras mähen. Der Neue noch nicht. Er sei Fußballfan, wohne in Grabaț, und ihn interessiere wahrscheinlich nur der Sportplatz.

Als ich gehen will, strahlt Elfriede Klein mich noch einmal an. »Dier hat vergess zu zahle.« Und entschuldigt sich: »E jeder muss to Eintritt zahle.« Danach telefoniert sie mit einem der Banatschwaben, der noch in Lenauheim wohnt.

»Er heißt Nikolaus wie Lenau.« Aber im Gegensatz zu dem Dichter hätte Nikolaus Wolz nicht so viele Weiber, das heißt gar keins. »Aber er hat zwa kleene Häuser. Bei ihm kennt der iwernachten.«

Die zwei Häuser, ein altes, das sein Großvater 1918 gebaut hat, und ein neues, das Nikolaus Wolz, als das »alte untenrum morsch wurde«, errichtete, stehen sich in einem mit Feldsteinen gepflasterten Hof gegenüber. Sie sind umgeben von Bäumen, Schuppen, Weinranken, Ställen und Gärten.

Den Garten zeigt mir Nikolaus Wolz zuerst und erntet dabei eine Schüssel Tomaten. Bei seinem Bruder in Deutschland, in der Nähe von Karlsruhe, hat er einmal Tomaten im Supermarkt gekauft. »Pfui Teiwl, nor die Farb erinnert dran, dass es Paradeis solle sin. Wie kann mer dort nor lewe ohne gute Paradeis?«

Einmal im Jahr reist Nikolaus Wolz für drei Wochen – länger halte er es in der Fremde nicht aus – zu seinem drei Jahre jüngeren Bruder.

Die Busfahrt kostet 160 Euro hin und zurück. »Bei einer Tour sitzt mer zwanzig Stunden im Bus, und die mitfoorn sind fast nor alte Leit, die ihre Kiner in Deutschland besuchen wollen.« Er trinkt in den zwanzig Stunden nicht mehr als einen Liter Wasser, wegen der Prostata und der Toilette im Bus. »For mei

Bruder, sen Frau und ehre zwaa Kiner nehm ich immer von unserem Speck und von unsre Paradeis mit.«

Nur wenige Deutsche sind, erzählt Nikolaus Wolz, in Lenauheim geblieben. 1977 waren von den rund 2000 Einwohnern noch über 1200 »Schwowe«. 1998 waren es vielleicht fünfzig oder sechzig. Und heute zählt man nicht einmal mehr zwanzig. Über 2000 Banater Schwaben, die einmal in Lenauheim zu Hause waren, wohnen jetzt irgendwo in Deutschland.

Nikolaus Wolz ist 1933, sein Bruder 1936 geboren. Ihr Vater fiel als »volksdeutscher« Soldat in der Sowjetunion, 1944 floh die Mutter mit den zwei Kindern und den Großeltern aus Angst vor den Russen in ein Dorf in der Nähe von Prag. Mit dem Pferdewagen, auf den der wenige Hausrat geladen war, benötigten sie sechs Wochen. Für die Rückreise brauchten sie genauso lang.

Zweiundvierzig Jahre hat Nikolaus Wolz in der Landwirtschaft gearbeitet, dreißig als Traktorfahrer und zwölf als Administrator.

»En Weib han ich net. Ich brauch ke Hur im Haus! Ich wor vierundzwanzig, sie wor zwanzig, a Schwowin aus me Dorf. Sie hat mit em anre was gehat. Seit dann han ich ke Weib mee. Wann ich mool was mach, dann moch ich es richtig. Aa des Raachen han ich mer nor eemol abgeweent.« Er wiederholt es, so als müsste er es sich selbst bekräftigen: »Ich brauch kei Hur im Haus.«

Seine fünfundzwanzig Hühner hält er, damit im Hof zwischen den Feldsteinen kein Gras wächst. Die Eier verkauft oder verschenkt er. Außerdem hat er reichlich 20 Hektar Acker verpachtet. Für jeden Hektar bekommt er zehn Zentner Weizen und zehn Zentner Mais. Das Getreide verkauft der Bauer für ihn. Und wenn der Euro gut steht, tauscht er ihm das Geld um. Alles Gesparte gibt Nikolaus den Kindern seines Bruders in Deutschland. Er verkauft Eier, Getreide, Tomaten und Nüsse.

»Die Nusspeem traan des Joor sehr gut. Und wenn mer wie ich seit fufzig Joor nor for sich kocht, kann mer aa beim Esse spaare. Gistern han ich mer zum Beispiel Bohnensupp gekocht, heit und morge geft es de Rest als steife Bohne ... Ich brauch ke Hur im Haus!«

Er wird nicht nur sein gespartes Geld, sondern auch das Haus an die Kinder vom Bruder vererben. »Ich han des schon testamentarisch gemach, weil mei Bruder wert vielleicht schneller sterwe wie ich, obwohl er drei Joor jinger ist wie ich. Ich sin noch sehr ksund, weil ich te ganze Toach im Hof und im Gaarte arweit, awer er sitzt dort in Deitschland de ganze Toach nor vor dem Fernseher und reert sich net.«

Am Abend gehen wir in das neue Haus, denn dort steht der Fernseher. Bevor er ihn anmacht, muss ich mich erst in den Sessel setzen. Danach schaltet er wie bei einer Vorführung das Gerät an und setzt sich auch. Er hat nur deutschsprachige Sender eingespeichert. Bei jedem neuen Sender fragt er mich: »E gutes Bild, net woor?« – »E scheenes Bild?« – »E scharfes Bild?« – »E feines Bild?« ... Ich nicke jedes Mal.

Abends sitzt er regelmäßig hier. Seine Arbeitszeit in Haus und Garten endet mit der deutschen Tagesschau.

Irak. Die Amerikaner verkaufen dem Irak für Milliarden Dollar neue Waffen.

Nikolaus Wolz: »Erscht kaputtmache und erobre, und danach misse sie ehr Geld hergen, domit se vun de Amerikaner noch Waffen kaofe kenn.«

Eine Schiffsparade in Hamburg: »Vielleicht faart mei Bruder morl mit mir an die Nordsee.«

Ein Steuerbetrüger in Rostock vor Gericht: »Bei uns werre Steierschuldner nor sehr seltn angeklaat, awer oft zu Politiker gemach.«

Eine singende Frau auf einem Pferdewagen: »Am liebste schau ich die deitsche Volksmusiksendungen und am allerliebste de Silwereisen. Kennt dir de Silwereisen?«

Mandelas Geburtstagsfeier: »Der Mandele wor e lang Zeit im Gfängnis. E ehrlicher Mann. Der woo noo ihm komm ist gefallt mer net. Der hat e Sunneglas uf und so e dickes Gnack wie e Stier. Wie die neie schlechte Leit bei uns: Sunneglas und Stiergnack.«

Dann eine Diskussionsrunde, die er sehr schnell ausschaltet: »Es is nemi normal, was des deitsch Fernseh so brengt. Do rede se, das des Weib eere Mann betroo hat, und er sitzt neewetraan und saat: ›Ich verzeih der, des ist heit normal!‹« Nein, das sei unmöglich und unmoralisch.

Und endlich Volksmusik.

Mich waschen und schlafen kann ich im alten Haus, in dem es wegen der dicken Mauern kühler ist.

An der Wand hängen nur ein katholischer Abreißkalender und vier angezweckte Passbilder: sein Bruder, dessen Frau und deren zwei Kinder.

Über dem gusseisernen Waschbecken hat er ein Kabel mit der Steckdose verbunden. Am Ende des Drahtes blinkt ein winziges Lämpchen. »Do sien ich immer, dass in meim Haus noch Strom ist.«

Auf dem Waschbecken liegt auch sein Gebiss. Ich wasche mir nur sehr schnell das verschwitzte Gesicht.

Am nächsten Morgen, das Gebiss ist verschwunden, putze ich mir gründlich die Zähne und wasche mir die Füße im Becken.

Kaffee, Tomaten, Weißbrot und sehr weicher, aber kräftig geräucherter Speck stehen auf dem Tisch.

Nikolaus Wolz sagt: »Die Milliardeere werre jetzt vor dem Frustuck in eere Swimmingpuul steie und von de Hausdame kiele Sekt krien. Doch sie werre net glicklicher sin wie mier. Im Gegenteil. Greif zu, mei Freind! Speck muss mer esse, Speck ist des Leewe.«

Er füllt mir einen Beutel mit Tomaten als Marschproviant. Und rät, sehr gut auf die Autos zu achten. Manche rumänische Autofahrer hätten den Führerschein ohne eine einzige Stunde Fahrschule und ohne Prüfung gegen ein »Tschubuk« (Bestechungsgeld) von ein paar tausend Lei erhalten.

Die Pest-Kapelle in Grabaţ

Das nächste Dorf, Grabaţ, ist nur vier Kilometer entfernt. Ich werde dort Zeit haben, um den Großbauern Bibano Lacatuş zu suchen und ihn von seinem Freund, dem reichen Wirt »Gigi« aus Jimbolia, zu grüßen.

Vor dem Dorf befindet sich der Friedhof, und vor dem Friedhof steht eine Kapelle. Sie ist in die Mitte eines langschenkligen dreieckigen Erdhügels wie ein Stollen hineingebaut. Ich halte einen Mann an, der wegen seines Gewichts sehr langsam auf dem Rad fährt, und frage ihn nach der Geschichte der Kapelle und der flachen Erdpyramide.

Er, Johann Boross, ein Ungar, dem die Rumänen, wie er schimpfend erzählt, in der Periode der »Assimilierung der Ungarn« das ungarische »sz« aus dem Namen gestohlen und durch ein »ss« ersetzt haben, vermutet, dass die Kapelle 1780 nach einer Pestepidemie errichtet wurde und rechts und links in dem Erdhügel die Toten begraben worden sind.

»Eine Vielgräberpyramide.«

Er lebt erst seit 2000 in Grabaţ. Zuvor wohnte er einunddreißig Jahre in Timişoara in einem Mietshaus, das dem Staat gehörte. Nach der Revolution meldete dort ein Jude seine Rechte als Eigentümer oder als Erbe an. »Es war ein reicher Jude, der in Frankfurt/Main, so erzählte man, eine Munitionsfabrik besitzt. Der Staat wollte ihm die Häuser zuerst nicht überlassen. Schließlich aber musste er sie zurückgeben. Da klagten die darin wohnenden Familien gegen den Juden. Ich bin damals von allein ausgezogen. Der Jude gab mir 5000 DM, und nun bin ich in Grabaţ.«

Er steigt mühsam auf sein Damenfahrrad. Weil ich vergessen habe, ihn nach Bibano Lacatuş zu fragen, laufe ich bis zur Dorfmitte, wo zwei Männer vor der Laden-Bar auf einer langen an die Hauswand gestellten Holzbank sitzen. Sie trinken Kaffee aus Plastbechern. Der Ältere, der an beiden Unterarmen tätowiert ist, trägt einen an den Seiten ordentlich geschnittenen, aber ansonsten sehr buschigen Oberlippenbart. Wenn ich ihn anschaue, muss ich an eine Robbe denken. Der Jüngere und Schlankere mit kurzgeschorenen Haaren und kurzrasierter Andeutung eines Bartes trägt weiße Turnschuhe, hellblaue Jeans und ein schwarzes T-Shirt mit der Aufschrift »Original 72«. Als ich sie nach Lacatuş frage, den ich von Gigi, dem Wirt aus Jimbolia, grüßen soll, reagieren beide auf die gleiche Weise: Sie ziehen angewidert die Brauen nach unten und spucken auf den Boden. Der Ältere sagt, dass dieser Bibano Lacatuş, genau wie der frühere Bürgermeister und der Wirt in Jimbolia, zur Kumpanei der Altkommunisten gehören, die sich nach der Wende bereichert hätten.

Ich wechsele sofort das Thema und frage, ob es stimmt, dass in Lenauheim vor sechs Wochen ein neuer Bürgermeister gewählt worden ist. Da werden sie gesprächig. Der Jüngere verkündet: »Der neue Bürgermeister Ilie Suciu ist mein Vater.«

Bis vor sechs Wochen ist sein Vater Besitzer des Ladens und der Bar gewesen, aber jetzt hat er alles der Frau überschrieben. »Damit er als Bürgermeister Ilie Suciu nicht dem Geschäftsmann Ilie Suciu Vorteile verschaffen kann. Unter seiner Regierung wird es in Grabaţ wieder ehrlich zugehen, und er wird Ordnung schaffen.«

Vasile Miscu, der Ältere, hält sich zur Zeit mehr in Österreich als in Grabaţ auf. Aber er hat den Wahlkampf gegen die, wie er sagt, altkommunistischen Großagrarier und ihren Bürgermeister unterstützt. »Denn Ilie Suciu hat auch ein Herz für den Fußball. Genau wie sein Sohn Aliodor.« Er klopft seinem Nebenmann auf die Schulter. »Aliodor finanziert mit seiner Baufirma den hiesigen Fußballverein.«

Er erzählt, dass er, obwohl er Dreher gelernt hat, nur vom Fußball lebt. »Die sozialistischen Betriebe, in deren Fußballmannschaft ich spielte, haben mich immer von der Arbeit freigestellt.« Im Moment trainiert er in Österreich den VfB Hohenems. Weil die Mannschaft dort in der Regionalliga spielt, braucht er eine »ordentliche Trainerlizenz«. Die könnte er sich hier, sagt er lachend, auch schwarz besorgen. »Doch ich werde einige Monate in Timişoara die Trainerschule absolvieren.«

Grabaţ war 1902 das erste Dorf in Ungarn – damals gehörte es noch zu Ungarn –, in dem ein organisiertes Fußballspiel stattfand. 1920 wurde es rumänisch. Seit 1968 gehört Grabaţ wie das Nachbardorf Bulgăruş zu Lenauheim, doch einwohnermäßig ist es größer als Lenauheim. In Grabaţ wohnen 2 400, in Lenauheim 1 800 und in Bulgăruş 800 Menschen.

»Doch immer war Lenauheim das Zentrum der drei Dörfer. Jahrzehntelang kam der Bürgermeister aus Lenauheim, denn das Dorf galt in sozialistischen Zeiten als eine Hochburg der Kommunisten, und die Ceauşescus zeichneten dort die Vorsitzenden der großen Genossenschaften mit den höchsten Orden aus.«

Aber jetzt würden neue Zeiten in Grabaţ beginnen, prophezeit der Fußballtrainer. »Wir haben es gemeinsam geschafft, die Altkommunisten zu schlagen, und unser neuer Bürgermeister wird dafür sorgen, dass Grabaţ einen tollen Sportplatz hat und das Zentrum der Dörfer wird. Wenn nicht, machen wir eine Volksabstimmung zur Abtrennung von Lenauheim!«

Er zeigt hämisch auf das Ende der Dorfstraße. Dort sitzen unter Sonnenschirmen Biertrinker vor einer zweiten Laden-Bar.

»Das ist ihr Laden – der Laden der alten politischen Kräfte. Er gehört einem Zigeuner. Keiner von uns geht dort hin. Und keiner von denen kommt zu uns.«

Der Sohn des Bürgermeisters ergänzt: »Früher hatten die Deutschen hier viel Grün, also viel Feld. Heute besitzen die Altkommunisten viel Grün. Sie haben es billig vom Staat gekauft. Die Kinder der ehemaligen deutschen Landbesitzer wissen oft nicht mehr, was die Eltern früher in Rumänien besessen haben, also wird mein Vater nachforschen lassen, welches Flurstück wem gehört hat und wo die Kinder der ehemaligen deutschen Besitzer leben. Sie können sich das Land dann von den neuen Eigentümern ordentlich bezahlen lassen.«

Er spendiert mir einen Kaffee.

Noch bevor ich den zweiten Laden erreicht habe, kommt mir von dort einer der Biertrinker entgegen. Ich frage ihn nach Lacatuş. Er zeigt auf einen großen Hof. Der Hof ist menschenleer. Neue Traktoren und Wagen, Mähdrescher und Pflüge stehen zwischen den Scheunen und Ställen. Am Hofrand ist in luftiger Höhe eine Kodarka, ein Lager zum Maistrocknen, gebaut. Äste und Latten sind wie die Gitter eines Vogelkäfigs miteinander

Der Großagrarier Bibano Lacatuş

verflochten. Der Wind kann, die Körner trocknend, hindurch-
blasen, aber auch die Vögel können zur Mais-Futterstelle in den
Käfig hinein- und hinausfliegen.

Ein Mann, ein Berg von einem Mann, marschiert über den
Hof. Seine Schultern, Oberarme und Oberschenkel sind muskulös wie die eines Ringers. Das ärmellose rote Turnhemd ist
unter den Achseln schweißnass, und aus dem Halsausschnitt
und an den Unterarmen wachsen schwarze Haare. Er trägt den
hier wohl obligatorischen Schnauzbart, und auf dem großen
Schädel sitzt eine sehr kleine Schildmütze.

In der Annahme, dass er der Bibano Lacatuş ist, richte ich die
Grüße von Gigi aus.

»Geht es dem Halunken gut?«, brummt er und lacht, als ich
verstört nicke.

Ich zeige auf das Maislager und frage, ob die Vögel nicht die
Hälfte der Ernte aufpicken würden.

»Man muss reichlich haben, dann können einem die anderen
etwas wegfressen, und man hat immer noch viel für sich.«

Auf der Tenne liegt ein Haufen Weizen, der höher ist als er.
»Das sind 1000 Tonnen, da kann ich beruhigt eine Tonne den
Mäusen und Vögeln abgeben«, sagt er und steht wie ein Denkmal mit vor der Brust verschränkten Armen vor dem Körner-
reichtum.

Ich frage ihn, wie viel Land er besitzt.

Siebenhundert Hektar. Vierhundert nach Ceauşescus Sturz
gekauft und dreihundert dazugepachtet.

Früher hat er als Traktorist gearbeitet.

»Jetzt habe ich drei Arbeiter eingestellt. Und mein Sohn ist
mein Traktorist.«

Ich frage nach dem Hof. »Er gehörte früher dem Deutschen
Dietrich Jacobs. Jacobs war einer der reichsten Bauern des Dorfes. Nachdem er weggegangen ist, wurde der Hof Staatseigen-
tum, und dann habe ich ihn gekauft. Ich bin noch mit deutschen Kindern zur Schule gegangen, spreche deshalb ein wenig
Deutsch, bin aber vom Vater Rumäne und von der Mutter ein

273

Zigeuner.« Die Zigeunerchefs hätten im Kommunismus gut gelebt, vor allem, wenn sie sich in den Dienst des Staates stellten.

»Und wie bekommt Ihnen die neue Zeit?«

»Man kann endlich Eigentum erwerben und für sich selbst arbeiten.«

Zuerst hätte er es mit sechshundert Ferkeln versucht. »Doch das rechnete sich nicht. Da bin ich auf Weizen und Mais umgestiegen.« Er ist sechzig Jahre alt.

»Aber immer noch sehr kräftig«, lobe ich ihn.

Er lacht: »Da müssten Sie erst meinen Sohn sehen, der wiegt fast zwei und einen halben Zentner. Deshalb nennt man ihn auch Bibano.«

Ich frage verwirrt: »Dann sollte ich nicht Sie, sondern Ihren Sohn von Gigi grüßen?«

Wieder verschränkt er die Arme vor der Brust und beteuert: »Wir sind eine Familie!«

Im Laden der Zigeuner, der ebenfalls seiner Familie gehört, kaufe ich Schafskäse, ehe ich aus dem zerstrittenen Dorf marschiere.

Erst aus der Entfernung, dann immer näher kommend, begleitet mich ein Junge auf seinem Fahrrad. Manchmal schiebt er es, manchmal fährt er in Schlangenlinien neben mir her. Und redet und redet und redet. Er freut sich, wenn ich das auf Englisch oder Deutsch oder mit Händen und Füßen Gesagte verstehe und er sogar meine Antwort kapiert.

Sein wichtigstes Thema: Autos. Sein Vater ist Automechaniker. Fast alle Leute in der Gegend wären Automechaniker. Er benennt jedes Auto, das vorbeifährt, kennt Marke, PS und Herstellungsland. Alberto Junil ist dreizehn. Nach der Schule will er in Grabaţ bleiben und einen Traktor oder eine Kombine fahren.

Als ein alter Mercedes vorbeiklappert, pfeift er hinterher.

Wir sind inzwischen schon gut einen Kilometer aus dem Dorf hinausgelaufen. Er folgt mir wie ein zutraulicher Hund.

»Ein Mazda aus Japan, ein Fiat, achtzig PS, aus Italien …«

Ich möchte ihn loswerden und das Gespräch über Autos beenden. Aber er ist ein sympathischer Junge.

»Der Audi von meinem Vater schafft 160 km/h.«

Nachdem er kurz vorausgefahren ist und zurückkommt, fragt er: »Hast du Kinder?«

»Vier«, sage ich.

»Und fahren sie alle ein Auto?«

»Nicht alle. Nur zwei.«

»Haben die anderen kein Geld für ein Auto?«

Irgendwann verabschiedet er sich doch. Ich atme auf. Kurz danach kommt er noch einmal und warnt mich, weil sich in einem verfallenen Stall an der Straße ein sehr böser Hund herumtreibt. Ich solle gut aufpassen. Und vorsichtshalber fährt er noch bis zu den Stallungen mit. Kein Hund bellt.

»Er ist weg«, sagt er.

Und gibt mir die Hand.

Von einem Gedenkstein für die 52 HELDEN auf
dem Friedhof von Gottlob, dem Apfelpflücker Pavel
Konstantin Kolling, der nicht begreifen will, dass
kleine Äpfel in der EU keine Äpfel mehr sind,
und meiner ersten Fahrt mit einer Draisine

Noch fünf Kilometer bis Gottlob. Ich weiß nicht, weshalb ich ausgerechnet auf dieses Gottlob so neugierig bin. In Lenauheim hatte mir die Museumsleiterin gesagt, dass Gottlob auch in der kommunistischen Zeit seinen Namen nicht ändern musste. Gottlob heißt der Ort auf Deutsch und Gottlob auch auf Rumänisch.

Im Unterbewusstsein habe ich wohl immer noch den Segen des Mönches von Máriagyűd im Kopf. Es könnte nichts schaden, denke ich, wenn ich kurz vor meinem Ziel in Sânnicolau Mare in die Kirche von Gottlob gehe. Heute werde ich durch

Gottlob laufen, und, so Gott will, im nächsten Dorf, Tomnatic (Triebswetter), ein Nachtlager finden. Und morgen werde ich von Tomnatic nach Sânnicolau Mare marschieren.

Es läuft sich gut zwischen Grabaţ und Gottlob. Die Landstraße ist wenig befahren. Bei jeder Frau, die neben ihrem Feld vor einem Haufen Melonen sitzt, mache ich Rast, kaufe zwar nichts, aber koste. Und freue mich auf Gottlob! Am Straßenrand liegen zerquetschte und verfaulte Melonen. Es riecht überall nach Gegorenem.

Mitten in der Einsamkeit der Straße kommt mir doch ein Auto, ein großes schwarzes, entgegen. Es fährt sehr langsam vorbei. Dreht um. Überholt mich langsam. Drei junge Männer sitzen darin. Sie wenden, fahren zurück. Schließlich überholen sie mich zum zweiten Mal und warten vielleicht einhundert Meter vor mir. Ich erinnere mich an mein Friedhofserlebnis im serbischen Rogatica und schaue wieder und wieder hilfesuchend zum Ende der Straße. Aber kein einziges Auto, nicht einmal ein Zigeunerpferdewagen, ist zu sehen. Nun verfluche ich die Einsamkeit und wünsche mir, dass wieder Trucks und PKW im Minutentakt vorbeifahren.

Das schwarze Auto fährt plötzlich schneller und hält in großer Entfernung vor mir. Die Männer steigen aus und verschwinden in einem Sonnenblumenfeld. Noch bevor ich das Auto erreicht habe, schleppen sie drei mit Sonnenblumenköpfen vollgepackte Säcke in den Wagen und fahren gottlob davon.

In der größten Mittagshitze marschiere ich durch das Dorf mit dem heiligen deutschen Ortsnamen. Ich treffe keinen Menschen. Vor jedem dritten oder vierten Haus wachsen silberblättriger Beifuß oder gelbblühender Rainfarn in die scheibenlosen Fenster, und Gras wuchert auf den Stufen der Haustüren. An manchen flachen, langgestreckten, noch gut erhaltenen, mit roten Ziegeln gedeckten Häusern, deren Giebel, wie im Banat typisch, in kunstvollen Formen gemauert sind, haben die früheren deutschen Besitzer die Türen und Fenster sorgfältig mit Brettern vernagelt.

Endlich treffe ich jemanden. Der Mann hat eine sehr große Nase und sich schon weitflächig ausbreitende Geheimratsecken. Mit seiner braunen Haut und den schwarzen Haaren könnte er auch ein Italiener sein. Allerdings ein trauriger Italiener, denn er schaut nach der Begrüßung, als würde er bald in Tränen ausbrechen. Sebastin Greutzer hat als Maurer in Deutschland gearbeitet und dort seine Frau kennengelernt. »Eine sehr schöne blonde Frau«, sagt er. Sie ist achtundzwanzig, er vierunddreißig. Mit Hilfe seiner Freunde baut er sich in Gottlob ein Haus.

Ich frage, weshalb er keines der vielen leerstehenden Häuser gekauft hat.

»Ich bin Maurer, und einmal im Leben will ich nicht für andere, sondern für mich ein Haus bauen.«

»Und für deine Frau und die Kinder.«

Er senkt den Kopf.

»Sie ist mit einem Italiener davongelaufen.«

Ich frage ihn nach Deutschen, die noch in Gottlob wohnen.

»Inzwischen leben hier viel mehr Rumänen und Zigeuner, die schon einmal in Deutschland gearbeitet haben, als richtige Deutsche.« Doch auf dem Friedhof würden noch sehr viele Grabsteine mit den Namen der Deutschen stehen.

Die zum Lobe Gottes errichtete Kirche zeugt von der einstigen Größe und dem Reichtum des banatschwäbischen Dorfes. Vor einem mächtigen, sehr langen Kirchenschiff mit hohen schmalen Fenstern steht ein viereckiger Glockenturm, der mit seiner abschließenden Plattform einem Aussichtsturm ähnelt.

Heute ist die Kirche geschlossen.

Auf dem Friedhof überragt ein neuer Obelisk aus Granit und Marmor die alten Grabsteine. In seiner unteren Hälfte steht: »Gottlob 1792. Hier lebten einst 2300 Deutsche.«

Darüber: »Den Toten zum Gedächtnis, den Lebenden zum Vermächtnis.

1939 bis 1945 gefallene Helden 52.

1945 bis 1949 Russland Verschleppung 17 Tote.

1951 bis 1956 Deportation in den Bărăgan 9 Tote.

Ruhet sanft!

Gemeinde Gottlob.«

Viele der 52 Gottlober Helden fielen als Soldaten der bis 1944 mit Hitlerdeutschland verbündeten rumänischen Armee auch irgendwo in der Sowjetunion oder anderen überfallenen Ländern.

Nach 1945 wurden Banater Deutsche zur Arbeit in sowjetischen Kohlengruben gezwungen. Siebzehn Gottlober verhungerten oder starben dort an Krankheiten.

1951 deportierte die kommunistische rumänische Regierung »unzuverlässige Elemente« von der Grenze in den unwirtlichen Südosten des Landes, in den Bărăgan. Sie mussten sich dort wie seinerzeit ihre Vorfahren im Banat aus dem Nichts eine neue Existenz aufbauen. Neun Gottlober starben in der Fremde.

52 Helden ehrt Gottlob.

Welche »Heldentaten« vollbrachten sie im Krieg fern von ihrer Heimat?

Und wie grausam bestraften die Sieger die Taten der 52 danach an den wehrlosen Landsleuten der Helden?

Ohne mich weiter umzuschauen, gehe ich sehr schnell aus Gottlob hinaus. Obwohl Sebastin Greutzer mir geraten hat, nicht den Feldweg, sondern die Hauptstraße nach Tomnatic zu nehmen, laufe ich die Abkürzung durch die Felder.

Zwischen den schon mannshohen Maispflanzen ist es so heiß, dass ich mein rotes Turnhemd ausziehe und den Rucksack auf den nackten Schultern trage. Außer Zigeunern mit ihren Wägelchen fährt niemand auf dem schmalen Pfad. Als ich mal muss, hocke ich mich zwischen die Mais. Allerdings habe ich außer den letzten unbeschriebenen Seiten meines Notizbuches kein Papier dabei. Die Maisblätter sind zu hart und zu glatt, die Blätter der Paprikapflanzen zu klein und das vertrocknete Gras ist zu spröde. Endlich finde ich haarige, große weiche silbergraue Blätter, die denen des Huflattichs gleichen. Doch sie sind rau wie Sandpapier, und ich verbrenne mir meinen Allerwertesten

278

wie mit Nesseln. Als Kind hatte mir meine Mutter immer gesagt: »Brennnesseln sind gesund fürs Blut.« Deswegen hatte ich, an die Heilwirkung glaubend, den Schmerz unterdrückt und die Zähne zusammengebissen. Doch diesmal sind es keine Brennnesseln mit heilsamer Kieselsäure, sondern die mir unbekannte Pflanze hat wahrscheinlich giftige Substanzen. Als der Schmerz immer schlimmer wird, kühle ich den Hintern mit meinem aufgesparten Rest Trinkwasser.

Heute ist wahrlich nicht mein Tag. Ich hätte auf Gottlob verzichten und stattdessen von Lenauheim über Lovrin nach Sânnicolau Mare gehen sollen.

In Tomnatic marschiere ich schnurstracks zum erstbesten Laden, hole mir Bier und einen Schnaps und gehe zu einem Tisch, an dem schon viele Männer sitzen. Als ich auf die Tischplatte klopfe, schauen sie mich erstaunt an. Ich setze mich. Ein hagerer Mann kommt hinzu, grüßt erst, indem er die Hand hebt, dann geht er von einem zum anderen und gibt allen die Hand. Auch mir.

Ich trinke einen zweiten Schnaps. Der Schmerz lässt nach. Als klar ist, dass ich aus Deutschland komme, ruft einer der Männer seinen Freund an. Er möge herkommen, und lachend radebrecht er: »Deutschland hier! Deutschland hier!« Wenn der wüsste! Deutschland mit wundem Arsch!

Der Freund lässt nicht lange auf sich warten. Er hat ein auf den ersten Blick gutmütiges, pausbäckiges Gesicht und lächelt verlegen, als er sich vorstellt: »Ich heiße Pavel Konstantin Kolling und bin fünfunddreißig Jahre alt.«

Wir trinken noch ein Bier, dann fragt er, ob ich ihm die große Ehre erweisen und in seinem kleinen Haus übernachten würde.

Nach Gottlob doch noch ein guter Tag für mich?

Zuerst gehen wir zu seinem Elternhaus. Weil er kräftiger und jünger ist und ich sein Gast bin, besteht er darauf, meinen Rucksack zu tragen. Im Garten der Eltern sitzen seine Frau und Bekannte um eine zum Tisch umfunktionierte hölzerne Kabel-

Der Wels

trommel. Sie trinken Bier. »Wir warten noch auf den Vater«, sagt
Pavel. »Er ist Fische angeln.«

Nach zwei Bier kommt der Vater. Mit seinen weißen Haaren
und dem Strohhut, dessen Rand er nach oben gekrempelt hat,
sieht er wie ein amerikanischer Farmer aus. Er holt zwei noch
zappelnde Welse aus seinem Eimer. Die Karpfen hat er beim Besitzer des Teiches gelassen, denn jeder Fisch, den er fängt, muss
gewogen und bezahlt werden.

Ein Bier noch, damit die Fische später schwimmen können,
dann laufe ich mit Pavel zu seinem Haus. Er arbeitet als Traktorist bei einem der neuen rumänischen Großagrarier, der 3000
Hektar besitzt.

Ich frage Pavel, weshalb er sich nach der Revolution kein
Land gekauft hat.

»Ich war nur simple. Verstehst du, simple, einfach. Und ein
einfacher Mensch hatte kein Geld, um so viel Acker zu kaufen.«

Seine Frau Johanna ist wie er fünfunddreißig und zurück-
haltend und still. Im Haus gibt es nur zwei Zimmer. In einem,
ich glaube es ist die Wohnstube, schlafen Johanna und Pavel. In
dem anderen der siebzehnjährige Sohn und die vierzehnjährige

Tochter. Die Katze hat freie Bettwahl. Johanna trägt das Kissen und die Decke des Mädchens auf einen Sessel in der Wohnstube. Sie wird heute nacht im Sessel schlafen, damit ich mit dem Sohn zusammen im zweiten Zimmer ein Bett habe. Mein Protest bleibt erfolglos.

Johanna und Pavel verliebten sich schon in der Schule ineinander. Dann jedoch nahm sie einen anderen Mann, von dem sie den Sohn bekam, und als dieser Mann sie verließ, heiratete sie die Schulliebe Pavel und bekam die Tochter.

Vor dem Abendessen geht Pavel mit mir in eine Kneipe am Teich, einen hölzernen Pavillon, in dem Tische und Bänke stehen und der weit von der Hauptstraße entfernt ist. Männer, nur Männer, sitzen dort, spielen Skat und trinken Bier. Pavel läuft von Tisch zu Tisch, gibt jedem die Hand. Ich mache es ihm nach, und sofort entsteht Nähe. Pavel bestellt für uns einen halben Liter. Keinen Schnaps. Schnaps trinken die Männer hier selten.

Papu erzählt Geschichten

281

Der Auffälligste und Agilste in der Skatrunde ist ein weiß-haariger, großgewachsener, schlanker Mann, der sein gestreiftes Hemd über der Hose trägt. Er schreit beim Skatspielen, er singt, wenn er gewinnt, er steht auf, wenn er schlechte Karten hat, und stellt sich dann mit einem bis zum Kinn reichenden gedrechsel-ten Stab, an dessen oberem Ende eine Kugel steckt, in die Mitte des Raumes. Er klopft mit ihm auf die Erde und schreit die übelsten Flüche, die an das russische »Vögele deine Mutter« er-innern. Manchmal hebt er den Stock in die Höhe, als dirigierte er einen Spielmannszug, oder er sticht damit als Degen die ver-meintlichen Gegner tot. Alle lachen über Papu.

Papu, erklärt mir Pavel, sagen die Zigeuner zu einem Opa. Papu klinge besser als das rumänische Wort Bunic. Papu gewinnt und singt auf Deutsch: »Muss i denn, muss i denn ...« Beifall. Er dreht sich mit seinem Stock wie eine Ballerina. Dann nimmt er die Kugel am Stockende ab. In den Stock ist eine Glasröhre eingesetzt, und aus der Glasröhre riecht es, obwohl sie leer ist, nach Schnaps.

Später steht eine sehr stämmige Frau in schwarzem Kleid mit großem Blumenmuster draußen an der Brüstung und redet auf Papu ein. Papu beachtet sie nicht. Nein, er wird noch nicht mit nach Hause gehen. Als die Frau verschwunden ist, sagt Papu: »Ab fünfzig ist Sechs etwas Unmoralisches. Ich habe nur noch Fünf.« Und »hem« gehe er noch lange nicht.

Pavel erklärt mir, dass »hemgehen« hier nicht bedeutet »nach Hause«, sondern unter die Erde zu gehen, begraben zu werden.

Pavels Handy klingelt. Johanna hat das Essen fertig. Er sagt: »Warte noch, wir kommen irgendwann.« Und bestellt zwei halbe Liter. »Das ist gutes Bier aus Temeswar.« Schon im 18. Jahrhun-dert sei die Brauerei in Temeswar gegründet worden. Das Bier und die Steuerfreiheit wären das Wichtigste gewesen, das die Kai-serin Maria Theresia den deutschen Kolonisten für das Banat mitgegeben hätte.

Als wir gehen, geht auch Papu. Er hat vor elf Jahren sein Haus in Tomnatic verkauft und lebt seitdem in der Nähe von Karlsruhe. Einmal im Jahr kommt er für zwei Wochen in seine alte Heimat. Als er sagt, dass es ihm in Deutschland sehr gut geht, weil er im Monat 500 Euro Rente erhält, widerspricht ihm Pavel: »Geld kann nicht alles sein, Papu. Geld ist doch nicht das Leben.«

Papu, der auch auf der Straße singt und sich dabei mit seinem Stock dirigiert, erklärt: »Ich kann in Deutschland essen, fernsehen, und ich kann spazieren gehen. Was willst du mehr?«

»Und kannst du wie hier in die Kneipe gehen und schlimme Flüche brüllen?«

»Nein.«

»Und wie hier mit dem Stock auf der Straße herumfuchteln?«

»Nein.«

»Und in jeder Kneipe Skat mit Freunden spielen?«

»Nein.«

»Und herumschreien?«

»Hör endlich auf«, schimpft Papu und singt dann wieder: »Muss i denn ...«

In Pavels Wohnzimmer hängt an der Tür in Kopfhöhe ein großer aufgeblasener Zeppelin. »Friedrichshafen am Bodensee« steht darauf. Jedes Jahr verdingt er sich am Bodensee drei Monate zum Beschneiden der Apfelbäume und zum Pflücken der Äpfel. Täglich arbeitet er zehn Stunden, die Stunde für 5 oder 5,50 Euro. Wenn er das Benzin, die Übernachtung und das Essen abrechnet, bleiben ihm 2000 Euro. »Die Arbeit ist gut und gleichzeitig schlecht«, philosophiert er. Natürlich sei es ein gutes Geld, aber schlecht wäre, dass nur der EU-Norm entsprechende Äpfel verkauft werden dürfen. »Wir müssen die kleinen ›krummgewachsenen‹ aussortieren. Doch jeder Mensch ist ein Mensch, und jeder Apfel ist ein Apfel. Auch kleine Äpfel kann man essen!«

Seine Frau serviert Tomaten, Brot, gegrillte Kartoffeln, gegrillten Paprika, gegrillten Speck, gegrillte Hühnerstückchen und gegrilltes Hackfleisch. Alles ist kalt. Einmal in der Woche grillt Pavel auf Vorrat. »Wenn Ihr in Deutschland grillt, muss man das, was gegrillt wird, gleich aufessen, sonst war es keine gute Grillparty. Ihr lebt nur den Augenblick.«

Die Katze schläft am Kopf des Mädchens, das auf dem Sessel liegt. Ich suche nachts das Toilettenhäuschen, aber finde es nicht. Erst am Morgen sehe ich, dass der Abtritt gleich neben dem Schweinestall steht, und frage Pavel, dessen Vater ein Banater Schwabe ist, ob er sich vorstellen könnte, nicht in Rumänien, sondern in Deutschland zu leben. »In Deutschland mit Innentoilette und Wasserspülung?«

»Nein, die Scheiße ist dann weg, und was sollte ich auf das Feld schütten?« Er muss um 7 Uhr auf seinem Traktor sitzen. Zuvor bringt er mich zum Bahnhof. Ich soll nach Sânnicolau Mare auf den Schienen und nicht auf der vielbefahrenen Fernverkehrsstraße laufen.

»Knapp zehn Kilometer Gleis. Ich bin sie früher oft gelaufen. Um 8 Uhr musst du aufpassen, da kommt der erste Zug aus der Gegenrichtung. Doch er fährt langsam, nur 50 km/h.«

Ich merke schon nach einhundert Metern, dass es keine gute Idee war. Zwischen den Gleisen wachsen Unkraut und niedriges dorniges Brombeergesträuch. Die Betonschwellen werden zu meinem Schrittmaß. Sie disziplinieren mich beim Laufen. Ein Schritt ist wie der andere. Meine Beine krampfen. Ab und an schaue ich auf die Uhr. Doch der erste Zug kommt schon vor 8 Uhr. Neben den Schienen hockend, bin ich gerade dabei, meinen Hintern mit Wundcreme einzureiben, als ich den Zug in der Ferne sehe. Er ist breiter, als ich dachte, und ich springe die Böschung hinunter in die Hecken. Es ist ein Personenzug.

Fluchend laufe ich weiter. Ich will die Schwellenschritte zählen, aber verbiete es mir. Die Schwellen sind fünfzig Zentimeter voneinander entfernt. Also zwei Schwellen pro Meter. Zehntausend Meter bis Sânnicolau Mare, gleich 20 000 Schwellen. So weit will ich nicht zählen.

Mein Marsch auf den Gleisen wird, weil ich nicht auf die Felder ausweichen kann, immer langsamer. Etwa nach der Hälfte

der Strecke sehe ich Bauarbeiter, die mit nackten, schweißglän-
zenden Oberkörpern das Gleisbett ausschachten. Alle fünf Männer hacken oder schaufeln, aber keiner steht als Posten mit Fahne
und Fanfare auf Streckenwacht. Nur einer liegt neben den Gleisen im Feld und schläft.

»Müde?«, frage ich, den Kopf auf die Hand legend.

Sie lachen und klopfen sich gegen die Gurgel.

Als eine Lokomotive durchfährt, die wie ein breiter rot-weiß
gestrichener Schrankkasten auf Rädern aussieht, treten die Leute
einfach zur Seite. Danach kommt eine ebenfalls rot und weiß
gestrichene, aber im Vergleich zur Lokomotive wie ein Nacht-
schränkchen wirkende Draisine aus Richtung Sânnicolau Mare.
Ihre verbeulte Vorderfront ist gerissen und das Blech notdürftig
zusammengeklopft. Sie bringt Arbeitsgeräte. Der Fahrer, ein junger Mann, der auf die lustigen Bemerkungen der Gleisarbeiter
nicht reagiert, sondern sehr ernsthaft dreinschaut, lädt schweigend die Pickel und Spaten aus. Dann hält er mir die Tür seiner
rollenden Blechkiste auf und sagt, dass ich einsteigen soll. Er wird
nach Sânnicolau Mare zurückfahren und mich mitnehmen.

Fünf Kilometer vor dem Ziel in eine Draisine steigen?

Gedanken wirbeln in meinem Kopf: Der Wettkellner … Das
meine Beine lähmende Schwellenmaß … Es wird keiner erfahren … Ich bin noch nie, selbst als Kind nicht, mit einer Draisine
gefahren … Eine ehrliche Wette …

Schließlich biete ich dem Wettkellner in Gedanken einen
Kompromiss an: Ich fahre die fünf Kilometer bis Sânnicolau
Mare und laufe von dort zusätzlich neun Kilometer bis zum
rumänischen Grenzort Cenad (Tschanad) und danach weitere
fünfzehn Kilometer bis zum ersten ungarischen Dorf Kiszombor. Das ist mehr als gerecht, denke ich und steige ein.

Der Fahrer stellt sich als Pitju vor. In der zwei mal drei Meter großen Draisine liegt das Werkzeug in allen Ecken, und die
Kabel und elektrischen Kleinteile baumeln in der Luft. Pitju
spielt während der Fahrt mit dem Handy. Er hockt zwar auf
dem vorderen Sitz, aber weil wir nun rückwärts fahren, schaut

Kleine Schummelei mit der Draisine

er nach hinten. Mir dreht er den Sitz, auf den er ein Schaffell gelegt hat, herum. Um mir zu beweisen, dass seine Draisine schneller als der Zug fährt, schaltet er den Motor auf Höchstleistung und schaut nur ab und an kurz über die Schulter in Fahrtrichtung. Meine Kraxe liegt neben dem mit einer Decke verschönten Bett, an dessen Kopfende zwei Gasflaschen stehen. Sprechen können wir nicht miteinander, weil die Draisine klappert, als könnte sie jeden Moment auseinanderfallen.

Sie fällt nicht auseinander. An einem Holzplatz vor der Stadt hält Pitju. Wir haben für die Strecke nicht einmal fünf Minuten gebraucht. Mir erschien es sehr viel länger. Er hilft mir, die Kraxe aufzusetzen, staunt, wie schwer sie ist, und zeigt mir den Weg zur Hauptstraße.

Von einem Monteur aus Sânnicolau Mare,
der 1991 die »Erfurter Brauerei abgebaut
und nach Timişoara gebracht hat«,
meinem verzweifelten Versuch, die
Béla-Bartók-Wein-Wette zu gewinnen,
und »Herzi«, der 1982 als Hundezüchter
nach Deutschland floh und heute wieder
in Rumänien leben will

An der Hauptstraße dehnt sich auf mehr als einhundert Metern
der weiß leuchtende Bau einer neuen Fabrik: DELPHI. Davor
wehen die rumänische und die amerikanische Flagge. Ich gehe
zum Pförtnerhäuschen und hoffe, dass ich mir das Werk anschauen darf und nicht wie bei VOGTS in Jimbolia abgewiesen
werde. Der Pförtner telefoniert sehr lange. An der Wand hängt
ein Schild, es sei strengstens verboten, Handys, Laptops oder
Fotoapparate mit in den Betrieb zu nehmen. Ich lege mein
Handy und den Fotoapparat auf den Pförtnertisch. Ein Mann,
der mich schon aus der Ferne sehr kritisch mustert, kommt aus
dem Betrieb. Er spricht Deutsch, gehört zur Geschäftsleitung
und bedauert, dass ein Besuch im Betrieb nicht möglich ist. Ein
paar technische Daten könne ich allerdings aufschreiben: Fast
4000 Menschen arbeiten in drei Schichten bei DELPHI. Sie
produzieren Kabelsätze und andere elektrische Autoteile, auch
für Opel und Mercedes. »Natürlich billiger als in Deutschland«,
sagt der Mann von der Geschäftsleitung.

Ich frage, was die rumänischen Arbeiter im Durchschnitt in
der Stunde verdienen.

»Das darf ich Ihnen leider nicht sagen.«

Ich möchte ihn vor dem Werkstor fotografieren, aber auch
das ist nicht möglich. »In der Automobilindustrie gibt es wegen Werksspionage eine höhere Geheimhaltungsstufe als in der
Atomindustrie«, sagt er.

Seinen Namen darf ich aufschreiben. Er buchstabiert: »F wie Frankreich, I wie Italien, Z wie Zypern, noch mal Italien, T wie Türkei, E wie England und A wie Australien. Fizitea Adrian.«

Von DELPHI laufe ich schnurstracks in das Stadtzentrum. Ich wasche mir an einem Springbrunnen das Gesicht und trinke gierig, ohne zu wissen, ob das Wasser sauber ist. Dann setze ich mich auf den Rand des Brunnens und warte, dass mich ein Gefühl überfällt, ein Gefühl, das mich schreien lässt: »He, Wettkellner, ich bin hier! Ich bin in Sânnicolau Mare! Ich habe es geschafft! Und du hast die Wette verloren!«

Aber nichts dergleichen geschieht. Stattdessen bleibe ich müde und stumm neben dem Wasser sitzen. Wahrscheinlich war es falsch, heute früh schon um 7 Uhr loszulaufen. Und dann diese verfluchten Eisenbahnschwellen ...

Ich werde jetzt in das Geburtshaus von Béla Bartók gehen, die CD kaufen, die ich dem Kellner versprochen habe, und danach weiter bis Cenad laufen. Und dort, falls es eine Pension gibt, sehr, sehr lange schlafen, denn ich bin angekommen.

Zuerst frage ich junge Leute nach Béla Bartóks Geburtshaus. Sie kennen nicht einmal seinen Namen, geschweige denn wissen sie, wo sein Haus steht. Danach frage ich die Alten. Manche haben noch nichts von Béla Bartók gehört. Sie mutmaßen: »Ein ungarischer Schlagersänger?« – »Der Schauspieler aus der neuen amerikanischen Krimiserie?« Zwei wissen, dass Béla Bartók in Sânnicolau Mare geboren ist. Aber sie können mir nicht sagen, wo sein Geburtshaus steht. In einer Gruppe von Männern (es ist immer gut, eine Gruppe anzusprechen, denn in einer Gruppe will sich keiner vor den anderen durch Unkenntnis blamieren) wird heftig diskutiert, ob er in Sânnicolau Mare geboren oder gestorben ist.

Plötzlich nimmt mich einer von ihnen an der Hand und geht mit mir den Boulevard entlang. Fünf Minuten später stehen wir vor einem hohen Béla-Bartók-Monument. Große helle Marmorquader sind aufeinandergetürmt, und darauf thront die Büste des

Komponisten. Unterhalb des Kopfes spreizen sich zu beiden Seiten fünf fächerartige Flügel. Es könnten, denke ich, auch abgebrochene Notenlinien sein. Ich fotografiere meinen Führer Vasile Leucuța vor dem Denkmal. Vasile ist bartlos, aber schon weißhaarig. Er trägt auf dem Kopf eine rote Schirmmütze mit der Aufschrift DELPHI.

Ich versuche ihm, der weder Deutsch noch Russisch oder Englisch, sondern nur Rumänisch spricht, klarzumachen, dass ich das Geburtshaus, die »casa«, von Béla Bartók sehen möchte. Er zeigt in Richtung Stadtausgang, schreibt »30 minut« in mein Notizbuch und verabschiedet sich. Doch noch während er mir die Hand gibt, dreht sich der beleibte Mann hurtig um, schiebt mich vorwärts und läuft wieder wortlos neben mir her.

Es wird ein sehr langer gemeinsamer Schweigemarsch durch die Stadt. Weil ein fremder Mensch neben mir läuft, mit dem ich nicht sprechen kann, dehnen sich die Minuten zur Peinlichkeit.

Nur ab und an deutet Vasile nach rechts oder links und sagt in das Schweigen hinein »profesor«, »școală«, »poliție«. Und schließlich auf sich zeigend: »pensionar« und »mecanicului«. Er ist also ein Pensionär, der früher als Mechaniker gearbeitet hat.

Wir laufen trotz der Mittagshitze sehr schnell. Die dreißig Minuten sind längst vorbei, und wir befinden uns schon in der Zone der kleinen Häuschen und der Pflaumenbäume, also im äußeren dörflichen Gürtel der Stadt. Irgendwann hat Vasile wohl den Weg verloren, und wir laufen im Kreis. Die Leute, die er fragt, schicken uns in verschiedene Richtungen, und der Mann von der Müllabfuhr bezweifelt, dass Béla Bartók in diesem Viertel gewohnt hat.

Nachdem wir eine dreiviertel Stunde marschiert sind, stehen wir in der Serbului-Straße zuerst vor der Autowerkstatt von Florian Gorban und, nachdem er auf das Nachbargebäude gezeigt hat, endlich vor einem kleinen Haus, dessen Ziegelsockel rot angestrichen ist und auf dessen mit Rauputz verzierter Wand eine Tafel in Rumänisch und Ungarisch verkündet, dass hier am 25.3.1881 Béla Bartók geboren worden ist.

Der Beweis

Ich möchte Vasile umarmen, denn endlich werde ich das Béla-Bartók-Museum sehen und die CD kaufen können. Doch ich unterlasse es, weil wir beide schweißnass sind. Außerdem sagt der junge Besitzer der Autowerkstatt in meine Freude hinein sehr stolz, dass seine Eltern das Haus 1976 vom Staat gekauft und neu verputzt haben und er mit seiner Frau und seinem Sohn hier wohnt. Allerdings hört er lieber Rockmusik als Musik von Béla Bartók ...

Ich stottere: »Muzeu?«

Nein, das Haus sei 1976 schon leer gewesen, es standen keine Möbel von Béla Bartók darin. Es gebe jedoch Fotos des alten Hauses in seinem früheren Zustand, sie würden im Stadtmuseum im Bartók-Zimmer hängen. Das Museum, erläutert Vasile, befindet sich im »Castelul Nako« gegenüber vom Rathaus.

Es wird alles noch gut, denke ich.

Als mein Begleiter sieht, dass ich seinen Namen, den Namen des Automechanikers und unser bruchstückhaftes Gespräch aufschreibe, fragt er nach meiner »profesie«.

Doch ich kann mich nicht verständlich machen. Da klopft er auf dem Rückweg an ein baufälliges Gartenhäuschen. Der Besitzer ist ein Banater Schwabe, und ich kann Vasile mit seiner Hilfe berichten, woher ich komme, wohin ich will und was es mit Béla Bartók auf sich hat.

Weitermarsch.

Ich versuche herauszubekommen, ob Vasile die DELPHI-Mütze als Reklamegeschenk erhalten oder dort gearbeitet hat. Er versteht mich nicht. Also klopft er wieder an ein Haus, und eine Deutsch sprechende ältere Frau begrüßt meinen Begleiter als einen guten Bekannten.

Die Kinder von Vasile arbeiten bei DELPHI. Sie verdienen ungefähr 250 Euro, aber wenn sie einen Monat pünktlich zur Arbeit gekommen sind, erhalten sie zusätzlich zwanzig Essentalons.

Weitermarsch.

Nach fünf Minuten Schweigen will er wissen, aus welchem »Germania« ich komme. »Sozialismus?«

Ich nicke und sage: »Thüringen.«

»Thüringen?«, wiederholt er ungläubig. Und setzt dann hinzu: »Erfurt! Erfurt gut!« und will mir aufgeregt etwas erzählen. Doch ich verstehe ihn wieder nicht.

Wir laufen fünf Minuten sehr schnell, dann klopft er erneut an eine Haustür.

Der Junge, der herauskommt, lernt in der Schule Deutsch und Englisch. Sein Vokabelschatz reicht aus, um Vasiles Bericht in Kurzform zu übersetzen.

Vasile hat 1991 für drei Monate in der Erfurter Brauerei gearbeitet. Dort hat er Teile der DDR-»Bierfabrik« abgebaut und sie anschließend in Timişoara wieder mit aufgebaut. Es sei noch eine sehr »feine Bierfabrik« gewesen. Doch vielleicht hätte das Bier nach der Revolution in Deutschland anders schmecken

müssen. Das in Timişoara mit den alten Erfurter Maschinen her-
gestellte sei doch sehr würzig?

Ich nicke, er kauft am Kiosk gegenüber drei Flaschen, und
ich bestätige ihm nach dem ersten Schluck noch einmal, dass
sein Bier aus Timişoara gut schmeckt.

Er ist zufrieden und verabschiedet sich trotz unserer schweißnassen Hemden mit einer langen Umarmung.

Vor dem Rathaus steht keine Büste von Béla Bartók, sondern
von Mihail Eminescu. Dem Rathaus gegenüber befindet sich
eine öffentliche Toilette. Toilettenfrauen wissen alles, also frage
ich hier nach dem Museum von Béla Bartók. Die Frau zeigt auf
ein schlossähnliches herrschaftliches Haus, das nebenan steht,
und sagt: »Castelul Nako Muzeu.«

Endlich!

Die Haustür steht weit offen, doch im Erdgeschoss ist die
Eingangstür zum Museum mit einem Eisengitter, einer dicken
Kette und einem Vorhängeschloss gleichermaßen vor Einbre-
chern und Besuchern geschützt. Ich klopfe und rufe, dann gehe
ich in den Keller. Dort sitzt ein Mann in seinem Büro, aber er
hat keinen Schlüssel für das Museum. Die Museumsleiterin sei
wahrscheinlich nur zum Mittagessen in die Stadt oder auf die
Bank gegangen, sagt er. Ich bleibe an der Tür stehen und erkläre,
dass ich warten werde. Da berichtigt er sich, dass sie vielleicht
auch Urlaub hat oder krank ist.

Das darf nicht wahr sein.

Ich gehe ins Rathaus und frage nach dem Béla-Bartók-Museum.

Ein Angestellter sehr barsch: »Wenn geschlossen, dann geschlossen.« Wer den Schlüssel verwaltet, weiß er nicht.

Ich könnte mir, schlägt er vor, das Monument mit dem Béla-
Bartók-Kopf anschauen.

Nein, sage ich, das kenne ich schon und auch das Geburtshaus
von Béla Bartók.

Er widerspricht: »Das Geburtshaus von Béla Bartók steht nicht
mehr.«

Ich erzähle von der Tafel am Haus am Stadtrand von Sânni-colau Mare.

Doch er behauptet stur: »Das Geburtshaus von Béla Bartók steht nicht mehr.«

Ich beherrsche mich und will nicht besserwisserisch streiten, denn wenn man als Fremder in ein Dorf kommt, kann man den Einheimischen nicht sofort ihre eigene Geschichte erzählen, sagen die Afrikaner. (Außerdem stellte ich zu Hause fest, dass in einem 2004 erschienenen rumänischen Reiseführer vermerkt ist, dass Bartóks Geburtshaus abgerissen wurde, während Richard Wagner in seinem autobiografischen Buch »Der leere Himmel« von der Existenz des Geburtshauses schreibt.)

Vielleicht geschieht ein Wunder, denke ich und gehe noch einmal hinüber zum Museum. Aber es geschieht kein Wunder. Ich stehe vor Eisengitter, Kette und Schloss. Russische Recken, die der Prinzessin das Wasser des Lebens oder den Feuervogel holen wollten, hätten so kurz vor dem Ziel das Gitter, die Kette und das Schloss mit dem Schwert zerschlagen und den Drachen dahinter getötet. Doch ich bin kein Drachentöter und suche in der Stadt nach einem Musikladen. Da ich keinen finde, muss ich hoffen, dass der Wettkellner vielleicht auch meine Fotos von Béla Bartóks Geburtshaus als Beweis akzeptieren wird.

Vielleicht. Im Augenblick ist es mir egal, ob er glaubt, dass ich hier gewesen bin, oder ob er es nicht glauben wird. Statt mir einen Kopf zu machen, ob ich gewonnen oder verloren habe, laufe ich schnell durch die Stadt in Richtung Cenad.

Die Tür zur orthodoxen Kirche steht offen. Innen blenden mich Glaskristalle, Gold und Gemälde in verschwenderischem Überfluss. So als ob jeder weitere Schritt, der mich auf dem blauen Teppich zur vergoldeten Altarwand führen würde, ein Vergehen wäre, bleibe ich ehrfürchtig am Eingang stehen. In meiner kurzen zerrissenen Jeans und dem ausgebleichten Turnhemd weiß ich mit dem vielen Gold, dem in hellem Violett gehaltenen Kirchengestühl, den kunstvollen Heiligenbildern auf dem Deckengewölbe und den Spitzendecken nichts anzufangen.

Die Wächterin

Als ich mich schon umdrehen und wieder hinausgehen will,
bemerke ich innen, hinter der Eingangstür versteckt, ein Mädchen. Sie hat eine Hand auf die geschwungene Lehne der Bank-
reihe gelegt, ihren Kopf anmutig darauf gebettet und beobachtet mich reglos und still. Der zwölfjährige Engel Andrea bewacht
in der Kirche die Schätze vor Diebstahl.

Ich frage sie nach Béla Bartók. Sie nickt und sagt, dass sie
seine Stücke später auf einem Klavier spielen wird. Aber noch
fehle ihr das Geld für den Unterricht.

Ich bitte, sie fotografieren zu dürfen. Sie schaut unverändert
still und nachdenklich in die Kamera, und das schöne Bild der
»heiligen« Andrea – sie trägt ein Holzkreuz auf ihrem weißen,
an den rosa Ärmeln durchbrochenen Pullover – bleibt mir auf
meinem Weg nach Cenad sehr lange im Kopf.

Kurz vor Cenad trottet eine Schafherde über die Straße und ver-
sperrt den Autos, den Pferdefuhrwerken und mir minutenlang
den Weg. Neben der Straße stehen rechts und links zwei hohe
Kreuze. Sie weisen die Richtung zu dem abseits gelegenen Kloster von Morisena. Ich laufe nicht durch den Schafpulk, sondern

an der blökenden Reihe entlang, bis ich in der Ferne das in der Sonne glitzernde Dach des Klosters sehe. Ich hätte nicht näher gehen sollen, denn der bärtige Patriarch des orthodoxen, erst vor fünf Jahren gebauten Frauenklosters brummt nur unfreundlich und beachtet mich auch dann nicht, als ich mich für eine Stunde in den Schatten eines hölzernen Pavillons vor dem Kloster lege.

Gut ausgeruht, laufe ich dann durch Cenad. Das Dorf wird mein letzter Übernachtungsort in Rumänien sein. In allen Ländern war der letzte Schlafplatz ein besonderer: in Ungarn der Fußboden einer Kirche, in Kroatien der nur noch von Ratten bewohnte Weinkeller, in Serbien das Haus der Zigeuner.

Wo werde ich in Cenad schlafen?

Auf den ersten Blick scheint hier alles völlig unspektakulär zu werden. Die Verkäuferin im Dorfladen zeigt mir den Weg zur Pension CASA GERMANA.

Das »Deutsche Haus« ist ein ehemaliger Bauernhof. Vorn befindet sich das Wohnhaus, links und rechts davon stehen die langen Scheunen und Stallungen. Über dem Brunnen in der Mitte des Hofes ragt auf einem sehr hohen Gabelbaum der bestimmt zehn Meter lange Balkenarm des Ziehbrunnens.

Der Besitzer der Pension, Aurel Boureanu, erzählt mir die Geschichte des Hofes. Er wurde 1905 von Josef Wagner, dem damals reichsten Mann im Dorf, gebaut. Der Banater Schwabe besaß einhundertzwanzig Pferde, viel Land, und auf der Kirchenglocke steht noch heute sein Name an erster Stelle. Er hatte das meiste Geld, 700 Lei, für den Guss der Glocke gespendet. Nach dem Krieg, Aurel Boureanu weiß nicht genau, was aus dem ehemaligen Besitzer geworden ist, verstaatlichte man das Gehöft. Es wurde Sitz der landwirtschaftlichen Genossenschaft. Nach der Revolution und dem Ende der Genossenschaft wohnten fünfzehn Jahre lang reiche »Zigeunerhäuptlinge« auf dem Hof. 2005 hat Aurel Boureanu das Gehöft gekauft. Inzwischen gibt es darin eine große Gemeinschaftsküche, einen Sitzungssaal und Pensionszimmer.

Mein Zimmer ist sehr geräumig: ein moderner Schrank mit einem in zwölf Felder geteilten Spiegel, ein roter Sessel mit goldener Armlehne, ein kleiner Beistelltisch, zwei Gummibäume, Bettwäsche mit Rosenmuster, und in der Ecke liegen zwei Originalgemälde.

»Ich muss sie noch aufhängen«, sagt Aurel Boureanu. »Vielleicht werde ich sie auch in meiner Wohnung anbringen, denn die Bilder ähneln mir und meinem Leben.«

Das surrealistische heißt »Tempo – die Tür der Zeit«, das andere, ein altes Ölgemälde, »Träumendes Mädchen auf dem Land«.

Der Besitzer der CASA GERMANA hat sein Hemd trotz des dicken Bierbauches nicht zugeknöpft. Zwar raucht und telefoniert er unentwegt, aber hat, auf dem Hof sitzend und Wein spendierend, trotzdem noch Muße, mir seine Lebensgeschichte zu erzählen. Es ist die Geschichte seiner Flucht aus Rumänien und seines größten Wunsches, wieder in einem rumänischen Dorf zu leben.

Ich habe mein Notizbuch und das Diktiergerät schon verstaut, denn ich wollte hier nur schlafen, morgen nach Ungarn laufen und mit dem Bus nach Harkány zurückfahren und keine einzige Geschichte mehr aufschreiben. Doch als Aurel Boureanu zu erzählen begonnen hat, krame ich mein Notizbuch und das Aufnahmegerät wieder aus dem Rucksack.

Aurel Boureanu ist achtundfünfzig Jahre alt und hat nach dem Abitur in Timişoara an der Hochschule für Bauwesen studiert. Ein Diplom schaffte er nie, denn eigentlich wollte er kein rumänischer Wasserbauingenieur, sondern Fabrikarbeiter in Österreich oder Westdeutschland werden. Seine Freunde unterhielten sich oft darüber, wie man am sichersten und schnellsten aus der Sozialistischen Volksrepublik Rumänien fliehen könnte, wer es geschafft habe, und wer dabei erwischt worden sei. Wie viel Pläne er für seine Flucht nach Jugoslawien gemacht hat, weiß Aurel Boureanu nicht mehr genau.

Er malte Porträts von Bekannten, die an der jugoslawischen Grenze wohnten. Er kaufte einem Bauern, dessen Acker sich im

Grenzgebiet befand, zwei Pferde und wurde dadurch Taufpate von dessen Kindern. Aber der Sprung über die Grenze gelang ihm nicht. Er züchtete Tauben und hoffte, dass er bei einem internationalen Flugwettbewerb seine Tauben in Jugoslawien oder Österreich aufsteigen lassen und sie allein auf den Heimweg nach Rumänien schicken könnte. Doch die Tauben wurden, was er nicht wusste, immer nur im östlichen Rumänien aufgelassen. Später arbeitete er in einer Berufsschule, in der er Fernfahrer ausbildete. Er hoffte, dass ihn einer irgendwann nach Jugoslawien schmuggeln würde. Seine Hoffnung erfüllte sich nicht. Doch er gab nicht auf. Seine erste Frau war leitende Anästhesistin im Krankenhaus, und als sie den Kreisparteisekretär behandelt hatte, erhielt sie bevorzugt einen Dacia 1300. Mit diesem Dacia fuhr er manchmal seinen Cousin, einen Journalisten der »Drapelul Roşu – Rote Fahne«, zu Interviewterminen, wenn der zu viel getrunken hatte. Dabei lernte er einen Juristen kennen, der gleichzeitig Präsident der rumänischen Hundezüchter war. Für weitere »Dienstfahrten« mit dem Dacia verlangte Aurel, dass ihm der Cousin eine Anstellung bei diesem Juristen und »Hundepräsidenten« verschaffte. So geschah es, und Aurel kaufte vom »Hundepräsidenten« zwei Irish Setter, die schon bei einer Europameisterschaft prämiert worden waren.

»Nur einige Monate später wurden ich und meine Irish Setter zur Hundeausstellung nach Österreich eingeladen!«

Weil die Pässe den Hundeausstellern zuvor nicht persönlich übergeben, sondern von einem die Gruppe begleitenden Securitate-Mann verwahrt wurden, trank Aurel vor der Reise einen halben Tag mit einem sehr hohen Offizier der Securitate. Als der besoffen war, holte er – um zu beweisen, welche Macht er hat – Aurels Pass. Noch am gleichen Abend fuhr der Hundezüchter Aurel, den seine Freunde »Herzi« nennen, mit dem Zug und ohne Hunde nach Österreich.

Das war 1982 und Aurel zweiunddreißig Jahre alt.

In Deutschland hielt er sich keine Irish Setter, sondern Dobermänner. Er arbeitete zuerst in einer Ravensburger Autolackiererei. Danach gründete er sein Tourismusunternehmen »Herzi-Reisen«. Inzwischen BRD-Bürger, fuhr er alte Leute, die aus Rumänien stammten, in einem Kleinbus in ihre frühere Heimat. 1987 erklärte ihn der rumänische Staat allerdings zu einer »unerwünschten Person« und ließ ihn nicht mehr nach Rumänien. Bis 2002 arbeitete er bei der Deutschen Post in Ravensburg und fuhr Pakete zur Sammelstelle. Als der Pakettransport privatisiert wurde, entließ ihn die Deutsche Post, und er begann zusammen mit seiner inzwischen dritten Frau in Heimarbeit Plastikteile für eine deutsche Chemiefabrik zusammenzustecken.

Drei Frauen gehören zu seiner Lebensgeschichte. Die Erste, die Anästhesie-Ärztin, die ihm zum Dacia verhalf, war gleichalt. Als im Krankenhaus von Riad eine leitende Anästhesistin gesucht wurde, ging sie ohne Aurel nach Saudi-Arabien. Seine zweite Frau, eine Opernsängerin, war zehn Jahre jünger als er. Sie verließ ihn, weil es in Ravensburg keine Oper gab. Seine jetzige Frau ist zwanzig Jahre jünger und lebt noch in Deutschland.

Aurel Boureanu will für immer nach Rumänien zurückkehren und hier im Dorf wohnen.

An der Grenzkontrollstelle hat er mit Hilfe des Bürgermeisters, der seine Parteiversammlungen in Aurels Sitzungszimmer abhält, einen kleinen Imbiss für die wartenden LKW-Fahrer eröffnen können. Außerdem, und das ist der eigentliche Zweck der CASA GERMANA, hat er einen privaten Krankentransport für reiche Rumänen organisiert. Er lässt sie, von einer Dolmetscherin begleitet, über die Grenze in eine Szegeder Privatklinik fahren. Dort werden vor allem Krebspatienten behandelt. In seiner Pension können die Privatpatienten auf dem Hin- und Rückweg übernachten und sich in der Gemeinschaftsküche ihr Essen kochen.

Am nächsten Tag schlägt Aurel Boureanu vor, dass ich einen Tag länger bleiben soll, denn übermorgen würde man wieder nach Szeged fahren.

Hirten an der Grenze

»Nein«, sage ich, »noch kann ich laufen.«

Und es läuft sich sehr gut von Cenad geradeaus in Richtung Grenze. Aus der Spur des Weizens und der toten Hunde wurde hier die Spur der Kuhfladen. Sie sind schon trocken, aber noch elastisch wie der Belag einer Tartanbahn.

Nur selten klappert ein alter Renault oder Fiat an mir vorbei. Manche dieser Autos, die mir auf dem Marsch begegnet sind, erkenne ich schon von weitem an ihren Geräuschen. Die Fahrer hupen und winken. Doch je mehr ich mich der Grenze nähere, um so größer und glänzender werden die nun silbern und schwarz lackierten Autos.

Als ich die Grenzstation schon in der Ferne sehe, überquert die Straße einen Kanal. Braun, schwarz und weiß gefleckte Kühe stehen im Kanal. Die zwei Hirten rufen mir zu: »La revedere România! – Auf Wiedersehen, Rumänien!«

Ich gehe zu ihnen hinüber auf die Wiese, hole meinen Taschenrutscher aus dem Rucksack, und sie legen Brot und Käse auf einen Stein. Wir trinken auf Rumänien und auf Ungarn. Der eine der Hirten, Kiss Tibór, ist Ungar, der andere, Mesaros Nelli, Rumäne.

Ein Mercedes mit deutschem Kennzeichen hält. Seine Ladung auf dem Anhänger ist von einer festgezurrten Plane verdeckt. Der Fahrer, ein dicker Mann, steigt aus, seine dicke Frau bleibt sitzen. Er trägt Kartons aus dem Kofferraum zum Anhänger.

In der Annahme, dass es ein Deutscher ist, sage ich lachend: »Schmuggelware?«

Nein, es wären nur in Rumänien billig gekaufte elektrische Haushaltsgeräte. Aber trotz EU-Zollfreiheit wisse man vorher nicht, was eventuell an der Grenze passieren würde.

Er nimmt vom Käse und ein Stück vom Brot und erklärt den zwei Hirten auf Rumänisch: »Es ist gut für das Land, dass es Mitglied der EU werden durfte!«

Beide Hirten schütteln den Kopf. Dann sagt der Rumäne: »Vielleicht ist es gut für die großen Agrarbetriebe, aber nicht für uns kleine Leute. Die EU nimmt nur die maschinell gemolkene Milch, aber fast alle rumänischen Bauern melken noch mit der Hand.«

Als ich die Grenze erreicht habe und am Imbiss von Aurel Boureanu vorbeigelaufen bin, würdigt mich die rumänische Polizistin keines Blickes. Aber von dem dicken Mann, dessen Frau nun auch ausgestiegen ist, verlangen die zwei rumänischen Zöllner, dass er jeden Karton öffnet.

Dann sehe ich das große Schild, »Üdvözöljük Magyarországon! Bine aţi Venit în Ungaria! Willkommen in Ungarn! Welcome to Hungary!«, und am Straßenrand endet die natürliche Tartanbahn. Stattdessen laufe ich auf der schmalen Betonpiste eines Radweges bis zum Ortsschild von Kiszombor. Dort stelle ich meine Kraxe ab, lege das Notizbuch auf den Rucksack und mache das letzte Foto. Der Chip ist voll.

In Kiszombor schlafe ich in einer Pension, die als Projekt für den Jugendtourismus von der EU gefördert wird: kleine Zimmer in einem bungalowähnlichen Gartenhäuschen.

Am nächsten Morgen esse ich die Brot- und Käsereste, die mir die Hirten am Grenzkanal mitgegeben haben, und laufe zur

Das letzte Foto

Bushaltestelle. Der Bus ist überfüllt. Erst von Szeged nach Pécs kann ich sitzen.

Stunden später bin ich am Tenkesberg in Siklós. Ich laufe nach Máriagyűd, und obwohl es erst Nachmittag ist, treffe ich Maria zu Hause an. Sie flucht, weil ihr Moped, mit dem sie täglich zur Arbeit nach Harkány fährt, kaputt ist. Später bringt einer der Söhne das Moped auf einem Anhänger und versucht es zu reparieren. Ich packe inzwischen meine bei Maria zurückgelassenen Sachen wieder in meinen Rucksack: Handtücher, Creme, Windjacke, Strümpfe, Waschpaste, T-Shirts, Bücher ...

Der Rucksack wird um einige Kilo schwerer, aber es sind nur noch sieben Kilometer, die ich ihn bis Harkány tragen muss.

Der Aldi-Markt am Ausgang von Siklós ist fertig, auch die Au-ßenanlagen sehen schon ordentlich aus. Bei dem mit 162 Millionen Forint geförderten EU-Projekt der wahrscheinlich 200 Quadratmeter großen touristischen Schutzhütte ist lediglich das verunkrautete Gras höher gewachsen, und die Bauarbeiter vom Aldi verrichten ihre Notdurft immer noch nicht in den Dixi-Klos, sondern unter dem riesigen Balkendach der EU-Wanderhütte.

Ich pflücke mir die letzten Pflaumen. Sie sind süßer als auf dem Hinweg. Am Klinikhotel, in dem Übernachtungen, Zahnbehandlungen und Transplantate billig angeboten werden, bedanke ich mich leise bei meinem aufgebohrten Zahn, dass er mir unterwegs weniger Sorgen als die Schultern und der Hintern gemacht hat.

Am Thermalbad gehe ich schnell vorbei und bleibe auch nicht zögernd vor dem Restaurant des Wettkellners stehen. Ich setze mich an einen der vielen leeren Tische und stelle die Kraxe daneben. Dann frage ich eine schwarzhaarige Serviererin nach dem weißhaarigen Kellner. Ich hätte Glück, sagt sie. Er wollte gerade nach Hause gehen. Sie holt ihn.

Er trägt schon seinen Straßenanzug. Als er mich sieht, nickt er mir zu und geht zurück in den Schankraum. Wenige Minuten später kommt er, im Kellnerfrack, mit rostbraunem Hemd und der an den Enden abgegriffenen blauen Fliege, und serviert mir auf einem goldenen Tablett einen doppelt gebrannten Palinka. Er sagt freundlich: »Bittscheen, der Herr« und schaut mich fragend an.

»Ich bin bis Sânnicolau Mare gelaufen«, sage ich stolz.

»Dann gratuliere ich Ihnen. Bittscheen, der Herr – mit dieser Ausrüstung! Und, Verzeihung, der Herr, in Ihrem Alter.«

Er lächelt. Ich gestehe, dass ich die CD mit Béla Bartóks »Tanzsuite« nicht mitbringe. Aber auf dem Display des Fotoapparates könne er sich die Bilder von Béla Bartóks Geburtshaus anschauen.

Da lacht er wie Schwejk.

»Ich glaube es, mein Herr. Ich wusst, bittscheen, schon, als Sie losgelaufen sind, dass die Tür zum Museum geschlossen sein wird. Verzeihung, mein Herr, aber mein Sohn arbeitet als Ingenieur im DELPHI-Werk von Sânnicolau Mare und kennt das Museum.«

Weil er schon Feierabend hat, trinken wir eine Flasche vom alten Egri Bikavér – Erlauer Stierblut in aller Ruhe gemeinsam aus. Von den restlichen neun gewonnenen Wettflaschen nehme ich nur eine mit. Denn eigentlich habe ich meine Aufgabe nicht erfüllt! Ich habe ihm nicht, wie bei der Wette ausgemacht, die CD mit der »Tanzsuite« aus Rumänien geholt.

Nach Deutschland fahre ich wieder mit einem »Bäderbus«. Die Kurgäste, die im sechsunddreißig Grad warmen schwefelhaltigen Wasser relaxt haben, erzählen unterwegs von ihren Erlebnissen im Fischrestaurant, beim Kleiderkauf, Geldumtausch und beim Folkloreausflug in ein Dorf.

Ich sitze und schweige. Nach einigen Stunden merke ich, dass ich von den Übrigen wegen meiner Wortkargheit als Außenseiter betrachtet werde. Nur der ungarischen Frau des Reiseunternehmers erzähle ich, dass ich entgegen ihrem Rat doch draußen auf rumänischen Feldern, in kroatischen Weinkellern und sogar bei serbischen Zigeunern geschlafen habe.

Sie schlägt die Hände über dem Kopf zusammen und sagt: »Jesses Maria, da haben Sie aber Glück gehabt.«

Den Rest der Fahrt nach Deutschland verschlafe ich.

Leseprobe aus:

Landolf Scherzer

# Letze Helden

ISBN 978-3-7466-2663-5
Broschur
253 Seiten

# Der erste Tafeltag

Als mein Anorak, den ich in der hundekalten Tafelhalle nicht ausgezogen habe, beim Aussortieren von verschimmelten Orangen, verfaulten Bananen und zerquetschten Tomaten nach zwei Stunden bekleckert ist, gibt mir »Jesus« einen Pullover aus der Kleiderkammer. Der hagere, großgewachsene Mittfünfziger leitet die Eisenacher Caritas-Tafel. Mit seinem verwilderten grauen Vollbart und den langen, bis auf die Schultern hängenden Haaren ähnelt er zwar dem Bild des Gekreuzigten, hat aber sonst wenig von einem Heiligen an sich. Mit sieben Helfern sitzt er frühmorgens um 8 Uhr in der Wärmestube der Tafel, stellt mich als Schreiber vor, der eine Woche bei ihnen arbeiten wird, und schenkt, sobald ich ausgetrunken habe, in einer halben Stunde viermal Kaffee nach.

Punkt 8.30 Uhr erheben sich alle. Arbeitsbeginn in einer der 800 ehrenamtlich betreuten Lebensmitteltafeln der Bundesrepublik. Heute ist Montag. Am Montag und am Donnerstag werden in Eisenach nachmittags die Waren an die bedürftigen »Abholer« ausgegeben. Zuvor müssen die mit einem Transporter aus Supermärkten und kleinen Geschäften geholten und dadurch vor den Müllcontainern geretteten Lebensmittel sortiert, ausgelesen und in Stiegen gelegt werden.

Mit Richard und Jochen schneide ich Kartoffelsäcke auf und fülle die Knollen portionsweise in Plastikbeutel. Die beiden arbeiten im Akkordtempo. Richard, mit Zahnlücken, roter Nase und sechs oder sieben Silberkettchen an Hals und Handgelenken, ermahnt mich, nicht zu reichlich Kartoffeln in die Beutel zu packen. Sie müssten heute bestimmt für 250 Leute reichen.

Die ersten zwei »Kunden« – in dicke Mäntel und wollene Kopftücher gehüllte Frauen – stehen schon gegen 9 Uhr im

Hof vor dem Ausgaberaum, der um 14 Uhr geöffnet wird. Um 10 Uhr kommt das Auto mit Obst, Gemüse, Keksen, Käse, abgepacktem Brot und weißen Rosensträußen. Die Blumen legt »Silberkettchen« auf den Hof.

»Irgendjemand wird sie mitnehmen.«

Aus teilweise schon durchgesuppten Pappkartons klaube ich die schlechten Tomaten, suche die guten Orangen aus den Netzen, sortiere Rosenkohl, werfe matschige Möhren und Rote Bete in die Biotonne, staple noch brauchbare Bananen in Plastestiegen und will angefaulte Auberginen und Gurken sorgsam ausschneiden. Aber Jochen erklärt, dass sie Ausgeschnittenes nicht ausgeben. Zusammen mit Töpfen von verdorrtem Basilikum, verwelktem Salat und vergammelten Litschis landet alles in der Tonne.

Noch drei Stunden bis zur Ausgabe, aber die Schlange der Wartenden ist schon 20 Meter lang. Im hungernden, vom Bürgerkrieg heimgesuchten moçambiquanischen Tete sah ich 1978, wie auf Brot wartende Frauen vor dem noch geschlossenen Bäckerladen »Wartesteine« in eine Reihe legten und wieder gingen. Nachdem sie zwei oder drei Stunden auf dem Feld gearbeitet hatten, kamen sie zu ihrem Stein in der Schlange zurück. Sie hatten keine Zeit, um zu warten. Sie mussten inzwischen arbeiten, um zu überleben.

Ich nehme jede Mandarine einzeln in die Hand, prüfe, ob sie noch fest ist, schneide welkes Laub von Kohlrabi, Sellerie und Radieschen, sammele im Dezember (!) schlechte Kulturheidelbeeren aus den Schälchen. Die draußen warten, sollen mit den Lebensmitteln zufrieden sein. Und sie werden dankbar lächeln, wenn sie sich mit ihren gefüllten Kartons verabschieden. Denke ich.

Als Jochen die Stiegen mit den Bananen nun schon an die drei Meter hoch stapelt und »Silberkettchen« nicht mehr hinaufreicht, faucht er ihn an, ob er nicht sehen kann, dass er kein Riese ist. Früher haben beide im VEB Fahrzeugelektrik Eisenach gearbeitet. Der heute 53-jährige Richard zuletzt im Warenlager und Jochen an der 150 Tonnen Tiefziehpresse. 1990, als die Kollegen fürchteten, dass ihr Betrieb, in dem sie unter anderem Scheinwerfer für den Wartburg und den Volvo herstellten, bald geschlossen werden würde, wechselte Richard zu Neckermann. »Dort verdiente ich fast das Doppel-te – ich wollte unser Fachwerkhaus, das meine Frau schon zu DDR-Zeiten gekauft hatte, endlich ordentlich ausbauen.« 10 Jahre lang wurde er mit anderen Eisenachern nach Frankfurt zum Neckermann-Lager gefahren. 10 Jahre lang um halb zwölf zur Arbeit und nachts um zwei oder drei zurück.

»Nach 10 Jahren waren die Ehe und die Gesundheit im Arsch. Meine Frau ließ sich scheiden, und das Arbeitsamt hatte einen neuen Kunden.«

Seitdem ist Richard arbeitslos und hangelt sich von einer Maßnahme zur nächsten. Jetzt bekommt er Hartz IV und arbeitet in der Tafel als Ein-Euro-Jobber.

Jochen, sein früherer Arbeitskollege, ist 1951 in Saalfeld geboren. Der Vater ging am 17. Juni 1953 nach Westdeutschland. Jochen glaubt nicht, dass es eine politisch motivierte Flucht war. »Dann hätte er sich wenigstens wegen mir noch einmal von drüben gemeldet.«

Seine Mutter war Kindergärtnerin. Als Jochen in Ruhla eine Lehre als Elektromechaniker begann, weigerte er sich, in die FDJ einzutreten. »Ich, der Sohn einer Kindergärtnerin, die sozialistische Kinder erziehen sollte … Sie durfte jedoch weiter als Kindergärtnerin arbeiten.«

An die 20 Jahre hat er in drei Schichten im Werk für Fahrzeugelektrik gearbeitet. Als der Betrieb 1993 geschlossen und ein modernerer, mit weniger Arbeitskräften auskommender in Stockhausen eröffnet wurde, hatte er Pech. »Ich war 1989 geschieden worden. Und weil alleinstehend, fiel ich, durch das soziale Punktesystem bedingt, in die Arbeitslosigkeit. Ein Jahr als Monteur in Frankfurt. Arbeitslosigkeit. Zwei Jahre Zeitarbeiter als Schweißer ohne Schweißerpass. Arbeitslosigkeit. Sechs Monate ›Idiotenlehrgang‹ für Lager und Logistik.

Arbeitslosigkeit. Ein-Euro-Jobber im Wald. Arbeitslosigkeit. Umschulung zum Metallbauer. Keine Arbeit. Und nun in der Tafel im Ehrenamt.«

»Auch Hartz-IV-Empfänger?«

»Natürlich. Alle, die in der Tafel helfen, außer ›Jesus‹, unserem Chef, und Sandro, der für die Obdachlosen sorgt, bekommen Hartz IV.«

»Wenn ihr nicht als Helfer bei der Tafel wärt, würdet ihr jetzt mit den anderen draußen in der Schlange stehen?«

Er nickt.

Die vor der Tafel warten und die hinter der Tafel stehen, gehören zur selben Klientel. Aber die hier sammeln und sortieren und Lebensmittel ausgeben, könnten einem guten Bekannten ein Stück Butter oder einen Joghurt zusätzlich in den Korb legen. Und einem Unsympathischen vielleicht den Beutel mit den wenigsten Kartoffeln und keinen Kuchen. (Wie seinerzeit die Verkäuferin im DDR-Konsum, die für gute Kunden Mangelwaren unter dem Ladentisch reservierte und deshalb bei allen Bekannten und Verwandten beliebt war.)

»Jesus« sagt, dass ich die Pappkartons, die wir aus dem Obst- und Gemüseputzraum auf den Hof geworfen haben, plattdrücken, zerreißen oder zerschneiden und auf den Transporter stapeln soll. Ich mühe mich redlich, aber es dauert. Udo, der schweigsamste der Tafelhelfer, der nicht raucht und frühmorgens als Einziger in Stadtkleidung erscheint und sich erst hier umzieht, der keinen Kaffee trinkt, sondern sich Tee in der Thermoskanne mitbringt, hilft mir. Doch der Haufen wird nicht kleiner, weil Jochen und »Silberkettchen« immer neue Kartons herauswerfen.

Im Innenhof stehen schon 30 Abholer. Sie stehen, warten und schweigen. Einige beobachten uns, wie wir die sperrigen Supermarktkartons, in denen die Lebensmittelspenden für sie geholt wurden, mühsam zerreißen. Die Übrigen schauen zur Erde oder gucken Löcher in die Häuserwände. Nur eine alte Frau kommt herüber und hilft, die Kartons auf das Auto zu laden. Sie macht es wortlos. Ich lächele sie dankbar an und nehme mir vor, ihr bei der Ausgabe eine Tafel Schokolade und eine größere Wurst in den Korb zu legen. Aber als wir die Kartonagen gestapelt haben, sagt »Jesus«, dass ich heute erst einmal nur die Regale nachfüllen soll. Verteilen darf ich übermorgen.

Manche Abholer sind zu zweit und wechseln sich beim Warten ab. Wenn der eine friert, wärmt sich der andere in Dieters Tagesraum. Dort gibt es Kaffee und Tee und Saft für 30 Cent und Suppe für 80 Cent. Eine Mutter holt ihren 3- und 6-jährigen Söhnen Gemüsesuppe. Der »Große« soll aufpassen, dass der »Kleine« nicht matzt, sagt sie und geht wieder hinaus. »Wir haben heute einen guten Platz in der Schlange, vielleicht gibt es da noch was extra.«

Ich fülle das Extra ab: Sauerkraut. Weil die Torflügel zum Gemüse- und Obstputzraum offen stehen, friere ich und habe klamme Hände. Herr Neumann und Micha bringen die letzten Spenden, die wir noch putzen, sortieren und in den genauso kalten (»damit sich alles frisch hält«, sagt »Jesus«) Ausgabeladen bringen müssen. Es sind – und ich bin deshalb nicht traurig – nur sehr wenige Kartons. Wir greifen zu den Messern, schneiden die Netze auf, werfen vergammelten Salat, Kohl, Melonen, verschimmelte Champignons und gelben Blumenkohl in den Biomüll.

Kurz vor 14 Uhr sind wir fertig, und Lagerchef Bernhard weist uns ein: »Entweder einen Käse oder einmal Saure Sahne. Entweder Soßenpulver oder Tomatenketchup. Entweder Müsli oder Milchpulver. Bananen und Orangen könnt ihr unbegrenzt ausgeben.« Endlich heißer Kaffee. Dann zünden sich alle außer dem Teetrinker wie an der Front vor dem Sturmangriff noch eine Zigarette an. Ich gehe auf den Hof. Die Wartenden draußen frieren wie wir drin. Die meisten schweigen, einige murren.

»Wir (!!!) machen jetzt gleich auf!«, erkläre ich und mustere die Abholer möglichst unauffällig. Auf der Straße würde ich sie

an ihrer Kleidung nicht erkennen. Ich hatte mir vorgenommen, einige zu fragen, ob sie mir ihre Lebensgeschichte erzählen würden. Doch nun scheue ich davor zurück. Später schreibe
ich diese Bitte in einem Brief auf, den ich bei der Ausgabe an
50 Abholer verteile. Vier von ihnen erklären sich bereit, mit mir
zu sprechen.

## Die erste Lebensgeschichte einer Abholerin

*Sie hat einen christlich-deutschen Vornamen und seit 1982 einen
italienischen Nachnamen: Elisabeth Venturelli. Geboren wurde
Elisabeth Schmidt 1947 als einziges Nachkriegskind von fünf Ge-
schwistern in Haldensleben. Erlernt hat sie den in der DDR be-
gehrten Beruf einer Säuglingsschwester. Doch wegen einer Anä-
mie konnte sie keine Nachtschichten machen und wurde
Schaffnerin. Sie fuhr noch mit langsamen Dampfzügen – »in
denen ich während der Fahrt schon mal stricken oder lesen konnte«
– zwischen Stendal, Berlin und Schwerin hin und her.*

*Aber ihr Leben war ein Schnellzug. Fernschreiberin bei der
Bahn. Sekretärin im Optischen Werk in Rathenow. Das kannte
sie schon als Schülerin vom Unterricht in der Produktion. Damals sollte sie winzige Löcher in Brillengestelle bohren, aber weil
sie der Maschinenlärm konfus machte, drehten sich die Bügel
jedes Mal wie Propeller unter dem Bohrer. Deshalb durfte
sie in der Betriebsbibliothek Bücher sortieren. »Ich hatte immer
Glück im Leben«, sagt sie. Auch bei den Männern. Sie war, wie
sie heute verschämt gesteht, nicht nur für DDR-Männer »ein ver-
dammt schönes blondes Weib«. Ein sowjetischer Offizier verliebte
sich in sie. Man traf sich, und sie lud Serjosha zu ihrer Geburtstagsfeier ein. Danach sah sie ihn nicht wieder. Er wurde bestraft
und abkommandiert. Sie wurde nicht bestraft, aber in den VEB
Ofen- und Herdbau Rathenow versetzt. Später arbeitete sie als
Sekretärin im Kreisvorstand des Freien Deutschen Gewerkschafts-
bundes (FDGB). Und wieder verliebte sich ein Ausländer in die*

*schöne Elisabeth. Allerdings kein Genosse aus dem Bruderland, sondern ein »Kapitalist« aus Italien. Die Italiener bauten damals in Brandenburg ein modernes Stahlwerk und gingen nach Rathenow zum Tanz.*

*»Es waren zwar, wie man damals sagte, Klassenfeinde, aber sehr hübsche schwarzhaarige Klassenfeinde.«*

*Nachdem das Stahlwerk den Probelauf bestanden hatte, fuhren die Italiener wieder nach Hause. Weil Elisabeth ein Kind von ihrem Silvano bekam, wurde sie aus der SED ausgeschlossen und vom FDGB in das Dienstleistungskombinat versetzt, in dem schon andere Frauen arbeiteten, die sich mit den »italienischen Klassenfeinden« eingelassen hatten.*

*Elisabeth nannte den Sohn nach dessen Vater. »Wenn du dem Sohn seinen Namen gibst, hast du immer eine Erinnerung an ihn, dachte ich.«*

*Doch der Vater wollte das Kind und Elisabeth. Im Januar 1983 heiratete er sie in der DDR und nahm sie im März mit nach Italien in das Haus seiner Eltern in Udine.*

*»In Kreuzworträtseln kommt das Wort oft vor. Italienische Stadt in Norditalien.«*

*Die DDR-Bürgerin Elisabeth Venturelli wusste 1983 weder genau, wo Udine liegt, noch etwas von der kapitalistischen, geschweige denn der italienischen Lebensweise. Sie verstand nicht, dass die zum Kindergeburtstag eingeladenen Schulkameraden ihres Sohnes nicht die mit Wurst und Käse belegten deutschen Brötchen mochten, dass Weihnachten kein Baum aufgestellt und alles im Haus nur von »Signora Mamma«, ihrer Schwiegermutter, bestimmt wurde.*

*Elisabeth lernte Italienisch. Sie arbeitete schwarz als Reinemachfrau. Als ihr Mann, inzwischen Rentner, nach 15 Jahren Ehe zu saufen begann, ging sie nach Deutschland zurück. Ihr Sohn, damals noch in der Lehre als Kfz-Schlosser, blieb beim Vater. Weil in München Bekannte lebten, versuchte sie dort Arbeit zu finden. Doch auf dem Amt hieß es nach den ersten »Maßnahmen«, dass sie als ehemalige DDR-Bürgerin ihr Glück im Osten versuchen sollte.*

»Also wohin? Ich hatte in München einen Prospekt über Eisenach und die heilige Elisabeth gelesen. Und weil es dort auch Berge
gibt, dachte ich: Versuche es bei deiner heiligen Namensvetterin.
Ich war vor 16 Jahren aus der DDR weggegangen und kam nun
in die ostdeutsche BRD zurück. Zuerst in ein Frauenhaus, dann
spendete man mir Möbel und Küchengeräte. Schließlich schenkte
man mir Kleider und Lebensmittel. Mir, der Namensvetterin der
heiligen Elisabeth.«

Es folgten Arbeitsbeschaffungsmaßnahmen in Eisenach. Im
Winter fegte sie die Wege zum Kirchenamt, später arbeitete sie auf
dem Friedhof. Nach drei Fußoperationen wurde sie wieder arbeitslos, ehe sie eine Beschäftigung bei der kommunalen Verkehrs-
gesellschaft fand: Sie musste Schwarzfahrer bestrafen. Als der Job
von einer privaten »Wach- und Schließgesellschaft« übernommen
wurde, kündigte man ihr. Arbeitslosigkeit. 2003 war ihr Sohn, der
ausgelernte Kfz-Schlosser, nach Deutschland gekommen und
wollte sich hier seinen Traum, Busfahrer zu sein, erfüllen. Stattdessen Umschulungsmaßnahmen. Zeitarbeit. Hartz IV. Bis zum
Sommer macht er noch einen Gabelstapler-Lehrgang.

»Wenn er danach keine Arbeit bekommt, gehen wir wieder nach
Italien.«

Ich frage, weshalb sie nicht in Deutschland bleiben will, wo sie
für sich und den Sohn monatlich 350 Euro erhält. Dazu Kleiderkammer, Suppenküche, Lebensmitteltafel …

»Wissen Sie, in Italien leben wahrscheinlich mehr ärmere Menschen als in Deutschland. Die haben dort weniger Euro als hier
und keine Lebensmitteltafeln und keine Sozialkaufhäuser. Aber
trotzdem sind sie reicher!«

Diese Logik begreife ich nicht.

Das sei einfach. »In Italien gehören die Armen noch zum nor-
malen Leben. Niemand stempelt sie als Außenseiter ab. Sie sitzen
mit den anderen in den Cafés und bekommen ein Bier spendiert.
Die italienischen Armen müssen sich nicht bürokratisch auswei-
sen, um Almosen zu erhalten. Sie werden nicht wie hier die Hartz-
IV-Empfänger als bedauernswerte Außenstehende und Überflüs-

*sige durch die Medien und Talkshows gezerrt, bis die anderen mit Fingern auf sie zeigen. Es wird nicht staatlich kontrolliert, ob sie eine vielleicht 1,53 m² zu große Wohnstube haben. Sie gehören zur Normalität des alltäglichen Lebens.«*

*Noch hofft Elisabeth Venturelli, dass ihr Sohn eine Anstellung als Gabelstaplerfahrer erhält.*

*»Wir sind doch ordentliche Leute, und ich habe ihn gut erzogen.«*

*Neben der Tür ihrer Neubauwohnung im Eisenacher Norden hängt am Regal ein von ihr geschriebener Zettel: »Schuhe ausziehen und in den Schrank stellen!«*

Der Laden ist nicht geräumig, und die Wände sind vollgestellt mit Regalen und Kartons. Rechts vom Eingang das Regal mit Milchprodukten, Fertigsalaten und abgepackter Wurst. In der Mitte die Fächer für Obst und Gemüse, auf deren oberster Ablage auch Frostschutzspray, Peeling-Handschuhe zur Körperpflege, Müsli, Zwieback und Slipeinlagen (einmal bekamen sie sogar eine Kiste Kondome). Davor steht eine Kühlbox, in der, weil es heute keine Tiefkühlware gibt, Soßenpulver, Ketchup und Brokkolisuppen liegen. Neben dem Durchgang zum Gemüse- und Obstputzraum stehen die längsten Regale mit Brot, Süßigkeiten, Brötchen, Kartoffeln und Weißkraut, Sellerie und Salatköpfen.

Die ersten acht bis zehn Hineindrängelnden – mehr haben nicht Platz – bringen in ihren Mänteln und Haaren zusätzlich Kälte mit. Doch schon bald erwärmt sich der Raum von unserem Atem. Wir Austeiler und Regalauffüller frieren ohnehin nicht, wir arbeiten im Laufschritt. Nur Herr Neumann sitzt am Eingang und kontrolliert die Ausweise, auf denen die Anzahl der im Haushalt lebenden Personen und die Tafelbedürftigkeitsberechtigung bestätigt sind. Er kassiert pro Person 1,50 Euro, treibt Schulden ein und mahnt beim letzten Mal ausgegebene Milch-Pfandflaschen an. Schon nach kurzer Zeit sind die zwei Stiegen Blumenkohl verteilt, die nächsten Abholer bekommen Radieschen, als die zu Ende gehen, bringen wir Gurken aus dem Lager ...

Micha, Jochen und Theo verteilen so schnell, dass Udo, »Silberkettchen« und ich beim Auffüllen kaum nachkom-men. Im Lager stehen fast 200 Paletten mit Obst und Gemüse. Wir werden vier Stunden ohne Pause hin- und herlaufen müssen.

Die Abholer drängen, wie ich es aus der DDR vom Anstehen nach frischem Bäckerbrot und Brötchen kenne, schon zur Tür herein, bevor die Abgefertigten wieder draußen sind. Ich komme nicht dazu, mir die Leute genau anzusehen. Ich höre nur, wie sie »Das!«, »Das!«, »Das!« sagen oder auf die Frage der Ausgeber »Ja!«, »Ja!«, »Ja!«. Selten heißt es »Ja, bitte das!« und noch seltener beim Gehen auch »Danke!«.

Nur das Gesicht einer jungen Frau mit ungepflegten fettigen Haaren fällt mir auf. Es ist rot und blau geschlagen. »Jesus« sagt, dass die Frau, weil sie von ihrem Freund ständig misshandelt worden ist, von Mönchengladbach nach Eisenach gezogen ist und er ihr eine Lehrstelle besorgt hat. Doch nun ist der Freund hinterhergekommen und schlägt sie wieder. Dieser Mann steht mit einem extrem großen Einkaufskorb drei Positionen hinter ihr. Ich bin froh, dass ich heute noch keine Lebensmittel ausgeben muss!

Am schnellsten, aber auch am schweigsamsten bedient Micha. Manchmal gibt er flinker aus, als die Leute fragen oder zeigen können. Und diskutiert auch nicht, wenn sich einer beschwert, dass der Joghurt heute schon verfällt, eine Tomate zerdrückt ist oder bei ihm fünf Kartoffeln weniger als beim Nachbarn im Beutel sind. Micha arbeitet wortlos.

Micha sei froh, dass er hier als Ein-Euro-Jobber noch etwas zuverdienen könne. Er habe es bitter nötig, sagt »Jesus«. Der gelernte Baumaschinist hatte im Eichsfeld für die Familie, Frau und zwei Kinder, ein Haus gebaut. Das gehöre in der Zwischenzeit der Bank, und Micha lebe allein mit den zwei Kindern in einer kleinen Wohnung in Eisenach. Die Frau sei mit einem Schwarzen, von dem sie ein Kind bekommen habe, durchgebrannt. Einem Schwarzen! Und nun müsse er in der Tafel auch an Schwarze Lebensmittel verteilen.

«Und an Wolgadeutsche.«

»Aber die haben doch nicht seine Frau ...?«

»Nein, aber in seinem Garten geklaut.«

Erst kurz vor 18 Uhr legt sich der Sturm der Abholer auf das »kalte Buffet«. Der Lagerchef holt Konserven aus dem Lager, damit auch die Letzten noch etwas bekommen. Bis auf ein paar Zwiebeln, Möhren und Krautköpfe ist alles Gemüse ausgegeben.

»Wenn wir morgen in Eisenach wieder Waren einsammeln, kannst du mitfahren«, verspricht »Jesus«.

»Geben alle Supermärkte etwas?«

»Nein, bei manchen werden gute, brauchbare Lebensmittel gleich in die Mülltonnen geschmissen.«